知的障害者施設 潜入記

織田淳太郎

光文社新書

はじめに

本書は、とある知的障害者施設への「潜入記」である。

最初は潜入記など書くつもりはなかった。乞《こ》われるまま、あまり気乗りもせず入職したところ、「ひどい内実を知ってしまった」というのが、ペンをとるきっかけになっている。

ただし、本書はドタバタ劇を羅列しただけの単なる潜入記ではない。

知的障害者たちが置かれてきた悲痛な歴史的処遇や知的障害者施策の矛盾に満ちた現状、さらに「当事者主権」を謳《うた》った障害者施策の世界的潮流などを重層的に絡め、問題提起としてのルポルタージュに仕上げたつもりである。

それにしても……と思う。万人の平等と幸福追求権が保障され、虐待の防止や人権の尊重が声高に叫ばれている今日、なぜ私たちマジョリティ（多数派）はこうも執拗《しつよう》に差別意識や優生的な観念に囚《とら》われ続けているのか。

私が入職した知的障害者施設は、複数のグループホームを運営する営利型の生活介護事業所である。「利用者様に寄り添い、その自立を支える」といった福祉の理念を美名的に掲げているものの、そこは目を疑い、耳を塞《ふさ》ぎたくなるような虐待の温床だった。

その実態は本書を読み進めるうちに明らかになる。

だが、最も深刻な問題は、虐待に手を染める側が、それを虐待だと認識せず、「本人のため」とする懲罰手段によって、知的障害者たちの私生活の一切に監視の目を光らせていたことだろう。

昨今、障害者施設では頻繁《ひんぱん》に虐待事件が明るみに出ている。水面下でも多くの虐待が見過ごされているのは、おそらく間違いない。そして、45人が殺傷された「津久井やまゆり園事件」を始めとする、障害者施設をめぐる陰惨な虐待事件の数々……。

誤解を恐れずに言えば、そのほとんどが私たちの無意識の差別感（あるいは障害者に対する拒絶感）が集合的に投影されたことで引き起こされた事件だったのではないかと、私は思い始めている。

そういう意味で、本書は知的障害者施設（施策）の内実の一端を世に伝えると同時に、私たち一人一人の心の奥に潜む差別的・優生的な観念を明るみに出し、その内省を促すルポルタージュという側面も有しているかもしれない。

私もそれを促された一人だった。日々を共にした多くの知的障害者たちに、内省への意識転換を急《せ》き立てられ、自分のなかに居座る偽善的な「博愛主義」と対峙せざるを得ない心理状態へと追いやられてきた。そして、ときにユーモラスな、ときに哀切漂う彼らとの交流が、どれほど私の目を開かせてくれたか。

彼らには感謝以外の言葉が見つからない。

＊

なお、本書に登場する知的障害者は、一部を除いて匿名にした。登場人物に関しては、特定化を避けるため、いくつかの場面や状況において設定も変えた。

また、「知的障害者施設」という言葉が、本書のタイトルだけでなく、本文でも随所に使われている。しかし、２００６年に障害者自立支援法が施行されてからは、障害の種別にかかわらず、障害を抱える人たちの福祉サービスの利用が一元化された。
したがって、厳密に記すならば、「知的障害者施設」ではなく「障害者施設」とするべきだが、世の障害者施設が多くの知的障害者で占められているという現状を見据え、あえて「知的障害者施設」としたことを付け加えておく。

織田淳太郎

２０２４年11月20日

目　次

第1章　真冬の逃走劇

1

冬至が近づく黄昏時《たそがれどき》ともなれば、陽の光は西の地平へと一目散に逃げ始め、午後の5時を過ぎれば、辺り一面に寒々とした夜陰の気配が漂う。

冬の訪れがひしひしと身に迫る日の夕刻、私は古色蒼然とした関東郊外の狭い道を、息も絶え絶えに走っていた。

人影はまばらだった。狭い公道を挟んで向かい合うように人家が立ち並んでいる。道端に等間隔で立つ電灯が、それらの軒先に淡い光を投げかけていた。

前方から自転車がライトを揺らめかせながら近づいてきた。背後でクラクションが短く鳴り、私の傍らを一台の軽自動車が軽快にすり抜けていった。

その車のライトが数十メートル先を映し出した。それが、一人の青年の緑色のダウンジャケットの背を浮かび上がらせた。

「お〜い!」

私は声を張り上げた。

「戻っておいでぇ！」

声が届いたのか、届かなかったのか。その背中は後ろを一顧《いっこ》だにせず、そのまま走り去って行く。

彼はまだ成人式を迎えていない。私はと言えば、65歳になっていた。図らずも前期高齢者の仲間入りをした私が、体力の有り余る、はるか年下の青年を追いかける。そのアンバランスな組み合わせが、早くも私に諦観のような想いを抱かせていた。

青年はT字路に差し掛かると、右折した。そこは幹線道路に繋がる公道で、車や人の往来が途端に多くなる。私もそのT字路を右に曲がった。

若い頃はスポーツに打ち込み、体力にも自信があった。なかでも走ることが自慢で、20代の駆け出し週刊誌記者時代には、取材トラブルで逃げ出した現役プロ野球選手を2時間以上にわたって追いかけたこともある。

だが、前期高齢者に突入したいまは、体力の低下に抗《あらが》えない。数年前に座禅で右膝を痛めてからは、「走る」という行為とも縁遠くなった。

息は上がり、足がもたついた。寒風に晒《さら》される額にも汗が滲《にじ》んできた。青年との距離が少し遠ざかったような気がした。その先には鉄道の踏切が見えた。

追いかけるのを諦めて、走る足を緩めた。そのとき踏切の警報機が赤色に点滅し、急き立てるような警報音が鳴り始めた。前方の車が踏切の前で止まり、後続車も停止した。

遮断機がゆっくりと降り始めた。不吉な想いが、胸をかすめた。私は止めかけた足を再び振り出すと、さらに声を大きくした。

「渡るな！　止まれぇ！」

緑のダウンジャケットが人波と車の群れに隠れて、私の視界から消えた。見えない相手に向かって、もう一度声を張り上げた。

「渡るなぁ！　アベッチ！」

警報機のけたたましい警報音を切り裂くように、下りの特急電車が勢いよく滑り込んできた。

私は足を止めると、祈るような想いでその場に佇《たたず》むしかなかった。

＊

「アベッチ」には中度の知的障害がある。ある生活介護事業所が管理するグループホームに居住しながら、日中は同事業所が運営する作業所に通っている。

当時、私はアベッチが利用する作業所の送迎担当兼生活支援員として働いていた。パートの職員である。

生活支援員と言っても特別な資格は必要ない。「利用者様」の日常活動の介助を行ない、その訴えなどを傾聴し、「共感して」寄り添う――これが、生活支援員に課せられた役割の一つである。だが、私が勤務していた事業所に関して言えば、この高邁な福祉理念も有名無実化した、単なる「戯《ざ》れ言《ごと》」にすぎない。

この頃、アベッチは悶々《もんもん》とした日々を過ごしていた。彼には父親がいない。その反動もあるのか、母親に強い愛着心を持っている。たまに母親が迎えに来て外出するが、そのささやかな母子の触れ合いをいつも心待ちにしており、年末年始やお盆時期の実家での外泊となると、それこそ楽しみは倍増する。

しかし、母親への強い愛着のため、その願いや欲求が叶《かな》えられないと、ときに母親に暴言を吐いたり、手を出したりする。

この数日前も母親との外出の際にやらかした。「死んじゃえ！」などの暴言を浴びせ、おまけに母親の背中を殴ってしまった。そのことで、アベッチはひどい罪悪感を何日も引きずっていた。

「ねぇ……」

この日もアベッチはすがるように私の手を握り、弱々しい声で訴えてきた。

「どうしたらいい？　お母さんを殴ってしまった。背中、痛いって言ってた。年末のお泊まりダメだって、お母さんに言われた。お母さんに会いに行きたい……」

「もうお母さんに手を出さないって約束できるかい？」と、私は聞いた。

「もう殴らない」と、アベッチは私の手を握ったまま答えた。

「だから、家に帰りたい。お母さんに謝りたい。家に帰っていいでしょ？」

「それじゃ、正月明けまで辛抱しようか。お母さんも許してくれるだろうし、きっと帰れるよ」

とは口にしたものの、私の言葉がアベッチにとってさしたる慰めにならなかったのは、その後に起きた事態を見ても明らかである。

その日の午後4時すぎ、私は他の送迎担当者と手分けして、各グループホームの帰りの送迎業務に入った。グループホームの夜勤の世話人は、午後5時から勤務に入る。たいがいの世話人は始業時間の20～30分ほど前に待機しているが、この日、アベッチのグループホームに夜勤世話人として入ることになっていた女性パート職員は、毎度のように始業時間ギリギリに到着し、遅刻することも珍しくない。

そのため、アベッチが属するグループホームの送迎業務を最後に回した。私がアベッチを含む５人の利用者を８人乗りステップワゴンに乗せて、作業所を出発したのは午後５時。グループホームに到着したのは、午後５時15分頃のことだった。

この５人の利用者のうち２人は、動きが亀のように緩慢で、乗降時に若干の身体的介助が必要である。中部座席のこの２人をまず車から降ろし、グループホームの玄関先へと誘導した。それに手間取っているとき、事態が急転した。

後部座席のアベッチがその痩身《そうしん》を素早く車から滑り降ろし、逃げ出したのである。

「あっ！　こら！　待て」

閑寂《かんじやく》とした夕刻の住宅街に、私の声が響き渡った。迷路のような住宅街の狭い道の角を、アベッチが勢いよく右に曲がった。外に出てきた女性夜勤者に残った４人の利用者を託すと、私はアベッチを追いかけた。その後ろ姿を確認できたとき、彼はすでに50メートルほど先を走っていた。

これが、齢《よわい》65にして味わう約20分に及ぶ「追走劇」の始まりだった。

*

「渡るなよ……」

すがるような無言の祈りは、はたして天に届いたのか。警報機のけたたましい音と赤色の点滅のなかを、電車は矢のように通り過ぎていった。警報音が消え、遮断機が上がると、縦列中の車が動き出し、人々が慌ただしく線路を渡るのが見えた。

緊急事態発生の気配は見られない。私はホッと胸をなで下ろし、踏切まで走った。

しかし、いかんせんこの界隈《かいわい》の地理に疎《うと》い。立ち止まって周囲を見渡すと、線路と並行して道路が東西に延びていた。東の数十メートル先にアベッチの姿が見えた。さすがに息が上がったのか、明らかにペースダウンしている。その先の左手に鉄道の駅舎が見えた。

アベッチは駅の階段を駆け上がり、駅構内に入っていった。母親のいる実家は、ここから下り方面の3駅目にある。

私は後を追った。駅構内に滑り込むと、改札口付近で右往左往するアベッチがいた。彼は事業所に小遣いを管理される身。所持金は一銭もない。電車の切符を買うことができず、途方に暮れていたのだろう。

「心配かけるなよ！」

私はアベッチの腕を鷲づかみにして、右手を振り上げた。アベッチは怯《おび》えたように首をすくめた。私は振り上げた右の掌《てのひら》を彼の坊主頭にポンと降ろすと、そのまま肩に手を回した。

「さあ、帰ろうか」

蒼然《そうぜん》とした商店街を2人で歩き始めた。アベッチによれば、グループホームは駅から数分の近距離にあるという。私たちはずいぶん遠回りして、駅まで走ったことになる。

道行く人の多くは防寒用の上着をまとい、背中を丸めるように身を固めていた。しかし、私たちの呼吸は乱れたままで、体も上気して汗ばんでいる。

「喉、渇いたかい？　何か飲む？」

「飲みたい。飲む」

消沈して俯《うつむ》いていたアベッチが、顔を上げて私の手を握ってきた。

自動販売機でペットボトルのオレンジジュースと緑茶を買った。道端の低いブロック塀に腰掛け、アベッチはオレンジジュース、私は緑茶を飲んだ。

「どうして、逃げたの？」

「お母さんのところに行こうと思ったから」

貪《むさぼ》るようにジュースを飲むアベッチが、一息入れた。

「こんな年寄りに追いつかれるとはね。もうちょっと体力つけないと」

私は軽く笑った。それから、独り言のように呟《つぶや》いた。

「とにかく踏切を渡らなくて良かった……」

「渡っていたら、どうなっていたの?」

アベッチが私の顔を覗《のぞ》き込んだ。

「電車に轢《ひ》かれて、一瞬にして死んでいたよ。体がバラバラになって、四方八方に飛び散っちゃうんだ。そうなりたいかい?」

「イヤだ。怖い、怖い」

「踏切では遮断機が降り始めたら、絶対渡っちゃいけないよ」

「うん……はい」

*

この日のアベッチはどこか落ち着きに欠けていた。母親への強い愛着心と罪悪感との狭間《はざま》で、頭のなかをどう処理していいのかわからなかったのかもしれない。

作業中は自分の席をたびたび離れ、スタッフの誰彼構わず、うまく説明できない心の窮状を懸命に訴えていた。あまりにも席を離れるので、スタッフの注意も浴びた。おまけに、昼食時に自前のふりかけを弁当ご飯にかけて食べていると、女性の常勤職員（社員）にふりかけを取り上げられ、ヒステリックな叱責を浴びた。

「ふりかけはホーム用でしょ⁉　ここで食べるのはルール違反。ここではいけません！」

そして、この夕刻の逃走劇……。

グループホームに着くと、夜勤の女性世話人が鬼の形相《ぎょうそう》で出てきて、またもやアベッチは雷を落とされた。アベッチの突然の「逃走劇」については、すでに常勤職員に伝えてあるという。

アベッチがすごすごと2階の自室に入った。それを見届けると、彼女が私を玄関先で引き留め、早口でまくし立てた。

「あの子、統合失調症よ！　すぐ病院連れていかなきゃ！」

「違いますよ！」

その断定的な言い方に、つい反発した。

「彼は統合失調症じゃないです」

「いいえ！　私は何十年も医療関係の仕事をしてきたから、よく知ってるの。ドパミンが出すぎてるのよ。ドパミン、知ってる？」

「知ってますよ」と、私はぶっきらぼうに答えた。

ドパミンとは脳内神経伝達物質として作用するホルモンの一種で、主に快楽系の働きを担うと言われている。統合失調症者の幻聴や幻視などの幻覚症状は、このドパミンの過剰分泌によるものだとされているが、これはあくまでも「仮説」にすぎない。

「だから、向精神薬を飲ませて、大人しくさせなきゃダメなの」

「向精神薬なんて必要ありません。逃げ出したのにも、はっきりした理由があるんだから」

「そんなことないわ！」

彼女はむきになった。

「あの子には薬が絶対に必要よ！　私、何冊も専門書を読んでるの。詳しいんだから」

このままでは大喧嘩に発展しかねない。私は逃げるように車に乗り込んだ。

＊

作業所に到着したとき、時計の針は午後７時近くを指していた。パートの職員はすでに帰途に就いており、スタッフルームには誰もいなかった。私は作業所２階の事務室に内線の電話を入れ、アベッチの「逃走劇」が収束したことを社員の一人に伝えた。

それから、事故報告書の作成を始めた。事故報告書は５Ｗ１Ｈの形式で記載しなければならない。すなわち、「いつ（When）」「どこで（Where）」「誰が（Who）」「何を（What）」「なぜ（Why）」「どのように（How）」を、具体的かつ詳細に書き、その対処策なども書面に付け加える必要がある。

この日の私の終業時間は、午後５時30分だった。残業代はつかない。

「アベッチか……」と、しかし、私はしばしばペンの動きを止めては、ぼんやり考え込んでいた。

「彼はこれからどう生きていくのだろうか。ここにいても、将来的な展望なんか、まるで用意されないのに。ただいたずらに囲い込まれるだけなのに……」

その夜、私は午後８時近くに作業所を出ると、深々《しんしん》とした夜の冷気をかき分けるように、自宅へと足を速めた。

2

生活介護事業所「T作業所」

そこは、雑多な人格の溜《た》まり場《ば》だった。

「みんな嫌い～！」

小柄な女性利用者がテーブルに自分の額を打ち付けながら、激しくがなり立てている。そのすぐ横には椅子に座ったまま眠りこける男性利用者がいた。女性利用者のがなり声に怯えているのか、身を丸めたまま椅子に腰掛け、体を震わせる利用者もいる。

スタッフの一人ががなり立てる女性利用者に、

「今日はおやつなしね！」

と叱りつけた。すると、彼女のがなり声はかえって激しさを増した。

「みんなイヤ～！　ここ退所したい～！」

その喧噪も意に介さず、一人の女性利用者が多動的に作業所内を歩き回っては、涎《よだれ》を垂らしながらスタッフや他の利用者に何やら話しかけていた。彼女にもスタッフの注意が飛んだが、ほとんど聞く耳持たず、である。

テーブルの一角の会話に耳を傾けると、若い男性パート職員が、自分の倍近くの年齢の女性利用者に説教じみた訓示を垂れていた。

「日本にいるからまだマシなんだ。精神病者にこうまでしてやれるんだから、お前たちは幸せなんだよ。外国に行ってみろ。それこそ邪険に扱われるだけだぞ」

この訓示が事実と甚《はなは》だしくかけ離れていることを2人とも知らない。むしろ「日本だから邪険にされる」と言い換えるべきだろう。しかし、訓示を聞かされた女性利用者にとっては、若い職員の「お前たち」というぞんざいな口の利き方と、「精神病」の3文字が不快の種になったらしい。その日のうちに私にこう訴えてきた。

「私のほうがずっと年上なのに、私のこと『お前』と呼ぶの。おかしくない？　これ、言葉の暴力じゃないの？　私、他のスタッフからも言葉の暴力を受けたよ。『あなたは精神病だからここで死ぬの』って言われた。精神病になると、それで死ぬの？」

私はそれが何の根拠もない虚言であることを、わかりやすく説明しなければならなかった。それでも納得できなかったのか、彼女は俯いたまま「なんで病気になんかなっちゃったんだろう……」と、溜め息交じりに呟いた。

そうかと思えば、スタッフ全員が気づかぬうちに、作業所から姿をくらます女性利用者もいた。数名のスタッフが手分けしてその行方を捜し、まもなくして彼女は連れ戻されてきた。彼女は不満げに呟いた。

「ここにいても、つまんないんだもん」

一方で、どこに障害があるのかと首を傾《かし》げたくなるような利用者も、男女含めて何人かいた。作業所内に点在する複数の大テーブルには、美容室やゴルフ場の浴室用のタオルが山のように積み上げられている。彼らはその一枚一枚を手に取ると、折りたたみ作業に没頭していた。

「あの人ね」

女性パート職員が、私に近寄ってきた。彼女の目の先には、利用者が折りたたんだタオルの袋詰め作業を手際よくこなす、端整な顔立ちの男性利用者がいる。

「彼、見た目にはすごくまともそうでしょ？ けど、言うことは話半分に聞いてね。だって、すぐわかるような嘘をつくんだもの。そりゃ、私たちだって嘘つくことあるわよ。でも、普通の人はここに来ないからね。普通じゃないからここにいるのであって、そのためにいろいろルールがあるの。それを守ってもらわなきゃ、困るんだよね」

＊

さる営利型法人が運営する生活介護事業所の「Ｔ作業所」。そこにパート勤務するＩさんから私に連絡が入ったのは、２０２１年のある日のことである。Ｉさんは元新聞社勤務で、定年退職後は「福祉に残りの人生を捧《ささ》げたい」と、福祉関連のパート職を転々とし、この頃は「Ｔ作業所」の生活支援員に収まっていた。

「送迎できる支援員が足りないんだよ」と、Ｉさんは電話口で言った。

「君、運転できるだろ？　うちで働いて、助けてくれないか」

私は精神医療関係の書籍こそ数冊出版しており、その分野にはわりと精通していた。しかし、障害福祉の分野となれば、まったくの素人。いまや巨大マーケットに成長した「福祉」という言葉の響きのなかにも、どこかマジョリティ（多数派）のエゴイズムのようなものを感じ、ある種のアレルギー反応を示していた。

しばらく逡巡《しゅんじゅん》し、「少し考えさせてほしい」と、電話を切った。

折しも新型コロナウイルスの蔓延が、世界を恐怖の渦に巻き込んでいた頃だった。そのうちT作業所も、利用者と職員の多くが新型コロナウイルスに感染するというクラスターに見舞われた。そういう事情もあり、Iさんからの連絡は途絶えたが、しばらくすると再び連絡が入った。

「コロナも少し落ち着いたことだし、そろそろどうかな?」

知的障害者施設での虐待報道などを目にしていくうちに、私のなかで障害福祉分野への興味がわずかながら頭をもたげていたことは事実だった。しかし、それ以上に、返事を曖昧《あいまい》にしたまま待たせてきたことへの気後れがあったことも否定できない。

私はT作業所への入職を半ば渋々と承諾した。前記のT作業所における日常風景の断片は、入職早々の私が見たものである。

激しくなる懲罰主義

当時、T作業所は20名以上の知的障害者が利用していた。年齢層は10歳代後半から50歳代中盤までと幅が広い。

運営母体は関東のとある街に本部を置く営利型法人で、いくつかの生活介護事業所を経営している。その各事業所に複数のグループホームが属しており、T作業所も4カ所のグループホームを管理していた。

仮に「Ａホーム」「Ｂホーム」「Ｃホーム」「Ｄホーム」の名称で呼ぶとすれば、ＡホームとＣホームに女性利用者が、ＢとＤの各ホームに男性利用者が、それぞれ４～６名ずつ入居している。

それ以外にサテライト型住居で暮らす利用者が２名、他法人からの通所という形でＴ作業所を利用している者が３名いた。「サテライト型住居」とは、独り暮らしに近い環境を希望する利用者のアパートなどの住居を意味し、本体住居となるグループホームがその管理・支援等に当たることになっている。Ｔ作業所の場合、その役割を担うのは、ＣホームとＤホームだった。

一方、Ｔ作業所の休日に関しては、週休２日制がそれぞれのグループホームに割り当てられていた。日曜日だけが全員休みで、それ以外の１休日は、グループホームによって異なる。ただし、月の５週目に限っては日曜日以外の休日がなく、週休２日制は適用されない。また、休日に当たらない限り、利用者は祝日も「出勤」しなければならず、年始年末やお盆時期にも休みは設けられていなかった。

生活介護事業所なので、作業がメインではない。日中をいかに有意義に過ごすか。それを提供するのが、生活介護事業所の一般的なあり方である。

しかし、T作業所は余暇活動が少ない。どちらかと言えば、作業がメインだった。洗濯業者からは定期的に乾燥済みのタオルが山のように送られてくる。それを利用者が決められた通りに折りたたみ、袋詰めにする。それ以外に、売れ残ったムック本や玩具も送られてきて、その解体作業にも従事しなければならない。

ただ、作業を真面目にこなす利用者がいる一方で、作業の手を動かすことなく1日のほとんどを無為に過ごす利用者もいれば、作業そっちのけで自分の席を離れ、当てもなく所内を徘徊する利用者もいる。なかには、自傷や他害の行為に走るなど、作業どころではない利用者もいた。

当然、作業量には優劣が生じる。そのため、事業者側は評価表なるものを作成し、工賃額を各利用者の働きに応じて恣意《しい》的に決める。その判定には作業に対する評価だけでなく、「ルールを守る」「迷惑をかけない」など日常生活における態度も加味されていた。つまり、「優等生」ほど工賃が高いことになる。

T作業所では、一番の「高給取り」で月額7000~8000円程度。最低額は月数百円と決められており、平均すると、一人当たり月額３０００円前後か。そして、ルール違反や迷惑行為を犯すと、工賃が急落するだけでなく、私生活上の「懲罰」も、彼らを待ち受けている。

私が入職した当初こそ、その「懲罰主義」はそれほどひどいものではなかった。しかし、良識的な社員が一人また一人去って、新体制が確立されていくにつれて、しだいに私生活上の制約が厳しくなり、懲罰主義も苛烈さを増していった。

T作業所の利用者に対する懲罰がどんなものだったのか。利用者がその懲罰にどう反応していたのか。

その詳細については追々触れていくが、利用者たちのささやかな自由を求める個性の横溢と、彼らに対する「躾《しつけ》」や「監視」「管理」を重視する事業者側の運営姿勢との相克が、こうした懲罰主義を生み出したと言っても過言ではない。そして、その「イタチごっこ」の渦中に、私は2年以上も、放り込まれることになる。

3

ニルス・エリク・バンク－ミケルセン

ノーマライゼーション。

この言葉が国際舞台で初めて登場したのは、1971年12月20日の国連総会決議で「知的障害者の権利宣言」が採択されたときだと言われている。

同宣言は〈知的障害者が多くの活動分野においてその能力を発揮し得るよう援助し、かつ可能な限り通常の生活にかれらを受入れることを促進する必要性〉に基づいたもので、このなかにある「通常の生活」というくだりが「ノーマライゼーション」に相当する。

「知的障害者の権利宣言」の採択から遡《さかのぼ》ること12年、この理念を世界に発信したデンマークのニルス・エリク・バンク－ミケルセンの言葉を借りるなら、ノーマライゼーションには以下のような意味があるだろう。

〈その国で障害のない人が普通に生活している状態と、障害のある人の生活状態を可能な限り同じにすることで、知的な障害そのものをノーマルにすることではない〉

この理念は障害者の「完全参加と平等」を謳った１９８１年の国際障害者年において、障害種別を超えたすべての障害者福祉の中核的理念へと昇華され、その後策定された「障害者基本計画」では「ノーマライゼーション」を以下のように再定義した。

〈障害者を特別視するのではなく、一般社会の中で普通の生活が送れるような条件を整えるべきであり、共に生きる社会こそノーマルな社会であるとの考え方〉

では、この「ノーマライゼーション」の理念は、どんなプロセスを経て世に誕生したのか。それを説明するためには、まず諸外国で知的障害者たちが、どういう歴史的な処遇を受けてきたかを少々ふり返る必要がある。

コロニー（大規模入所施設）と「4つのK」

「植民地」「居留地」などの意味もある「コロニー」が、心身障害者などの終生保護を目的として欧米諸国を中心に作られたのは、19世紀の後半に入ってからである。

コロニーの多くは人里離れた僻地に建設され、広大な敷地内には集団住居、病院、学校、商店、作業所、農場などが設けられた。この「小さな村」とも言うべき総合的施設には、一カ所につき数百人、ときには1000人を超える心身障害者が暮らし、その多くがそこで生涯を終えた。

このコロニーの存在は、イギリスやアメリカなどでは社会防衛としての意味があったとも言われている。一方、西ドイツの「ベーテル」のように、キリスト教の博愛主義に基づいていたコロニーも多かった。

「日本障害者協議会」代表の藤井克徳さんは、「いまでもそうかもしれませんが」と前置きして、コロニー誕生の背景をこう説明する。

「当時にあって知的に障害のある人たちは、社会で暮らしていると、どうしても差別や偏見に晒されたり、虐待を受けやすかったりした。そうした生きづらさがあった上、親亡き後は一人で生きていく術《すべ》もない。それなら、知的障害者が生涯にわたって保護され、安心して暮らせるようなユートピアを作ろうということで、コロニー建設が始められたのです。

そういう意味で、知的障害者のコロニーなどの大規模施設への入所は、精神障害者が社会防衛のため精神科病院に収容されていったのとは、少し意味が違うように思います。

とはいえ、当初こそ彼らのための理想郷建設という理念に燃えていたものの、いざ蓋《ふた》を開けてみると、様々な人権的な問題が浮き彫りにされてきた。

それは、のちにコロニーを作った日本も同じで、私自身、こうした大規模入所施設の問題を『４つのＫ』と呼んでいます。『個人がない』『期限がない』『規模が大きい』『郊外にある』の４つがそれです。

つまり、大勢の入所者が辺鄙《へんぴ》な場所で自由のない一律の生活を強いられ、社会とも隔絶してしまったわけです。個々の施設を見ると、ヒューマニックな取り組みをしているところも、たしかにありました。しかし、私は、この『４つのＫ』そのものが人権侵害に当たると考えています」

優生学と断種法

一方で、欧米を中心にしたコロニー建設ラッシュと並行するように、障害者をさらに苦境に陥れる潮流が、全世界に蔓延した。遺伝学的なアプローチによって彼らを排除する動きが、遺伝学者や細菌学者などの主導で、多くの国で進行したことである。

その先陣を切ったのが、イギリスの遺伝学者フランシス・ゴルトンだった。進化論を提唱したチャールズ・ダーウィンの従弟でもある彼は、「知的能力には遺伝が大きく影響する」と主張し、「優生学」という言葉を作り出した。

この優生学が日本を含む世界各国に飛び火した。アメリカでは知的障害者や性犯罪者に対する断種法がインディアナ州で成立(1907年)し、その後、知的障害者やてんかん患者の結婚を規制する法律なども加味され、最終的に32州で断種法が成立した。1936年までの30年間で、優生学に基づく断種手術を受けたアメリカ人は、男女合わせて2万人強に上ったと言われる。

「こうした断種手術は世界各国でもはや習慣的に行なわれるようになりましたが、ただ一つだけ手術を免れる道がありました。一生涯、施設や精神科病院で暮らすことを誓うのが、それでした。ようするに、収容していれば、男女が接する機会を根絶できる。それによって、子供を作らせないようにしたわけですね。そして、この遺伝的優生学を極限まで歪《ゆが》んだ形で大規模に実践したのが、国民社会主義ドイツ労働者党、すなわちのちに600万人ものユダ

ヤ人を殺害することになるナチスだったのです」（藤井さん）

ナチスのＴ４作戦

ヒトラー政権が発足した１９３３年、ナチス・ドイツは国内初の断種法となる「遺伝病子孫予防法」を、早々と制定した。これは、遺伝性と見なされた障害や病気のある人に対する強制的な不妊手術を認めた法律で、ナチス政権下において36万〜40万人が不妊手術を受けたとされている。

ヒトラーによる独裁体制が盤石になるにつれ、この断種政策はさらにエスカレートした。１９２０年にドイツで出版された、刑法学者カール・ビンディングと精神医学者アルフレート・ホッヘの共著による『生きるに値しない命を終わらせる行為の解禁』。２人の著名な学者によるこの狂的な「能力差別論」も、ヒトラー政権の犯罪的蛮行に決定的な正当性を与えた。

１９３９年９月１日の開戦日（ポーランド侵攻）、ヒトラーの命により知的障害児や精神障害児などをターゲットにした「安楽死計画」が発布された。その後、成人障害者の殺害を対象とした「Ｔ４作戦」も実行に移され、この２つの殺害計画の犠牲者は、20万人以上に上ったという。

「結局は」と、前出の藤井克徳さんは言う。

「戦争に突入していく段階で、障害者の存在は足手まといだったのです。裏を返せば、障害者には生産性や経済性がないという決めつけがあり、彼らを野放しにしておけば、人口における障害者の比率が高くなり、国家に不利益をもたらすという考えがあったのです。

そのためナチスは優生学に基づいて、子供を作らせないことで経済を守るだけでなく、殺害という狂気にまで手を染めてしまった。それを国民に納得させるために、障害者一人につきこれだけの税金がかかっているというポスターを作ったり、プロパガンダ映画を作ったりしたのです。

つまり、ナチスにとってポーランドやオーストリアの併合が『外なる戦争』だったとすると、安楽死計画やT４作戦は、『内なる戦争』だったわけです」

このナチスによる狂気の時代にあって、北欧の片隅で一人の若者が反ナチ運動へと密かに動き出していた。

前出のニルス・エリク・バンク－ミケルセン。のちに「ノーマライゼーションの父」と呼ばれることになるデンマークの社会活動家である。

「保護」の2つの目的

日本を代表する福祉医療ジャーナリストにして、国際医療福祉大学大学院で医療福祉ジャーナリズム分野の教鞭を執る大熊由紀子さんが解説する。

「ナチスがデンマークを攻撃（１９４０年４月）したとき、デンマークの若者の多くが反ナチスのレジスタンス活動に身を投じました。コペンハーゲン大学法学部の学生だったバンク－ミケルセンさんも、その一人だったのです。バンク－ミケルセンさんは『自由デンマークを』という地下新聞の編集発行を担当し、ナチスの暴挙に抵抗しました。この頃、なぜ人間はここまで横暴になれるのかを深く考えさせられたといいます。でも、そのレジスタンス活動の最中、バンク－ミケルセンさんはナチスに逮捕されてしまいます」

１９４４年11月、バンク－ミケルセンはコペンハーゲン西刑務所に投獄された。その３ヶ月後には、ドイツ国境に近いフォスレフ強制収容所に移送され、デンマークが解放される１９４５年５月までそこに収容される。

残忍無比な処遇を受けたアウシュビッツの犠牲者を考慮してか、バンク－ミケルセンは自身のこの強制収容所生活について、「人間の生と死、そして人間の生活のこと、また平和と戦争のことを深く考えさせられました」などと発言するのに留め、その内実にはあまり触れていない。

ただ、バンク－ミケルセンが自身の強制収容所生活を回顧したこの頃、ナチスによるユダヤ人大量虐殺は知られていても、障害児の安楽死計画やT４作戦の実態は、世に隠されていた。もちろん、バンク－ミケルセンとて知る由《よし》もない。


戦後、バンク－ミケルセンは解放され、デンマークの社会省に入職した。担当は知的障害者施策である。当時、デンマークには大規模な知的障害者施設が数多く存在し、それぞれに１０００人を超える知的障害者が収容されていた。保護主義的な観点による収容だったが、この「保護」には知的障害者を「社会から保護する」という意味と、彼らの振る舞いから「社会を保護する」という社会防衛的な意味の、２つの目的があったという。

そして、その一つ一つに足を運び、劣悪な内実に触れたバンク－ミケルセンは、国の知的障害者に対する処遇に憂慮を深めていく。

「親の会」

バンク－ミケルセンとの交流を持った大熊さんが続ける。

「強制収容所と違って建物は綺麗だけど、そこでの生活はと言えば、みんなが一斉に起きて、一斉に食事をし、一斉に作業し、一斉に寝るといった画一化されたものでした。外にも自由に出られません。

つまり、収容されている知的障害のある人たちは、決められたスケジュールのもと、施設側の管理、監督の目に終始晒されていたのです。もちろん、プライベートな時間や空間はなく、社会との接点もない。これでは、強制収容所とあまり変わらないんじゃないかと、バンク－ミケルセンさんは心を痛めたわけです。

知的障害者を取り巻くこの状況を変えるため、どうしたらいいのか。それを考えたバンク－ミケルセンさんは、新聞記者たちに施設を案内し、その内実を世論に広く訴える方法をとりました。その過程で大規模知的障害者施設の実態が徐々に国民の知るところとなりましたが、バンク－ミケルセンさんはさらにもう一つのことに着目します。

それが、わが子の生活改善を願う知的障害児の『親の会』の存在でした。バンク－ミケルセンさんは国のお役人ながら、そうした親の会を作り、一緒になって、改革の必要性を国に訴える活動を始めたのです」

デンマークの全国組織としての親の会は、1951年から1952年にかけて結成された。大規模入所施設での非人道的な処遇に対する異議を申し立て、その改善を強く訴えるなど、世界に先駆けて急進的な活動を展開したことでも知られる。

一介の行政官という立場を超えて、バンク－ミケルセンはその親の会との接触を密にした。彼が深い感銘を受けたのは、親の会が国への要望として掲げた以下の3つのスローガンだったという。

1、施設を20～30名の小規模なものに改めること。
2、小規模施設を親や親戚が生活する地域に作ること。
3、他の子供たちと同じように教育の機会を持たせること。

バンク－ミケルセンは親の会との会合を重ねると、国への要望を盛り込んだ嘆願書の作成に取り組み、やがて自身が所属する社会省にそれを提出した。このときタイトルに用いた言葉が「ノーマライゼーション」（デンマーク語では「ノーマリセーリング」）だった。

この要請を受けて、社会省は1954年、「知的障害者の福祉と施設の改革のための委員会」を設置した。委員会には親の会から2人が選出され、バンク－ミケルセン自身も委員の一人になった。

バンク－ミケルセンは「ノーマライゼーションは難解な哲学ではないのです」として、こう国に訴えた。

「ハンディキャップを負った人々のために、政治家や行政官、周りの人々が何かをしようとするとき、一番大切なのは自分自身がそのような環境に置かれた場合、どう感じ、何をしたいか、それを真剣に考えることでしょう。そうすれば、答えは自ずから導き出せるはずです。人間として当然あるべき姿を当然のこととして実現しようとしているだけです」

親の会とタッグを組んだバンク－ミケルセンの熱意が、行政を動かすまでそれほど時間はかからなかった。

知的障害者福祉に関する法整備が着々と進められ、1958年9月には親の会の要望をもとにしたバンク－ミケルセンの考えの95パーセントが、法案として議会に提出された。

「こうして、ノーマライゼーションという理念が盛り込まれた知的障害者福祉に関する新しい法律が、1959年にとうとうデンマークで生まれました。これは『1959年法』と呼ばれています。そして、このノーマライゼーションの流れが、欧米諸国を中心として他の国にも受け入れられるようになったのです」（大熊さん）

スウェーデンではベンクト・ニィリエがノーマライゼーションの理念を整理し、「8つの原理」としてまとめた。さらに、ヴォルフ・ヴォルヘンスベルガーがアメリカでノーマライゼーションを福祉政策に導入・実践するなど、脱施設化と地域移行（一人一人が自己選択による住まいを確保し、自分の望む暮らしを実現すること）を見据えたバンク－ミケルセンの理念は、1960年代に入って瞬《また》く間に世界に広がっていく。

脱施設化、地域移行

同じ頃、欧米諸国では精神障害者に対する処遇も大きな変革を迎えていた。精神科病院への隔離収容政策が疑問視され、地域移行への動きに取って代わったことである。その先陣を切ったのがイギリスだった。

第二次世界大戦中、ロンドンなどの主要都市がナチス軍の空爆を受けたとき、精神科病院の関係者は「空襲が終わったら戻ってくるように」と、入院者たちを鍵のかかった病棟から一時的に解放し、避難させた。「戻ってくるように」とは言ったものの、入院者のすべてがその通りの行動をとるとは病院側も思っていない。多くが空爆に乗じて行方をくらましてしまうのではないか、そう思い込んでいた。

ところが、案に相違して、彼らの大半が戻ってきた。そして、医療従事者たちを驚かせたこの出来事が、「隔離収容における鍵とは何か」を考えさせるきっかけを作る。

ここから欧米諸国における精神医療改革が一気に進行した。

終戦４年後の１９４９年、スコットランドのディングルトン病院が、世界初となる病棟の全開放制に踏み切った。１９５４年にはイギリス保健省が「今後10年間で10万床の精神科病床を削減する」ことを発表し、その数に見合った地域移行者のためのケア施設を作ることを決定した。

フランスではフィリップ・ポメルという精神科医が、パリの13区に患者のための共同住居や共同作業所、デイケア施設などを作り、従来の拘禁医療モデルから「地域モデル」への革新的な転換を図った。

こうした脱入院化へのうねりのなかで、「問題の根は病にあるのではなく、こういう患者を作り出す病院の体質にある」として、イタリアのフランコ・バザーリアが精神科病院そのものの廃絶、被収容者の完全地域移行を目指して立ち上がった。

このバザーリアの精力的な改革によって、1978年5月13日、イタリアに公立精神科病院への入院を禁止する「一八〇号法」が公布された。

「欧米諸国の脱施設化の流れは、明らかにバンク－ミケルセンさんが唱えたノーマライゼーションの理念に影響を受けています。バザーリアさんもバンク－ミケルセンさんのやり方に倣って、新聞記者やテレビを始めとするメディアに精神科病院の内情を取材させるなどして、精神科病院を廃絶するためのキャンペーンを張りました。『病気が治った後に病院から出すのはおかしい。精神疾患を抱える人は、完治しなくても、地域で暮らす権利がある』。これが、バザーリアさんの考えでした。

バザーリアさん自身、バンク－ミケルセンさんの影響を受けたとは、特に口にしてません。でも、私はバザーリアさんもまた、バンク－ミケルセンさんや彼の理念を整理したニィリエさんなどの影響を受けていたのは間違いないと思っています」（大熊さん）

では、この時代、日本の知的障害者施設や精神科病院はどんな状況に置かれていたのか。

日本がノーマライゼーションとは正反対の道を辿り始めたのは、いかにも皮肉と言うしかない。

4

T作業所のスタッフルーム。2人の中年女性パート職員が、勤務形態のことで何やら話し込んでいる。一人は1ヶ月前にパート入職したばかりの新人女性。その声が、私の耳に届いてきた。

「私、今月週5日の勤務にしたけど、来月はもう少し勤務を減らしたいわ」

「そのほうがいいわよ」と、もう一人が即座に呼応した。

「あまりここにたくさん浸かっていたら、変なものに感染してしまうよ。みんなおかしいんだから、こっちまで頭がおかしくなりそう」

〈ふん〉と、私は心でせせら笑った。〈おかしいのは、そっちのほうだぜ〉

この無言の想いを胸に抱き、スタッフルームのドアを開けて、作業場に足を踏み入れた。

広さ70平方メートル程度の作業場。山盛りのタオルが積まれた複数の大テーブルが点在し、椅子に腰掛けた20人近い利用者が、タオル折りの作業をしている。その一角でパートの職員が、利用者の一人に説教を垂れていた。

「自分がこれまでやってきたことを、なんで反省しようとしない？　いろいろ面倒をみてきてくれた家族に、君はずっと迷惑かけっぱなしだったんだぞ。それでも、家族は最後の最後まで君を何とか更生させようと頑張ってきた。それなのに、なんで家族のことをそんなに悪く言う？　君にそんなことを言う資格なんて、爪の先ほどもないの。理不尽にもほどがある。まったく腹が立つよ」

この説教を項垂《うなだ》れて聞いているのは、「育子さん」である。彼女はかつて実家に暮らしていた。が、ゴミや物の収集癖があり、部屋はまるでゴミ捨て場のようになっていたという。

やがて両親が相次いで亡くなり、弟との2人暮らしになった。仕事を持つ独身の弟は、とても姉の面倒まで手が回らない。姉にゴミ集めをやめるようくり返し説得したが、もはや馬の耳に念仏である。ゴミ屋敷と化した姉の部屋からは、吐き気を催すような異臭が漂い、近所からの苦情も入った。夏になると、ゴキブリが大量発生し、弟はとうとう悲鳴を上げた。

そのことがきっかけで、育子さんは入所施設に預けられ、やがてこのT作業所に送り込まれてきた。私が入職する1年ほど前のことである。保護者は弟が務めているが、ほとんど没交渉。姉を引き取るつもりもないという。

しかし、彼女は「元の生活に戻りたい」と、毎日のように訴える。いつも現状の生活に不満を漏らし、社員や私たち生活支援員の言動にも愚痴を重ねた。それだけではない。自分を自宅から追い出した弟に対する悪態までついた。かといって、ゴミの収集癖という自分の行ないを反省し、それを改善するという意思表示は微塵《みじん》も見せない。

おそらく彼女の訴えに耳を傾けたはいいが、腹立たしい想いが沸き起こるのを制御できず、支援員の役割である「傾聴」も「寄り添い」もすっかり放棄してしまったのだろう。

「反省もしない人間を誰が迎えに来るか⁉」

職員は声を荒らげた。

「おれは余計な言い訳、聞きたくないの。自分でさんざん家族に迷惑かけてきたのに、責任を他人に転嫁する奴に誰一人として良い人間はいない。おれはそういう人間の肩を持ちたくないんだよ！」

少なくとも私には、このパート職員の発言を非難する資格がない。彼はまだ若く、若者とは、とかく観念的な生き物である。かつての私もまったく同じで、善と悪の境界線をきっちり設けなければ気が済まないところがあった。年上の人間に対して「タメ口」を聞くことはなかったものの、私も彼ぐらいの年齢だったら、やはり同じようなことを口走っていたかもしれない。

＊

そんなことをぼんやり考えていると、背後で私を呼ぶ声がした。

「ねぇ、おっちゃん、ここに来て」

軽度の知的障害のある女性利用者である。入職からまもなくすると、私はほとんどの利用者と親密になり、彼女からもいつしか「おっちゃん」と呼ばれるようになっていた。彼女が大の犬好きであることから、私も「ワンコさん」というニックネームを彼女につけている。

この日、ワンコさんは来所時から意気消沈していた。朝の送迎時、助手席に乗ろうとしたところ、「ここは、荷物置くところだからダメ」と、担当のドライバーに言われたことが理由である。彼女にとっては、それが「耐えがたいほど」の心の傷になっていた。

トイレにでも行っているのか、ワンコさんの右隣の椅子の主がいない。私はその空いている椅子に腰掛け、彼女の訴えに耳を傾けた。

「おっちゃん、心が折れてしまったよ。どうしたらいい？」

タオルを握りしめながら、ワンコさんはいまにも泣き出しそうな顔をしている。

何とか慰めようと、こう言葉を返した。

「車の助手席って事故に遭ったとき、怪我をするリスクが高いと言われてるんだよ。ドライバーさんもそのことを気にしていたんじゃないかな。悪気はなかったと思うけどなあ」

「けど、気持ちが晴れないよ。やっぱり心が折れている」

「骨折だって少しずつ治っていく。心も同じだよ。いまは苦しいかもしれないけど、わだかまりも少しずつ消えていくよ」

「うん……でも」

そのとき、私の椅子の「主」が戻ってきた。本書の冒頭に登場した「アベッチ」である。

私が腰を浮かせて立ち上がり、アベッチがそこに座ろうとした。

「横に座るな！」

いきなりワンコさんの怒声が飛んだ。

「あっちに行けぇ！」

「うわっ！」

アベッチが弾《はじ》かれたように飛び去り、安全圏へと逃げ出した。

今度はアベッチの心が折れてしまった。

「大山さん（ワンコさん）に叱られた……」

アベッチは私の手を握ると、泣きそうな顔で何度も訴えてきた。

「怖い、大山さん……座るなって怒られた。怒られた……」

＊

T作業所の利用者たちは、すべてが豊かな個性の持ち主である。その多くが物事に対する強い拘《こだわ》りや、母性や父性を求める愛着心、さらに自己承認欲求を抱えていたものの、程度の差こそあれ、それらは誰の心にも内在するもので、健常と称する者たちとの違いなど、本質的にはまったく存在しない。

ワンコさんには一般就労歴があり、利用者の一部から「姐御《あねご》」と呼ばれていた。体格が良く、少々気の荒いところもある。ある女性利用者との掴《つか》み合いの喧嘩に割って入った私が、逆に突き飛ばされてしまったこともあった。

その反面、面倒見はすこぶる良い。久々の実家帰りを翌日に控えた女性利用者には、こう優しく声をかけていた。

「明日、良いことがあるね。実家に帰ったら、良い子にしてるんだよ」

「うん、良い子でいる」と、その利用者は嬉しさのあまり、ピョンピョン跳びはねながら答えた。

「私、お母さんに頑張っているところを見せるんだ」

「そうだね。頑張ってお母さん、喜ばすんだよ」

　繊細すぎるのか、そうしたワンコさんのもう一つの特性が、傷つきやすさだった。送迎車の助手席使用を拒否されたと言っては落ち込み、生活支援員（つまり、私たち）に無視されたと言っては項垂れ、他の利用者との扱いが違うと言っては怒り出し……と、とにかく心に傷を負いやすい。

　あるとき、「おっちゃん、話聞いて」と、また呼ばれた。グループホーム夜勤者――仮にB子さんとする――との人間関係で悩みがあるという。

「B子さん、私が悩みを相談しても、ぜんぜん話聞いてくれないの。何か言おうとしても、『そんなこと聞きたくない』って」

「B子さん、なんで話ぐらい聞いてくれないんだろうね」

「わかんない。私が何か言うと、かえって叱られるの。おっちゃん、私どうしたらいいの？」

ワンコさんの目には、早くも涙が滲んでいる。

「他のスタッフで話聞いてくれる人、いるよね？」

「いる」

「そういうスタッフに自分の想いを聞いてもらったら？　おれも聞くよ」

「でも、B子さんに聞いてもらいたいの。今日の夜勤、B子さんだ。私どうしていいか、わからない」

「今晩、もう一度話しかけてみたら？」

「どうせ聞いてくれないし、叱られる」

「甘えたいんだね？」

「ホントは甘えたいけど、甘えさせてくれない」

ワンコさんはとうとう声を上げて泣き出してしまった。

そうかと思えば、その数日後にはケロッとした顔で自慢げに話しかけてきた。

「おっちゃん、私、スタッフに褒められたの。『あなたはT作業所のなかで一番まともね』って言われた」

「一番まともって？」

「うん。そう言われて自信ついた」

彼女は嬉しそうに答えた。

「ワンコさんは何でもできるからなあ」

と答えたものの、私は内心で溜め息をつくしかなかった。「一番まとも」。彼女はその言葉の背後に潜む、知的障害者に対する侮蔑的な意識に、まるで気づいていない……。

＊

ワンコさんに「威嚇」されたアベッチ。彼は私が入職する3ヶ月ほど前、T作業所との利用契約を結び、グループホームに入所してきた。

アベッチの大きな特長の一つは、呆《あき》れるほどの「正直さ」にある。私たちが腹の底に押し込めて口を封じがちな、たとえば性的な欲求についても、誰彼構わず本音を吐露《とろ》した。そのことをスタッフに咎《とが》められても、翌日にはまた同じことを言い始める。

「若いお姉さんのお臍《へそ》が見たい。お尻も見たい」

特別支援学校の高等部に在籍していた頃、アベッチは大好きな電車で通学していた。ある夏の日、「お臍見たさに」街を歩く女性のTシャツをいきなりまくり上げてしまった。

この事件でアベッチは保護観察処分の身となり、大好きな電車ではなく、スクールバスの利用を余儀なくされた。

その頃から母親に対する暴力も始まった。その対処に悲鳴を上げた母親が、警察署に相談した結果、アベッチは精神科病院に半年にわたって放り込まれた。このときの収容体験が、彼には深いトラウマになっている。

「病院、汚かったし、怖い患者もいてイヤだった。看護師さんも怖かった。オムツの患者さんがウンコして、それが臭くてイヤだった。ベッドに縛られた患者さんもいた。早く出たかった？　うん、そうそう。退院したいって頼んだけど、なかなか退院させてくれなかった。退院したいのに、なんで出してくれないんだと思ったら腹が立ってきた。それで、看護師さんの背中、叩《たた》いてしまった。看護師さんにものすごく叱られてしまった。もうイヤだ。戻りたくない、あんなところ」

のちに私は偶然にも、アベッチと同じ精神科病院に息子が入院していたという女性に会った。聞けば、身体拘束や過剰投薬の憂き目に遭い、心身にかなりのダメージを被《こうむ》ったという。彼女は憤りも露《あら》わに、こう吐き捨てた。

「息子は深く傷つきました。あそこはとんでもない精神科病院です。劣悪そのもの。訴えてやりたい」

アベッチの「嘆き節」も無理からぬことか。

しかし、アベッチには驚嘆すべき記憶能力がある。電車マニアで、ＪＲ山手線の内回り、外回りの駅名すべてを順番通りスラスラと、しかも正確に言い当てた。

私がＴ作業所を退職した後の話だが、アベッチの母親とこっそり連絡を取り、Ｔ作業所に黙って彼を横浜に連れ出したことがある。横浜までは複雑に込み入った電車を乗り継がなければならない。都心部の路線に疎く、たびたび乗り継ぎに困惑した私を、アベッチは路線図も見ずにテキパキと誘導してくれた。どうやら彼の頭のなかには、全国の路線図が丸ごとインプットされているらしい。

アベッチは利用者やスタッフの誕生日も、丸ごと記憶していた。それも、一度聞いたら二度と忘れない。試しに、入職早々に私が教えた自分の誕生日を、退職間際にもう一度聞いたところ、彼は思い出す素振りさえ見せず、「2月11日」と正確に答えた。

＊

職員の説教責めに遭った前出の育子さん（50ページ参照）。

彼女には自閉スペクトラム症（ＡＳＤ）、かつてアスペルガー症候群と呼ばれた診断名がつけられている。アスペルガー症候群は広汎性発達障害の一つで、社会性やコミュニケーション、想像力の欠落、感覚過敏や拘りの強さを特徴とする自閉スペクトラム症のうち、知的な障害を有していない症状を指す。

アスペルガー症候群と診断された人は、学業優秀にして頭脳明晰な人が多いと言われる。その反面、場の空気を読むことができず、周囲からも「変わり者」と敬遠されがちな存在である。「変わり者」と言っても、もちろん本人にはその自覚がない。

前記したように、育子さんにはゴミや物の収集癖がある。私たちはそれを徹底して阻止するよう言い渡されていた。そのため、彼女はたった一枚のチラシを手にしただけでも、それを取り上げられるという処遇をくり返し受けてきた。

だが、利用者のなかでほとんど唯一、障害者の人権を理知的に考えることができるのも育子さんだ。「虐待」「権利」という言葉が、事あるごとに彼女の口から飛び出した。

読書も嗜《たしな》む。「何でもいいから文字を読みたい」という希望で、Ｉさんや私は読み終えた小説を何冊かプレゼントした。しかし、彼女に限って、書籍・雑誌類などのグループホームへの持ち込みが禁止されていた。自室のゴミを増やさないためである。

「作業所で読めと言われても、ここじゃ、うるさくてゆっくり読めないよ」

彼女の不満にはたしかに頷《うなず》けた。


ある日、その育子さんと女性職員の一人が、揉《も》み合いの喧嘩を始めた。育子さんが来客の靴の匂いを嗅いだことが、事の発端である。

女性職員が育子さんの臀部《でんぶ》を強く叩き、それに育子さんが応戦した。他のスタッフが割って入り、両者の揉み合いを収めたが、ここで育子さんの人権意識に火がついた。

「これ、虐待だ。訴えてやる！」

「あんたがダメだということをしたんでしょ⁉」

職員が険しい顔で言い返した。

「私にばかり暴力振るったり、暴言吐いたりする」

「暴力って何⁉　暴言って何よ⁉」

「…………」

「さあ、言ってみなさい！」

自己主張を苦手とする利用者が、とても太刀打ちできる相手ではない。その気迫に押されて、さすがの育子さんも返す言葉を失った。

「私、いつまでこんなところにいなくちゃいけないの?」

育子さんは沈んだ声で言った。

「弟も私を引き取らないって言うし、私、死ぬまでいなければならないの? ここは厳しすぎる。あれダメ、これダメばかりで、息が詰まりそう。ここ早く出たい。家に帰れないんなら、違う施設に行きたいよ」

彼女のこの切なる訴えは、私がT作業所に在籍している間、終始一貫して変わることがなかった。

*

「ヤス君」は虚弱体質で、精神の発達遅滞に加え、中重度の知的障害も抱えている。作業所では椅子に座ったまま、ほとんど作業の手を動かすことがない。いつも薄く開いた目を周囲に向け、視線が合ったスタッフには手を振って愛嬌を振りまく。

コミュニケーションは成り立つようで、どこか微妙にズレている。散歩中の会話では「今日は天気で気持ちいいねぇ」「は〜い。気持ち悪いねぇ」。歩を促すために「イッチニ、イッチニ」。そう声をかけると、同じように「サン……ニィ……イッチ〜」とくり返しながら、なぜか足を止めてしまう。

このヤス君が、こと記憶の想起や計算の段になると、驚くほどの天賦《てんぷ》の才を発揮した。あまりにも記憶力が良いので、試しとばかりに「来年の○月×日は何曜日？」と聞いたことがある。ヤス君がその正確な曜日を即座に答えたので、今度は「２年前の○月×日の曜日は？」と聞いた。彼は考えるように両手の指先を口の前で忙しく動かすと、ややあってその曜日も正確に答えた。

「37年後の○月×日は？」などと無理難題を吹っかけたときは、さすがに黙り込んだものの、全国の路線図に対するアベッチがそうだったように、ヤス君の頭にも数年分のカレンダーが丸ごとインプットされているのだろう。

このヤス君の才能は「サヴァン症候群」の特徴と見事に一致した。サヴァン症候群とは知的障害や発達障害を抱えながらも、一方で突出した才能を併せ持つ症状を指す。特に自閉スペクトラム症の子供に多いとされているが、彼らの常人を超えた能力には、以下のような特徴があるという。

地理や道路など、それが込み入ったものであろうと、一瞬にして覚える。時計に頼らず正確な時間を把握する。円周率の数字を何百桁、ときに1000桁も記憶する。そしてヤス君のように、指定された年月日の曜日を即答できる……。

しかし、困ったことに、ヤス君はたまに暴れる。切れ長の目を精一杯ひんむくと、床に横たわったまま椅子を蹴っ飛ばし、他の利用者を引き倒し、それこそ「火事場のバカ力」をいかんなく発揮する。

スタッフがすぐに止めに入り、落ち着くように声かけをする。が、一旦暴れ出すと、それぐらいでは効き目がない。2人がかりでヤス君の腕や足を掴まえて暴挙を封じるが、腕を「担当する」スタッフはそれこそ怪我が絶えない。ヤス君の尖《とが》った爪の先が手首に深く食い込み、いつも流血の憂き目に遭う。私の両手首も何度、血に染まったことか。

他の利用者に害が及ばないよう、ヤス君はいつも2人がかりで担ぎ上げられ、ミーティングルームに運び込まれた。その頃にはヤス君の興奮はたいがい沸点に達している。顔面は紅潮し、奇声を発し、職員も馬乗りにならざるを得ない。ヤス君は馬乗りになったその職員に唾を吐きかけるなどもした。いくら「落ち着いて」と声をかけようが、こうなってしまうと逆効果である。

ヤス君が落ち着くのは、たいがいが精魂尽き果てたときだった。このとき初めてスタッフは拘束の手を解くが、その後のヤス君はと言えば、何事もなかったかのように、周囲に愛嬌を振りまくなど、いつもの穏やかな姿に立ち返る。

恫喝と虐待

なぜヤス君は突然暴れ出すのか。しばらくその理由がわからなかったが、そのうちにおよそ３つの要因らしきものが浮き彫りにされてきた。

一つは新人スタッフと初めて顔を合わせるときである。ヤス君にも自己承認欲求や他者に対する強い愛着心があるのだろう。

「初めて会う人に、注目してもらいたいんじゃないか。かまってほしいあまりに、人に手を出したり、暴れたりするんだよ」

こういう声がスタッフからも出たが、たぶんそれは正鵠を射た分析である。私も「被害者」の一人で、新人スタッフが入職したその日に、背後からヤス君の「襲撃」を受け、メガネを一瞬にして破壊された。

ヤス君の「暴挙」の誘発因子と考えられるもう一つは、自分の気に入った女性職員が、T作業所に支援員として入ったときである。このときも、前記と同じように、自己承認欲求が他者への攻撃に転嫁されると考えられた。実際、その女性職員がT作業所勤務を離れ、グループホーム専従の世話人になってからというもの、ヤス君の「暴挙」は影を潜めた。

そして、もう一つ考えられる原因が、ある男性職員の存在だった。仮にGさんとする。GさんはT作業所設立当初からの古株で、若い社員で構成されるT作業所の運営方針に強い影響を与えてきた。主に男性グループホームの夜勤の世話人をしており、たまに生活支援員としてT作業所に顔を出す。冗談好きで、性格は明るい。その反面、厳しい指導を旨としており、私は密かに「鬼軍曹」のあだ名をつけていた。

ヤス君はこのGさんがいないときに限って暴れる。逆に言えば、GさんがT作業所にいるときは、間違えても暴れることはない。それどころか、愛嬌を振りまくこともなく、終日怯えたように目を伏せている。

まもなくしてわかったことだが、グループホームでのGさんの恫喝《どうかつ》や暴力が、その理由だった。だとすると、その密室で受けた虐待による心の傷も、T作業所でのヤス君の「暴挙」を誘発する一因になっていたのか。

ヤス君と同じDホームに居住する軽度知的障害の「かっちゃん」が、あるとき私にこう教えてくれた。

「Gさんは登山用の杖を自宅から持ってきて、Dホームに置いているんだ（この杖の存在は私も確認している）。ヤスがモタモタしたり、言いつけを守らなかったりしたとき、Gさんにその杖で頭をコツコツ殴られるんだよ。

ヤスの部屋はキッチンの隣にあるけど、僕たちがキッチンにいるときは、Gさん、襖を半分閉めて殴っていた。僕たちに見えないからといって、殴る音は聞こえるし、ヤスの『痛いよ〜！』という泣き声は聞こえるからね。僕が2階の自分の部屋にいても聞こえてくるんだから。

でも、Gさんにやられるのは、ヤスだけじゃないよ。他にも『ご馳走様も言えないのか！』と頭を叩かれたり、直立不動で立たされたりした利用者もいたよ。あと大変な目に遭っているのは、何と言っても智ちゃんじゃないかな。智ちゃんはGさんにかなり痛めつけられているんだ」

「智ちゃん」は統合失調症が併存する中度の知的障害者である。いつも一匹狼の雰囲気を醸し出し、けっして集団と交わろうとしない。作業はほとんどやらず、絶えず作業所内を歩き回っては、ときに黙って姿をくらます。

スタッフが少しでも高圧的に接すると、智ちゃんは怒り出す。体に触れようものなら、それこそ殴りかからんばかりに大声を発した。他の利用者と喧嘩になり、実際に殴りつけたこともある。

ホームに気にくわない世話人が入ると、夕食だけでなく、朝食さえ拒否した。Gさんもその世話人の一人だった。

こうした智ちゃんの人間不信は、生まれ育った環境に要因があることは、容易に想像がつく。家庭内でのネグレクト（放棄・放置）に加え、父親代わりの叔父からは暴力を受けた。肋骨骨折の重傷を負い、入院したこともあったという。智ちゃんは福祉による保護を受けると、やがてT作業所に辿《たど》り着いた。

人間不信が引き金になっていたのか、智ちゃんには多分に妄想的なところもあった。意味不明な話をスタッフに持ちかけてくると思えば、ホームの自室で奇声を上げたり、トイレの窓から怒声を発したりしたこともあった。そのため、近隣住民からクレームの声も上がった。

その智ちゃんをGさんは、「鬼軍曹」よろしく、力ずくで服従させようとした。当然、智ちゃんは牙を剥《む》き、両者は激突することになる。前出の「かっちゃん」によると、智ちゃんは「かかってこいよ！　このオヤジ！」。そうGさんを挑発して、「闘い」に挑むという。

「ところが」と、かっちゃんは言った。

「智ちゃん、威勢は良いけど、ご飯食べないから、力があまりないんだ。それで、Gさんにバンバン投げ飛ばされて、馬乗りにされる。僕の部屋にもドスン！　ドスン！という投げ飛ばされる音が聞こえてきたもの。で、『よ〜ちえん』『よ〜ちえん』と言うのが、降参したという智ちゃんの合図なんだよ。Gさんも『投げすぎて背中が痛くなったよ』と言ったことがあったけど、それもあってあの2人の仲は最悪なんだよ。だって、Gさんが作業所に来ても、智ちゃん、目も合わせないでしょ」

実は、この智ちゃんに対する暴力行為に関しては、Gさん自身があっさりと認めている。私が「彼をどうやって大人しくさせているのか？」と聞いたところ、Gさんはこう答えた。

「おれ、投げ飛ばしてますから」

では、以上の情報をくれたかっちゃんは、虐待の標的にされなかったのか。

「Gさんにやられたことはないよ。これでも僕はしっかりしているから」

そのかっちゃんがよりによって、社員の集団暴行を受けることになる。それも、2度にわたって。

第2章　知的障害者施設内の虐待

1

かつては皆無だった障害者救済策

第二次世界大戦終結までの日本の障害者たちが、いかに救済施策の蚊帳《かや》の外に置かれていたか。鍼灸《しんきゆう》術や按摩《あんま》術の就業優先権が与えられていた視覚障害者を除くと、国による障害者施策は文字通り皆無の状態だったという。

障害者施策に詳しい日本社会事業大学教授の曽根直樹さんが説明する。

「1874年（明治7年）に太政官達《だじようかんたつし》として『恤救《じゆつきゆう》規則』というのは出されていました。これは窮民に対する救済を目的としたもので、身寄りのない老人や寡婦、病弱者、障害者、それに孤児などが対象とされました。

しかし、国はこれを『人民相互の情誼《じようぎ》』、つまり思いやりを持って行なわれるべきだとして、それに対する責任を回避していたのです。国が安易にその救済に当たることは、『惰民《だみん》』の養成に繋がるというのが、その大きな理由でした。働ける者まで国の世話を受けて、働かなくなるのではないかという懸念があったわけですね。

こうしたことから、この恤救規則によって救済された人は、ほんの一部に留まりました。しかも、規則に違反した場合は処罰までされた。ようするに、辱《はずかし》めを受ける代わりに、国の世話になるという考え方だったのです。

ですから、終戦までは障害者に対して国が何らかの救済措置をとったことはほとんどなく、彼らは『廃疾者《はいしつ》』として世間の片隅に追いやられていました。とりわけ知的障害者や精神障害者などは、特別な援護もなく、差別と偏見のなかで生きざるを得なかったのではないかと思います。

こうした障害者観は、戦後もしばらく残りました。１９５６年（昭和31年）度の厚生白書には知的障害児に関して『そのまま放置しておけば非社会的あるいは反社会的行動をとるようになりがち』といった記述があるほどです」

明治期以降の近代日本において、知的障害児・者はその障害特性に応じて、以下のように呼ばれていたという。「白痴《はくち》」「痴愚《ちぐ》」「魯鈍《ろどん》」。白痴は重度障害、痴愚は中度障害、魯鈍は軽度障害に相当する。知的障害児は「就学猶予・免除」の名目のもと、就学の権利も奪われていた。

内村鑑三

こうした障害者施策の無法時代において、彼らの教育・保護を訴え、またその実施に当たったのが、社会事業家や民間の篤志家、そして宗教者などだった。

明治から昭和にかけてキリスト教の伝道に尽力した内村鑑三は、23歳で渡米留学した際、ペンシルバニア州にある700名規模の知的障害児収容施設「エルウィン白痴院（校）」に、「看護人」として8ヶ月勤務した。

この看護人時代の当初、約20名の障害児を担当した内村は、入所児たちから「ジャップ」と呼ばれ、唾を吐きかけられるなどの侮蔑的な扱いを受けた。しかし、問題児とされた児童の「食事抜き」の懲罰を自らも引き受けたことで、その問題児だけでなく、多くの入所児と親愛的な関係を結ぶことができるようになったという。

このときの経験をもとに、帰国後の内村は日本における「白痴院」設立の必要性を説き続けた。1894年（明治27年）に刊行された雑誌「国民之友《こくみんのとも》」で、彼は「白痴の教育」と題して、白痴院の目的を3つに分類し、以下のように記している。

一、是等《これら》神経機能発育の妨阻《ぼうそ》せられし者を取り、特殊の方法を以《もっ》て此《この》妨阻を排除し、規則的発育を促すにあり。
二、是等人類中の廃棄物を看守し、一方には無情社会の嘲笑より保護し、他方には男女両性を相互より遮断して彼等の欠点をして後世に伝へざらしむるにあり。
三、是等社会の妨害物を一所に蒐《あつ》め、一方には社会を其煩累《そのはんるい》より免がれしめ、他方には適宜の訓導の下に彼等をして其資給の一部を補はしむるにあり。

曽根さんが続ける。

「一に掲げた目的は、発達の遅れている知的障害児に対して、特殊な方法によって発育を促すことを指していると思います。いまの特別支援教育に繋がる考えですね。目的の二は、男女の交流を遮断し、その子孫を後世に残さないという優生思想的なものですが、一方では知的障害者を社会の偏見・差別から守るという保護の意味がありました。目的の三は経済的、治安的な意図で彼らの入所施設を作るべきだという、一種の社会防衛的な意味が含まれていると思います。そして、彼らが自立し、自給自足的な生活を営めるよう指導していく。

たしかに、内村は知的障害者を廃棄物、妨害物と呼ぶなど、いまの時代から見れば、問題となるような差別的な用語をずいぶん使っています。しかし、当時はこうした言葉がむしろ当たり前だったのでしょうし、知的障害者の教育や保護などほとんど顧みられなかった時代にあって、内村の考え方そのものが、かなり進歩的だったのだと思います」

日本初の自立支援施設

この内村の論文発表から遡ること3年。1891年（明治24年）12月、立教女学院の教頭職にあり、クリスチャンでもあった石井亮一が、東京市下谷区（現・東京都台東区）に「孤女学院」を開設した。

同年10月、大地震が愛知や岐阜の県域に壊滅的な被害を与えた（濃尾地震）。このとき孤児となった少女たちに誘拐や人身売買の魔の手が伸びたことで、石井が20名余の少女を保護したのが、この「弧女学院」の始まりである。

石井は社会への自立を視野に入れ、保護した女児に教育を施《ほどこ》したが、そのなかに知能に遅れのある子がいることに気がついた。このことが契機となり、彼は知的障害について学ぶために、1896年（明治29年）に障害児教育の先進国だったアメリカへ渡る。

石井はかつて内村鑑三が看護人を務めた「エルウィン白痴院」など3校を視察し、生理学に基づく教育実践なども学ぶと、翌1897年（明治30年）に「弧女学院」を「滝乃川学園」という施設名に改め、目指す方向性を知的障害児に対する教育および自立支援へと転換した。こうして、知的障害児の教育・自立を目的とした日本初の施設が誕生した。

当初は健常児も学園に在籍していたが、石井が革新的だったのは、普通教育部と特殊教育部の2つのブロックを設け、特性に応じた教育をそれぞれに施したことである。

以後、公的な制度も助成もない時代にあって、石井の取り組みに触発されるように、知的障害児施設が少しずつ全国に広がっていった。

戦前に創設された知的障害児施設は、京都府の白川学園（1909年）、大阪府の桃花塾（1916年）、千葉県の八幡学園（1928年）など、滝乃川学園も含めると、11カ所に及んだ。

そして、石井は1934年（昭和9年）、そうした施設の創設者たちとともに「日本精神薄弱児愛護協会」（現・日本知的障害者福祉協会）を設立し、知的障害児の保護・教育に対する行政への働きかけや社会に対する啓蒙活動に乗り出していく。

しかし、時代はその想いと逆の道を辿った。日本精神薄弱児愛護協会が設立された1934年（昭和9年）、議員立法によって民族優生保護法案が、まず帝国議会に提出された。さらに、1938年（昭和13年）には厚生省（当時）予防局に優生課が設けられ、優生制度案要綱が政府によって審議されるようになった。

当時日本と防共協定を結んでいたナチス・ドイツが、1933年に断種法である「遺伝病子孫予防法」を制定したことに強い影響を受けたことが、この一連の流れを生んだという。

そして、日独伊三国同盟が締結された1940年（昭和15年）、日本でも断種法である国民優生法が公布される。これによって、知的障害者も不妊手術の対象にされた。世界大戦という混沌とした時代にあって、彼らに福祉的保護が施されるのは、まだ先のことである。

曽根さんは言う。

「戦争に突入すると、知的障害児の教育どころか、日本そのものが食うや食わずのひどい状況に追い込まれました。障害児施設は軍需工場に接収されたし、戦中は国も傷痍《しょうい》軍人に対して恩給制度や訓練施設を作るなどして、その保護に力を入れていたものの、障害児施策どころではありませんでした。終戦後はこうした傷痍軍人に交じって、戦災孤児や浮浪児と呼ばれる子供が街中に溢れました。そのなかに、知的障害児も多く含まれていたのです」

日本版「親の会」の設立

生活困窮者を対象とした生活保護法が公布されたのは、終戦１年後の１９４６年（昭和21年）９月（同10月施行）である。それから１年３ヶ月後の１９４７年（昭和22年）12月、児童福祉法が公布された。ここから日本は、ようやく障害児福祉に乗り出すことになる。

曽根さんが続ける。

「18歳未満を対象とする児童福祉法では、当時の孤児院である児童養護施設に戦災孤児などを集めて、保護することを目的としていました。そして、この児童福祉法のなかに、知的障害児のための入所施設の設置などが定められたのです。

彼らは保護と将来の自立のための〝指導・訓練〟を受けましたが、当時にあって入所施設はそれほどたくさんできたわけではありませんでした。しかも、入所の対象になっていたのは、主に中軽度の障害児で、職員の配置や財政事情などの問題もあって、重度の知的障害児はなかなか入所することができなかった。そういうことに対して国への要望運動を始めたのが、精神薄弱児育成会という親の会だったのです」

精神薄弱児育成会は１９５２年（昭和27年）７月、知的障害児を持つ母親３人の提唱によって設立された。同会の運動は瞬く間に全国に広がると、各都道府県に育成会が結成され、1955年（昭和30年）には「全国精神薄弱者育成会」として社団法人化された。その後、同会は「全国手をつなぐ育成会連合会」と名称を変え、現在は47都道府県育成会と8つの政令指定都市育成会などの計55団体が正会員となっている。

コロニーの建設ラッシュ

「その育成会が知的障害者施策に関する様々な要望を国に出しました。入所施設を増やすことを訴えたり、養護学校や特殊学級の設置義務化の早期実現を求めたりしました。さらに成人の知的障害者のための法律を作ってほしいという要望も出したわけです。

児童福祉法では18歳未満を対象としていたため、18歳以上になると、入所施設を出なければなりません。しかし、自立が難しい知的障害者もいて、そういう人たちは施設に滞留せざるを得なかったのです。そういった人が増えていくと、知的障害児が新たに入所できなくなる。それもあって、知的障害のある成人、つまり知的障害者のための法律も作ってほしいと訴えたわけですね」（曽根さん）

その知的障害者のための法律が、1960年（昭和35年）3月に公布された「精神薄弱者福祉法」だった。

同法は、知的障害者を「精神薄弱者援護施設」に入所させ、精神薄弱者福祉司または社会福祉主事の指導のもとに置くことによって、「更生援助」と「保護」を目的としたものである。１９６７年（昭和42年）の精神薄弱者福祉法の改正では、授産施設の新設などの条項もそこに盛り込まれた。

「それでも、最重度の知的障害者は援護施設になかなか入所することができませんでした。福祉に対する予算が少ない上に、相変わらず職員配置が不足していたからです。

つまり、精神薄弱者福祉法ができても、中軽度の知的障害者が主な入所の対象になっていて、重度の人は入所できなかったわけですね。最重度の子供を持つ親にとっては、自宅で世話をすること自体、それこそ大変だったと思います。しかも、わが子が成長するにつれて、親も高齢になっていく。そこから重度の知的障害者のための施設を作ってほしいという親の要望が相次ぎ、それがコロニーの建設へと結びついていったのです」（曽根さん）

こうした親たちの要望を受けて、１９６５年（昭和40年）、厚生省に「コロニー懇談会」が設けられた。そこで、成人の重度知的障害者を終生にわたって保護することを目的としたコロニーを、国と各自治体が各ブロックに設置することなどが決められた。

その結果、1968年（昭和43年）に愛知県の春日井市に「春日井コロニー」、1970年（昭和45年）に大阪府富田林《とんだばやし》市に「大阪府立金剛コロニー」、その翌1971年（昭和46年）には国立コロニーである「心身障害者福祉協会国立コロニー　のぞみの園」が、221ヘクタールにも及ぶ群馬県高崎市の観音山の国有地に開設された。

コロニーの設置運営が具体的に明記された1970年（昭和45年）5月の心身障害者福祉協会法の公布後には、厚生省児童家庭局長から各都道府県の知事宛にこんな通達がなされている。

〈（略）精神薄弱の程度が著しい等のため一般社会において独立自活することの極めて困難な心身障害者については、その福祉の確保、向上を図るうえで、従来のこれら施設の設備機能等において必ずしも十分でない面がみられ、このため、近時、このような障害者のために、新たに、保護、指導、治療、訓練等の各種の機能が有機的に整備され、これらの障害者がそこにおいて安心して生活を送れるいわば一つの地域社会ともいうべき総合的な福祉施設を早急に建設すべきであると各方面から強く要望されている（略）〉

コロニー建設への明確な指針が、ここでは「一つの地域社会ともいうべき総合的な福祉施設」の早急の開設という言葉に集約されている。

欧米の潮流に逆行した動き

この辺りから各自治体でもコロニー設置の計画が積極的に促進され、民間入所施設のコロニー化と併せて、全国各地に知的障害者の「終生保護」を目的とした入所施設が続々と誕生していく。

同じ頃、東京都は「都外施設」という形態で、入所施設の建築を進めていた。折しも高度経済成長期の真っ只中。都内の地価の高騰に加え、住民による施設建築の反対運動が激化したための措置だった。

東京都以外に建築された東京都の入所施設は、東日本の14県41施設に及び、計３２１２名が入所した。入所施設は地元の社会福祉法人が都の補助金で建築し、介護費等も入所者が元々住んでいた区市町村の負担となった。この都外施設の入所者の約９割が都民で占められていたという。

こうして、コロニーを含めた大規模入所施設が、全国各地に雨後の筍《たけのこ》のように誕生していった。国が「第２次障害者基本計画」に基づいて「入所施設から地域移行」へという具体的な方針を打ち出した２００７年当時、全国の施設における入所者数は15万人近くにも膨れ上がった。

この欧米諸国の動きに逆行した入所施設の建築ラッシュが、日本のコロニー施策にどういう影響を与えたのか。

日本障害者協議会代表の藤井克徳さん（前出）が説明する。

「日本はコロニーなど大規模入所施設を建築するに当たって、障害者福祉の最先端を行っていた西ドイツのベーテルや、精神障害者の家庭看護システムを作ったベルギーのゲールなどの施設をモデルにしたと言われています。

しかし、日本が大規模施設を次々に作っていた当時、国際社会からはすでに『知的障害者の入所施設化には問題がある』という声が上がり始めていました。そういう批判的な声に加えて、国立コロニーである『のぞみの園』は当初1500名の定員を予定していましたが、財政事情や工事の遅れなどもあって、入所者は結局、500名程度に留まりました。ようするに、うまくいかなかったわけです」

日本のコロニー施策が暗礁《あんしょう》に乗り上げたのは、国立のぞみの園の開設から10年後のことである。藤井さんによると、障害者の「完全参加と平等」を掲げた１９８１年（昭和56年）の国際障害者年によって、ノーマライゼーション理念の国際的な共有と浸透が加速したからだという。

これによってコロニーの存在は否定され、国は翌１９８２年（昭和57年）に策定された「障害者対策に関する長期計画」のなかで、今後は大規模入所施設を作らないとする方針を打ち出した。さらに、障害者の通所施設や生活施設などにおいて、〈障害者の身近に小規模のものを分散的に整備する〉ことを、将来的な展望として掲げた。

「コロニーという言葉が使われなくなったのは、この頃からです」

藤井さんは続ける。

「たしかに、コロニーは商店や理髪店など、生活に必要なものが揃う生活共同体という側面を持っていました。その一方で、地域から隔絶された障害者だけの自己完結した社会という概念もつねに付きまとっていた。そこで、すでにある大規模入所施設を、コロニーという形ではなく、地域との接点を考慮したものにしようということになったわけです。そういう意味で、巷間言われる大規模入所施設とは、コロニーの概念に包含されながらも、地域性を念頭に入れた施設ということになるでしょう。

しかし、そうは言っても、実態はほとんど変わりませんでした。そもそも大規模入所施設の多くは、土地確保のための財政問題や地域住民の反対などもあって、郊外もしくは人里離れた田舎に作られています。コロニーという言葉は使われなくなったものの、内実は同じようなもので、障害者はそういう限られたエリアのなかで、自らの人生を完結せざるを得ないという哀しい現実に置かれたのです。それは、いまでもあまり変わりません」

コロニーの内情

現在、東大阪市で生活介護事業所「クリエイティブハウス パンジー」を運営する社会福祉法人・創思苑の理事長を務める林淑美さんは、かつて香川県のコロニーで支援員として働いた経歴を持つ。障害者福祉におけるパンジーの先鋭的な取り組みの詳細については、第5章に譲るとして、当時のコロニーの内情とはいったいどのようなものだったのか。

「虐待のようなものはありませんでしたが」と前置きして、林さんが自身のコロニー職員時代をふり返る。

「裏には山、表には海が広がる辺鄙なところにありました。子供と大人合わせて100名ほどが入所していましたが、重度の心身障害児・者が多く、外勤にしろ内作業にしろ、働ける人はわずかしかいませんでした。

いまでも思い出すのは、わが子を施設に入れた親が、泣きながら帰る姿でした。見送る子供も遠ざかる親の後ろ姿を見て泣いている。そういう親たちは子供が入所してしばらくは、定期的に会いに来るんです。場所が遠いということもあるんでしょうが、それが、子供の成長とともに足がしだいに遠のいていく。

たまに洋服とか持って会いに来ても、わが子の成長がわからないから、サイズに合わない服を持ってきたりするんですね。わが子と接することのできない生活を長く続けていくうちに、わが子のことも少しずつ忘れていくといった印象を抱きました。

子供たちはそれでも施設内で生きていかなければならない。世間との繋がりはほとんどないし、親が高齢化したり、亡くなったりしたら、それこそ面会に来る人もいなくなるんです。矛盾を感じましたね。これが、入所者にとって幸せなことなのか、と」

「入所施設を増やしてほしい」という親の声

では、障害児・者を持つ親たちは、入所施設の存在をどう見ているのか。「全国手をつなぐ育成会連合会」会長の佐々木桃子さんが、こんなエピソードを打ち明ける。

「育成会のお母さんたちが入所施設のことを知りたがっていたので、東北地方の入所施設に入った子のお母さんに、入所施設について話してほしいと依頼したんです。すると、手紙が来て、こんなことが書かれていました。

東北の冬は寒いので外に出られない。それ以外の季節でも支援員の数が足りているとき以外は、外に出してもらえない。入所施設はおよそ地域生活とかけ離れている。私は息子をそこに入れたことに納得していないので、その話はできないし、お母さんたちにも勧められない……。そんな内容でした。つまり、喜んで息子さんをその施設に入れたわけじゃなかったんです。

でも、事はそれほど単純じゃありません。国は新規に入所施設を作らないと言っていますが、そのことで困っている親御さんがたくさんいることも事実なんです。親もだんだん高齢になって、いずれはわが子の面倒をみることができなくなる。わが子の暮らしの場を求めていますが、それがなかなか見つからない。なかでも重度の障害のある人は、グループホームでもなかなか受け入れてくれません。そういうことから、入所施設を増やしてほしいという声は、いまでもけっこうあるんです。東京都でも入所待機者が1000人ぐらいいますし、その数字がここ何年かずっと続いている。親も困ってるんですね」

実は、この親の苦悩を物語るような数字が残っている。２０１７年7月、毎日新聞が津久井やまゆり園と同規模の全国84施設から得た、地域移行に関するアンケート調査の結果を公表した。

それによると、大規模入所施設で暮らす知的障害者の４割以上が、25年以上の長期にわたって入所していることがわかった。グループホームなどへの地域移行が進まない理由として、同新聞社では以下のような複数回答を得ている。

「家族の反対」（81パーセント）、「入所者の高齢化」（79パーセント）、「障害程度の重さ」（75パーセント）、「本人の意思」（38パーセント）。さらに、同アンケート調査では、重度や高齢の知的障害者が施設に長く留まっている実態も浮き彫りにされた。

日本社会事業大学教授の曽根直樹さん（前出）は、こう解説している。

「ノーマライゼーションが叫ばれ、地域移行が推奨されるなか、それがうまく進まない理由として、たしかに家族の反対は要素としてあると思います。施設から地域に出たとしても、うまくいかなかったらどうするんだという不安が、家族にあるのでしょう。それでなくても、いま入所施設は入所待機者で溢れている状態です。グループホームでの生活が困難で、いざ入所施設に戻ろうとしても、今度はその入所施設に入れなくなる。そうなると、家族が引き受けなければならないと不安に思うのかもしれません。

一方で入所期間が長い人は、親が高齢化し、すでに亡くなっていることもあります。そういう人のなかには、このまま慣れた施設で暮らしたいと考えている人もいるのではないかと思います。地域に移行したい人のための受け皿が少ないと言われますが、それだけではないのでしょう。家族の意向や本人の意思によって、地域移行が進まないということも、背景の一つとしてあると思いますよ。

また、経済的な理由も考えられます。入所施設は家賃の負担はありませんが、グループホームでは家賃や食費、光熱費などは入居者の自己負担です。地域に出たとしても、収入が年金だけだと、生活が厳しいということもあると思います」

2

正月明け、私は久しぶりにT作業所に顔を出した。

事業所側に利用料名目の収益を目論む意図もあったのだろう。Ｔ作業所の利用者には週休２日制が設けられていたが、それ以外は祝日でも作業所に通わなければならない。「行事」と称して、彼らは年末年始もＴ作業所に駆り出され、正月気分をのんびり味わうことなく、この日も作業に精を出していた。

そのなかに「かっちゃん」がいた。

前記したように、彼はＧさんによるＤホームでの虐待の内実を事細かく私に教えてくれた、軽度の知的障害者である。

「Ｇさんにやられたことはないよ。これでも僕はしっかりしているから」

と口にしていたそのかっちゃんに、いつもの元気がない。冗談好きにして面倒見が良く、場の雰囲気を盛り上げるリーダー的な存在感を誇示してきたが、両腕で頭を抱え込むようにしてテーブルに突っ伏している。スタッフに促されて、ときおり顔を上げるものの、口数はほとんどなく、表情も淀《よど》んで覇気がなかった。

理由はまもなくしてわかった。

正月の期間中、Ｄホームでは一人の入居利用者が実家に帰省していた。その利用者が自室に保管していた菓子類のすべてが消えた。いや、消えたのは菓子だけでない。その利用者は小遣いの自己管理を任されていた数少ない一人で、押入れに隠していたはずの数千円の小遣いまでもが忽然《こつぜん》と消えたのである。

常勤職員がさっそく「家宅捜索」を開始した。すると、まもなくかっちゃんが「容疑者」として浮かび上がってきた。彼の部屋からタバコ数箱と空になった菓子袋が出てきたのである。

かっちゃんは小遣いをT作業所に管理される身。禁煙措置をとられていた上、おやつ類も一切禁止されている。これらのものが彼の部屋にあること自体、不自然極まりないことだった（彼は世話人の目を盗んでタバコを買ってきていた）。

かっちゃんには当然、「取り調べ」が待っている。施設長を含む男性社員3人にミーティングルームの密室に連れ込まれ、厳しい詰問に遭った。これが、かっちゃんがうち沈んでいる理由だった。

よほどのショックを受けたのだろう。この事件が発覚した翌朝、送迎を担当したパート職員も、かっちゃんの様子をこう口にしている。

「僕が送迎車で迎えに行っても、勝見さん（かっちゃん）、落ち込んだままでねぇ。『車に乗りたくない』『T作業所に行きたくない』ってごねていました。いつもは何かあっても、翌日にはケロッとしていますが、このときは相当な落ち込みようでした」

＊

密室でいったい何が行なわれていたのか。それを知るのは、かっちゃんと３人の男性社員しかいない。

私がその密室の出来事の一端を知ったのは、かなり後になってからである。情報源は快活さを取り戻した当のかっちゃんだった。

「すごく怖かった」と、かっちゃんは打ち明けた。

「密室に呼ばれて、施設長とＪさん、それにＥさんの３人に囲まれたんだ。３人とも僕よりずいぶん若いし、力もあるからね。Ｊさんは体が大きいし、施設長なんか格闘技をやっていたから特に怖い。だから、僕、逃げようとしたんだ。

そしたら、『まだ聞きたいことがある！』って、３人に一斉に体を押さえつけられて。足蹴っ飛ばされたり、腕ねじ上げられたり、腕や胴体を強く握られたりして……。だから、僕『痛いよう！』って叫んだんだ。それでもやめてくれなくて、とうとうパニックになっちゃって。自傷行為なんてしたことないけど、自分の頭をドンドン壁に打ち付けたんだよ。

3人が部屋を出て行った後は、僕、一人で部屋でずっと泣いていた。だって、あんな怖い想いしたんだし、体が痛くてしかたがなかったんだから。体中がアザだらけになったよ。その日は歩くのも大変だったし、体が痛くて風呂にも入れなかった」

大の男3人（Eさんはまもなく退社した）に密室に連れ込まれ、「悪事」に対する集団的な恫喝に晒される。「悪事を働いた」という負い目がある分、これだけでも恐怖心が煽《あお》られるには十分である。その上、集団的な暴行を加えられるとなれば、パニックに陥るのも無理はない。

私をT作業所にスカウトしたパート職員のIさんによると、この3人の男性社員の集団暴行があったとされる日、ミーティングルームからこんな施設長の怒声が聞こえてきたという。

「お前、これは犯罪だぞ！　わかってんのか！」

かっちゃんが密室内で3人の男性社員に囲まれ、集団的な恫喝を受けたことだけは間違いないのだろう。

では、職員の集団暴行を受けて「体中がアザだらけになった」というかっちゃんの訴えは、はたして本当だったのか。

これが作り話ではないとわかったのは、それから1年ほど経った日のことである。

＊

その日の朝、来所した女性利用者の一人が、真っ先にかっちゃんのもとに足を運び、心配口調でさかんに声をかけている。

「勝見さん、大丈夫？　もう落ち着いた？」

「まだ腕痛いけど、大丈夫だよ」

「それなら良かった」

いったい何があったのか。

「だって」と、その女性利用者が私に目を向けた。

「勝見さん、昨日ミーティンググループでずっと一人で泣いていたんだもん」

「泣いていた？」

「うん。Ｊさんと U 子さんに叱られて」

U 子さんは私が勤め始めた８ヶ月後、正社員としてＴ作業所に入社した。彼女の「本性」は本書を読み進めるうちに明らかにされていくが、その高圧的にして監視的な支援態度もあり、私は密かに「影の独裁者」なるあだ名をつけていた。

「なんで叱られたんだろうね」

そう言いながら、傍らのかっちゃんに目を移した。

「ねぇ、これ見てよ」

助けを求めるように、かっちゃんが言った。それから、私を作業所の隅に連れていくと、セーターの袖をまくり上げた。

肩から上肢にかけて、無数のうっ血した箇所がある。特に両上腕部と両手首の内出血は、濃い紫色に変化し、生々しい傷跡をさらけ出していた。

「どうしたの？」

私は目を丸くした。

「ひどいね、この内出血。それも、こんなにたくさん」

かっちゃんは口を尖らせながら事態を説明した。

「昨日、JさんとU子さんにミーティングルームに呼ばれたんだ。で、僕の部屋からタバコの吸い殻が見つかったと言って、僕を責め立てるんだ。上から目線で『これ、どうした？』『グループホームではタバコ禁止なのに、どうして吸った？』とかね。

でも、僕、今回はタバコなんか吸ってない。見つかったのは、昔吸ったタバコの吸い殻だったんだよ。そのことを言っても『ホントのこと言いなよ』と信用してくれないし、解放もしてくれない。だから、『もういいでしょ?』と、自分から部屋を出ようとしたんだ。そうしたら、『まだ話が終わってない!』って、後ろからJさんに腕と手首を強く掴まれたの。腕なんてねじ上げられて、すごく痛かった。『痛いよ〜!』と叫んで、それでも必死に逃げようとしたんだけど、出口はU子さんが体を張って塞いでいたので、逃げるに逃げられなかった。だから、ずっとJさんにやられっぱなしだったんだ」

T作業所の職員による朝礼は、社員が揃った9時すぎから行なわれる。この日はJさんとU子さんが出勤していた。私はさっそくかっちゃんの両腕が内出血していることを、抗議の意味も込めて2人に伝えた。

「ああ……あれは自分がやったものです」

Jさんは戸惑いながらもそれを認めた。が、咄嗟《とっさ》にこんな言い訳を付け足した。

「勝見さん、自傷行為に走ったので、それを止めただけです」

さすが弁舌巧みなタイプとして評判になっていただけのことはある。

しかし、かっちゃんはこう口にした。

「前回はパニックになって頭を壁に打ち付けたけど、今回は自傷行為なんてしてないよ。だって、僕、何も悪いことなんかしてないんだから。それより、僕のいないときに勝手に部屋に入り込んで、粗探しされたことにイラッときてたんだ。それなのに、あんな暴力まで振るわれて、すごく悔しかった。だから、僕、泣いたんだよ」

＊

かっちゃんが見舞われた、社員による2度にわたる集団暴行。他の利用者の部屋に忍び込み、菓子類だけでなく現金まで盗んだ最初の「犯行」は、たしかに非難されてしかるべきである。本来なら刑事罰の対象だろう。

ただ、なぜそういう行為に走ってしまったか。その背景を考えると、少なくともかっちゃんだけが責められる問題ではないことがわかる。

かっちゃんは大の愛煙家である。喫煙を人生最大とも言える「楽しみ」としてきた。かつては本数に制限を課せられていたものの、グループホームの玄関先での喫煙が許されていたという。

そこに、新型コロナウイルスが襲いかかった。利用者と支援員の多くが感染し、かっちゃんも新型コロナウイルスの魔の手にかかった。医師からは禁煙を勧められ、T作業所もそれに同意した。こうして、かっちゃんは大好きな喫煙の機会を奪われたが、彼に課せられていた制約はそれだけでない。

かっちゃんは太り気味で、高血圧症の持病もある。そのため、T作業所からは減量命令が下され、菓子やジュースなどのおやつ類の間食を早くから禁止されてきた。飲酒などはもってのほかである。

コロナ禍以降は全ホームで、休日であろうと外出は御法度《ごはっと》になった。かっちゃんの場合は、小遣いもT作業所の管理下にある。こっそりグループホームを抜け出せたとしても、手持ちのお金が一銭もないので、好きなものを買うこともできない。

それでも、喫煙が許されていた頃は、食への欲求も何とか抑えることができたという。その喫煙までもが禁止された。楽しみのすべてを奪われ、かっちゃんは悶々とした日々を過ごすしかなくなった。前記の「犯行」はそのさなかに行なわれたものである。

かっちゃんは言った。

「タバコ吸わせてくれてたら、あんな盗みなんて絶対やらなかったよ。タバコ吸いたくて、毎日イライラしてたんだ。だって僕、タバコ吸って、それで命縮めたとしても、納得してるんだから、誰のせいでもないよ。主治医？　たしかに以前の主治医には禁煙しろって言われた。けど、いまの主治医にはそんなこと一言も言われてないよ」

地域移行化と親の苦悩

国の脱施設化への動きと地域移行への模索。一方では、入所施設を増やしてほしいと訴える親の切実な声。１９８９年、国はグループホーム制度を発足させ、２０１３年からは障害者総合支援法に基づく共同生活援助事業も促進された。

その結果、２０１９年には全国のグループホーム入居者数と入所施設の入所者数が12万人台後半で交差し、グループホームの入居者数が入所施設の入所者数を凌駕《りょうが》するまでに至った。一見すると、国の脱施設化に伴う地域移行計画は、順調に進んできたかに思える。

しかし、一方で前出の佐々木桃子さんが言ったように、いまも多く存在する入所施設の増加を訴える親たちの悲痛な叫び声。東京都でもつねに１０００人程度の入所待ちがあるという現実を考えたとき、そこから浮き彫りにされてくるのは、グループホームや入所施設に受け入れを拒否され、世間からも孤立した親たちの人知れぬ苦悩に他ならない。

いまも後を絶つことのない、いわゆる「子殺し」「親子心中」などは、その苦悩が最も悲劇的な形で現れたものだろう。

「東京都手をつなぐ育成会」の前事務局長・齊藤一紀さんが、親たちの苦悩をこう代弁する。

「特に親族関係の絆が強かった昔は、世間の目から障害児を隠したいという意識がありました。兄弟に障害児がいると、結婚しにくいとか、お嫁さんが来てくれないという考えもあったのです。つまり、その遺伝が子孫にも受け継がれるのではないかという偏見が、当時は根強くあった。そして、そういう白眼視から家族が障害児を外に出したがらない状況が、全国的に見られたわけです。

これは昔だけの話じゃありません。いまでもこの手の相談はうちに入ってきています。家族全体が悩みを抱えながら、世間から孤立しているという状況は、わりと多いんですよ。

そういう状況のなかで、地域に受け皿がないまま、入所施設を減らしてしまえば、親やその家族がさらに路頭に迷うのは避けられません。必要性があるから、いまでも入所施設が存在するわけで、私は個人的にそれを〝必要悪〟と呼んでいます」

では、障害児・者を抱える親たちは、どんな労苦を背負い込んでいるのか。

3

大阪府東大阪市に住む山本糸子さん。彼女に待望の長男・博さんが生まれたのは、1973年（昭和48年）11月5日のことだった。体重は2550グラムと軽めだったが、わが子に障害があるとは、しばらく思わなかったという。

「ただ、夜泣きがひどくてねぇ」

糸子さんは言う。

「隣家とは壁続きの家だったので、隣の奥さんからも『うるさくて寝られへん』と苦情が入ってました。だから、夜は博をおんぶして、朝まで外に出ていましたが、夜は物騒ですからね。新聞配達の人を見かけるようになるまで、大通りを歩いてました。冬の夜は寒いから分厚いハンテンのようなものをかけて、朝まで外で時間を潰《つぶ》してましたね。

博はミルクもあまり飲みませんでした。だから、魚や野菜の煮汁を飲ませたりもしましたが、私がちょっとおかしいなと思ったのは、うちの子より2ヶ月早く生まれた近所の赤ちゃんとの違いからです。その赤ちゃんが目で人を追うのに、うちの博は人がいても知らんぷりする。でも、掛かりつけの小児科医に相談しても、『この子は小さく生まれたから、他の子より遅れているだけ。心配せんでいいですよ』と言われただけでした。私も、ああ、そうなんや……と」

いまの博さんには発語がない。しかし、２歳ぐらいまでは、それなりの発語はあったという。公園のブランコに乗せたときは、「ブラン」「ブラン」と喜んだ。階段を上がるときも「ヨイッショ」「ヨイッショ」と、母親のかけ声に呼応した。

一方で、博さんはてんかん発作にたびたび襲われた。その過程で発語が少しずつ影を潜めていった。ヨチヨチ歩きはできたが、手を引かない限り、自分から歩こうともしなかった。おもちゃの手押し車をあてがっても、ハンドル棒につかまったまま、それを押そうとしない。絵本にもまるで興味を示さなかった。

「病院を転々としました。小児科だけでなく、内科や外科にも行きました。でも、お医者さん、何も言わないんですよ。おそらく本当のことを言ったら親がショックを受けると思ったんと違いますか。お医者さんには相変わらず『もう少し様子を見ましょう』などと言われました。

博の障害をはっきり口にしたのは、日赤病院の小児科医でした。頭部をＭＲＩ検査したところ、言語脳に異常があることがわかったんです。お医者さんには『この子はてんかんの影響で、一生声が出ませんよ』。そう言われました。

博を連れて帰りの電車に乗ったときは、頭が真っ白になっていて……。『これからどないしよ』『もうアカン……』。ボ〜ッとした頭でそんなことばかり考えていました。気がついたら、電車を乗り越していて……」

以来、糸子さんの胸には、わが子の将来を悲観する想いと、成長とともに変わっていく同世代の子供たちの様子との違いが、複雑に交差するようになる。

糸子さんの夫は、難波の料理店で働いていた。仕事が忙しく、帰宅も遅い。幼い博さんの面倒は、母・糸子さんがすべて背負った。それでも糸子さんの心の底には、「普通の子と同じような生活をさせたい」という想いが、つねにあったという。

特別支援学校か特別支援学級か

普通の子と同じような生活――。

前出の齊藤一紀さんによると、これは障害児を育てる多くの親たちに共通する想いでもあるという。

「特に若いお母さんの多くは、わが子の障害を認めたくないという気持ちが、どこかにあるように思います。何とか障害を克服させたいと、あれこれ試す親もいるほどです。そういうことから、多くの親御さんが普通校の特別支援学級にわが子を通わせたがる。『他の子供と同じ学校に通わせ、普通の生活をさせたい』と、みなさん願っているんですね。

逆に言えば、特別支援学校に通わせると、わが子の障害を認めてしまうことにもなりますが、いずれにしても障害はなくなるわけではありません。多くの親がそういう葛藤を抱えながら、わが子と向き合っているんだと思います」

全国手をつなぐ育成会連合会会長の佐々木桃子さん。彼女もまた、そうした葛藤を抱えた一人だった。

１９８７年（昭和62年）に生まれた佐々木さんの長男には、重度の知的障害がある。現在はグループホームで過ごし、生活介護施設にも通っているが、当初は「健常児に近づけたい」という想いに駆られていたと、佐々木さんは言う。

「お医者さんのアドバイスで、幼い長男を民間の療育施設に通わせました。そこは専門家によるマンツーマンの療育を徹底しており、長男はチョークを使った色分けや穴の空いたボードへのペグ刺し、さらに洋服のボタン閉じ、割り箸の使い方などの訓練を行ないました。座って作業などできなかったのに、それが1回目でできるようにもなったんです。たしかに効果はありましたし、私もこれで大丈夫だと思って、特別支援学校ではなく、地域の小学校の特別支援学級に息子を入れることにしました。

でも、いま考えると、結局は私自身がわが子の障害を受け止めきれなかっただけなんですね。4年生になった頃から息子の伸び悩みが明らかになってきました。健常児と同じ時間を共有することもありますが、そのペースについていけなくなったんです。

この頃から『息子に無理をさせているかもしれない』と思い始めました。息子がどんなに頑張っても、限界があることに気づいたんです。特別支援学級に入ったことで、同じ小学生仲間やその親からも優しくしてもらえたし、たしかに交流は広がったと思いますが、中学校はより専門性の高い教師がいる特別支援学校に通わせるべきだと考えました。それが、息子のためなんだ、と」

専門性が高い特別支援学校か、それとも地域性を重視した通常学校における特別支援学級か。佐々木さんによると、最近の傾向として、小学部から特別支援学校を選択する親が目立ってきたという。

「特別支援学校を選んだお母さんたちに話を聞いたことがありますが、およそ３つの理由が挙げられました。普通学校の先生たちは障害者に対する理解が足りない。他の児童生徒たちも同じで、その健常児のお母さんたちにしても障害者に対する理解が足りないというものでした。だから、障害児個々の必要性に応じた教育を施す特別支援学校を選んだというわけですね」

前出の山本糸子さん。彼女の場合は、わが子のために何を選択したのか。

保育所入所運動

山本糸子さんが孤軍奮闘の育児に追われている頃、東大阪市では障害児の親による「保育所入所運動」が展開されていた。地域の保育所への障害児入所を嘆願する親の会の活動である。

わが子の障害を知った糸子さんも、その運動に参加した。毎日、街頭に出てはビラを配り、嘆願運動の署名を求めた。その結果、博さんは地元の公立保育所に入所することができた。

「けど」と、糸子さんは言う。

「保母さんや保護者の多くは好意的じゃありませんでした。保母さんたちは障害児の面倒をみてたんじゃ過労に繋がるという理由で反対運動をしていたし、『なんであんな子が入ってくるの？』『うちの子に（障害が）感染したらどうするの？』と、平気で口にする保護者もいたほどでした。

それでも、私には夢のようなものがあったんです。うちの子が地域で普通の生活を送ることで、それに続く子供たちが出てきてほしい。そうすれば、いつかは障害者と共存共栄を図れるような地域が生まれるのではないか。そう思っていました」

地域で普通に暮らす――。糸子さんがこのインクルーシブ（包括的）な教育（多様な子供たちが同じ環境で一緒に学ぶこと）の必要性を痛烈に思い知らされた一つのエピソードがある。

連れ添いを亡くした親の会の父親が、障害のあるわが子を連れて府内の入所施設の見学に行ったときのことだった。それに付き添った糸子さんは、障害児が暮らすその入所施設の内実に触れて、愕然《がくぜん》とする想いに囚われたという。

「2～3歳の幼児から中学生ぐらいまでの障害児が、そこで暮らしてました。5階建てぐらいの建物で、そのフロアの一つに15人ほどの子供たちが集められているんです。

ところが、フロアには子供たちの面倒をみる職員が一人もいない。同じフロアの厨房で働いているおばちゃんたちが、離れたところからときどき様子を見てるだけなんです。クッションの敷かれたフロアには、お絵描き用の紙もなければ、遊ぶためのボール一つない。しかも、天井から紐が何本も垂れ下がっていて、その紐が子供たちの背中に犬のリードみたいに括《くく》られていました。ようするに、紐の長さの範囲しか動くことができないようにされていたんです。

おまけに、子供たちの股にはヒョウタンのようなものがぶら下げられていました。排便しても床に落ちないようにしていたんです。何人かの子らは、鍵のかかる椅子に座らされてもいました。勝手に外に出ないようにするためです。博はまだ小学校に上がる前でしたが、このときは私もつくづく思いました。『施設というところは、わが子を預けるところじゃないな』と」

原学級へ

糸子さんの長男・山本博さんは、地元の小学校に進んだ。特別支援学校でも特別支援学級でもない。障害のある子供と障害のない子供が共に学ぶ、いわゆる「原学級」である。

「よその子と一緒じゃ難しいですよ。こういう子が学べる学校があるんじゃないですか」

教頭からは暗に特別支援学校の入学を勧められた。「暗に」勧めるしかなかったのは、小学校側も「地域で普通に暮らす」ことを訴える、糸子さんたち「親の会」の運動の存在を知っていたからだという。

その教頭の進言を半ば無視する形で、糸子さんはあえてわが子を普通学級に入れた。だが、ここでも周囲からの圧力が待ち受けていた。

「保護者の一部から反対の声が上がったんです。『こんな子がおったら落ち着いて勉強できへん』というわけですね。陣頭指揮を執っていたのはPTA会長の夫人で、そのクレームを受けて教育委員会からも5人ぐらいの委員が、授業の様子を見に来てました。私もちょくちょく授業を見に行きましたが、博は教室で暴れることもなく、たいがい教室の後ろのほうで寝そべっていました。たまに教室を出たとしても、他の子が連れ戻してくれてました。クラスの博の役割と言えば、給食の牛乳瓶の紙蓋を集めることぐらいだったんと違いますか。

それでも、初めての経験で、先生にも戸惑いがあったんでしょう。1年生のときの女性担任なんか、『もう私、こんな子、よう見れん』と泣いてましたわ。実際、その後、担任が男性教師に変わりました」

博さんの行動に目立った変化が現れたのは、３年生の頃からだったという。突然、学校から姿を消すことが多くなった。近くのマンションの外階段でのんびり座っていることもあれば、近所の田畑から苗木をすべて引き抜いてしまったこともある。このときは、農家の逆鱗《げきりん》に触れて、糸子さんや教育委員会の面々が、苗木の植え直しに駆り出された。

幸いにも担任は理解のある教師だった。博さんが姿を消しても、「そろそろ戻ってくる頃やろう」と悠揚に構えた。博さんはこの担任を慕っていたという。

あるとき、小学校の目の前を走る幹線道路の陸橋の手すりに、博さんが腰掛けているのが発見された。博さんは何食わぬ顔つきで、眼下の大通りに両足をぶらつかせている。周囲は騒然となり、糸子さんも現場に駆けつけてきた。

「教室の窓からその様子を見た生徒たちは泣き叫ぶし、メガフォンを手にした校長が『山本博くん、降りてきなさい！』と必死の説得を試みてました。けど、担任の先生は落ち着いたものでね。『あれぐらいはやると思っていた』。そう平然と言っていたし、『周りが騒いだら、逆に言うことを聞かない』とも口にしてました。結局、この騒動は何事もなく終わりましたが、博にとって良かったのは、こうした理解ある先生がいてくれたことだったと思います。

ただ、博は給食を食べなかったんですよ。牛乳も飲まない。そこで、担任が校長に掛け合って、煎餅などのお菓子を校長室の書棚の引き出しに入れるようにしたんです。博は給食の時間になると、勝手に校長室に出入りして、そのお菓子を食べてました。相変わらず例のPTA会長夫人は文句を言ってましたが、校長と担任の関係がうまくいっていたからでしょう。お菓子に関する苦情は、あまりなかったですね」

＊

1986年（昭和61年）春、博さんは地元の中学校に進学した。小学校と同じ校区にある普通中学で、糸子さんはここでもわが子を原学級に入れた。中学進学に当たっては、一応特別支援学校の見学にも赴《おもむ》いたが、対応に出てきた校長の、いかにも規律性を重んじた言句に、あっさり特別支援学校を見限ったという。

だが、原学級への入学を決めると、またしても保護者の反発に遭った。小学校時代、博さんの原学級在籍に反対した「PTA会長夫人」が、このときもその急先鋒になっていた。

「進学しないといけない大事な時期なのに、またあんな子と一緒になったら勉強に支障をきたす」

彼女はそう声を大にして訴えると、他の保護者への署名活動まで展開した。

「気にしないようにしてました」

　糸子さんは言う。

「中学校の原学級には他の小学校から来た視覚障害の子もいました。その子のお母さんとも『一緒に原学級で頑張ろうな』と励まし合っていましたね。私もちょくちょく授業の見学に行きました。国語の先生なんか露骨にイヤな顔をしてましたが、仲間と一緒にいる博の様子を観察したかったんです。博は教室の後ろのほうで寝そべって、鉛筆削りでみんなの鉛筆を削ったりしてましたね。それなりに仲間に溶け込んでいたんです。

　でも、博の原学級在籍に一部の保護者が猛反対していたからでしょう。担任の先生には『お母さん、学校にはなるべく顔を出さんほうがいいですよ』と釘を刺されましたね」


　通常学級における知的障害児の存在。そして、それに対する他の保護者の白眼視。前出の齊藤一紀さんによると、こうした問題は昔からあり、いまも未解決のまま続いているという。

「ようするに、『あの子がいるからクラスがまとまらない』という保護者の声です。東京都でもそれに関する反対運動はけっこうあるし、本当の意味でインクルーシブな教育体制を確立しない限り、なかなか解決しない問題だと思います。

私はスウェーデンの学校を視察したことがありますが、教師によると、障害児と健常児は同じ学校には通うものの、実は空間を分けているそうです。両者を一緒にすると、障害のある子が世話をされて、成長できなくなるからというのが理由でした。そういう配慮のもと、一緒にいる時間も作って交流させているわけですね。

その代わり学校側は合理的配慮のもと、一人一人がクールダウンできる部屋を用意するなど、それぞれの障害特性を理解し、それに合った支援をしていました。こうしたやり方は、いまも継続されているそうですが、基本となるのはやはり欧米特有の個人主義でしょう。つまり、障害児が依存的になることなく、個人としての成長をしっかり遂げてほしいという想いが、そこにあるわけです。

でも、その欧米のやり方を、集団主義を大切にする日本に導入すればいいのかと言えば、そうとも言いがたいところもあるんですね。たしかに、みなさん『そういう障害のある子の教育は必要だ』『居場所は必要だ』と口を揃えます。『ただし、自分の隣に来るのはイヤだ』と（笑）」

＊

山本糸子さんは重度の知的障害のあるわが子を、あえて集団主義が尊重される日本の教育現場の渦中へと放り込んだ。しかも、博さんが在籍していた当時、その中学校の風紀は荒れに荒れていたという。

暴力沙汰が絶えず、爆音を轟《とどろ》かせてオートバイを乗り回す男子生徒がいるかと思えば、派手な学ランを身にまとい、肩をいからせて街中を闊歩する男子生徒、はたまた髪を紫色に染め、ハイヒールで街に繰り出す厚化粧の女子生徒もいた。

「真冬に泥水みたいな汚いプールに、博が服を着たまま飛び込んだことがありました、友だちから『入れ』と言われて、本当に飛び込んでしまったんです。私は最初の頃、博の登校に付き添いましたが、通学路の途中のブロック塀に、学校仲間が噛んだガムが付けられていました。博はそれを口に入れて、クチャクチャ噛むんです。それ以来、博はそのガム目当てで、同じ場所を通るようになりました」

それでも、学校仲間からの虐《いじ》めにはそれほど遭わなかったと、糸子さんは言う。中学校は小学校と同じ校区内にあった。そのため生徒には博さんの幼馴染みが多く、糸子さんによると、そのなかでもむしろ「不良」の烙印を押された生徒のほうが、博さんの面倒をよくみてくれたという。

「『博のような者を虐めたら、沽券《こけん》に関わる』と、逆にかばってくれたんです。不良と呼ばれた女の子たちなんて、いつも博を学校から送り届けてくれました。そのうちに、わが家がその子たちの溜まり場みたいになってね。私も外に出るときは、ソーメンや出汁《だし》、それと大きな鍋を用意しておきました。みんなで勝手に作って食べてましたわ。

博を真ん中にして記念写真を撮っていたこともありました。博も嬉しかったと思いますよ。勉強なんかまるでしなかったけど、あの子にはそういう仲間が必要だと思っていました。小学校の卒業文集に『博ともっと仲良くなりたい』と書いてくれた子もいたし、中学卒業後に街でバッタリ会った友だちに『博、元気にしてますか?』と声をかけられたこともありました。そこが、原学級の良いところと違いますか。博を原学級に行かせて良かったと思っています」

だが、本当の問題は就学後に待ち受けていた。中学卒業から数年後、山本糸子さんはわが子の突然の激しい行動障害によって、思いも寄らない労苦を背負い込むことになる。

4
おやつ禁止

私がＴ作業所に愛煙家の利用者の禁煙命令の撤回を求めたのは、かっちゃんの万引き騒動を契機としていた。

「これじゃイタチごっこ。同じことのくり返しで、事態をいたずらに悪化させるだけ」と訴えた後、こう付け加えた。

「おれもタバコを吸うし、職員にも吸う人がいるじゃないですか」

「僕も吸いますからねぇ」

施設長は自嘲気味に言った。それから、こう言葉を添えた。

「たしかに我慢させるだけじゃ、可哀想な気もしますが」

この話が出た１ヶ月後、愛煙家の利用者にはＴ作業所にいるときに限り、電子タバコを１日４本までＯＫというお達しが出た。喫煙に名乗りを上げた利用者は、かっちゃんを含めて

4名。ただし、〝前科〟のあるかっちゃんだけは、「反省期間」として1ヶ月ほど喫煙開始を先延ばしにされている。

この喫煙組のなかに鳥内さんがいた。私が入職した当初、女性パート職員の一人から「見た目はすごくまともだけど、言うことは話半分に聞くように」と釘を刺された、端整な顔立ちの男性利用者である（28ページ参照）。

鳥内さんは父子家庭で育った。地元の普通高校を卒業後、塗装業を営む叔父の仕事を手伝ったが、その叔父が亡くなると、自宅に引き籠もるようになったという。

その数年後、唯一の肉親である父親も亡くした。このことが、鳥内さんにとって人生の大きな分岐点になる。就労への意欲をかき立てることなく、彼はそのまま福祉の保護を受ける身となった。

その後、どこをどう渡り歩いてこのT作業所に辿り着いたのか、私は知らない。ただ、気の弱さや早口による会話の不明瞭さはあったものの、彼のどこに障害があるのかは、皆目見当がつかなかった。

「鳥内さん、あなたはここにいる人じゃないよ。いまからでも、ぜんぜん遅くない。一般就労にチャレンジしたらどう?」

私だけでなく、パート職員のIさんも、たびたびこう進言した。しかし、鳥内さんはと言えば、モゾモゾ何かを口にすると、はっきりしないまま、いつも私たちの進言を煙《けむ》に巻く。私とIさんは「ようするに、鳥内さんには意欲がないだけなんだな」という結論に落ち着くしかなかった。

鳥内さんは中背で、がっちりとした体格の持ち主である。太りすぎといった印象はなかったが、T作業所からは菓子・ジュースなどのおやつが禁止されていた。

各グループホームは4~6名の利用者で占められ、食事は一人当たり一食につき、米0・5合と決められていた。のちにCホームの女性利用者は「みんな太ってきたから」と、4人で米1・5合、つまり一人一食当たり0・4合以下という、さらにひもじい想いをさせられた。が、0・5合であろうと、0・4合以下であろうと、体格の良い鳥内さんにとっては、とても空腹を満たすまでには至らない。

彼の小遣いは「金銭の自己管理ができない」という判断で、T作業所の預かりになっていた。これではグループホームを抜け出せたとしても、万引きや物乞いをする以外、食べ物を得る手段がない。

そこで、鳥内さんは策を練った。が、あまりにも稚拙な策略である。喫煙を開始した2ヶ月後、早くも鳥内さんのグループホーム内での所業が露呈した。

「鳥内さんですが」と、朝礼で施設長が口にした。

「最近体重が増えていると思っていたら、冷蔵庫の食材を世話人さんの目を盗んで食べていたことがわかりました。よって、鳥内さんのタバコは禁止することにしました。反省期間の様子を見て、喫煙を許すかどうか、決めようと思います」

またもや懲罰の駆使である。

こうして鳥内さんはあえなく喫煙組から排除されてしまったが、それでも簡単に諦める鳥内さんではない。次に彼は、他の利用者がキッチンのボックスに保管していたカップラーメンやら菓子やらを、世話人の目を盗んでこっそり食べてしまった。当然、これも発覚した。鳥内さんは常勤に再び雷を落とされたが、こうなると、もはやイタチごっこは避けられるものではない。

当時、鳥内さんのグループホームには、「疑うことを知らない」高齢男性が夜勤の世話人として働いていた。週に1回ペースで顔を出すその温和な世話人に、鳥内さんは「必ず返しますから」。そうお金を無心すると、グループホームを抜け出し、近所のコンビニでウイスキーや菓子などを買ってきた。それも、あえなく発覚の憂き目を見る。

職員の鳥内さんに対する監視の目は、激烈さを増し、やがて沸点に達した。懲罰を駆使した制約的な秩序統制への試みと、それでも何とか欲求を満たそうとする利用者たちのささやかな抵抗。両者のせめぎ合いが、新たな軋轢《あつれき》を生むまで時間はかからなかった。そして、こうしたイタチごっこの泥沼状態のなか、またもや常勤職員による虐待、それも「脅し」による陰湿な虐待が行なわれる。

バリカン脅迫事件

夜勤世話人への金銭の無心が発覚した数日後、送迎車でT作業所にやってきた鳥内さんの足元が、どうもおぼつかない。あっちへヨロヨロこっちへヨロヨロしながら、ようやく自分の席に辿り着いた。

社員は異常事態を素早く察知した。さっそく内偵を始め、あることが発覚した。鳥内さんのグループホームに保管されていたはずの料理酒が、一本丸ごと消えているという。仮に鳥内さんが「犯人」だとして、料理酒一本を飲み干してからの来所となると、千鳥足になるのも無理はない。

その日の正午前のことだった。私が一足早い休憩をとり、スタッフルームで昼食の弁当を食べていると、そこに社員のJさんが険しい表情で入ってきた。続いて神妙な顔つきで入ってきたのは、鳥内さんである。

Jさんは私の存在を認めるや、躊躇《ちゅうちょ》する仕草を見せたが、「まっ、いいか」と、鳥内さんと向かい合った。

「鳥内さん」

尋問が始まった。

「呂律回ってないよ」

「……」

「どうしたの？　ホントのこと言いなよ」

10歳以上もの年長者に対する横柄な物言い。まずそこに、腹立たしいほどの違和感を覚えた。

「どうして黙ってるの？」

Jさんの怒気を抑えた声が、かえって不気味に響いた。そして、こう付け加える。

「これで、反省する？」

Jさんが小箱を手にしていた。何気なさを装って目を凝らすと、それはバリカンが収められた紙箱だった。

「どうするの?」

Jさんがバリカンを箱ごと突き出した。鳥内さんは怯えたように小さく首を横に振って、何やらモゾモゾと口を開いた。耳をそばだてたが、何を言っているのかわからない。

「さあ、正直に言いなよ」

Jさんが低い声で迫った。

「……」

鳥内さんは何も答えられない。

「なんで、言えないの?」

バリカンを脅しの武器とした尋問は、しばらく続いた。その間、鳥内さんは神妙な顔つきで、一方的に尋問の集中砲火を受けていたが、結局、料理酒を一本丸ごと自室で飲んだことを認めた(バリカンによる丸刈りの難は免れた)。

のちに私は、この脅迫行為のさなかに置かれていたときの心情を、鳥内さん本人に尋ねている。

「バリカンを出されたとき、どんな気持ちだった？」

「これで、頭の毛を刈られるんだな……と」

「腹立たなかった？」

「腹立つというより、ただ、ああ、こういうので髪の毛切られるんだな……って」

「押さえつけられて強引に髪の毛を切られたらどうしていた？」

「う〜ん……」

「抵抗していたかい？」

「抵抗していたと思いますけど、それより、これで髪の毛刈られるのかなって思って……」

この会話を交わした頃、鳥内さんはT作業所の強権支配下に甘んじていたところがあった。すなわちそれは、「職員の言いなりになって良い子を演じよう」とする人権意識の鈍化に他ならない。前記の鳥内さんの埒《らち》のあかない曖昧な返答ぶりは、そんな意識が映し出されたものだったのだろう。

しかし、かつてはどこかに反骨的な精神も宿していたという。威圧的に振る舞う男性職員に「じゃ、かかってこいよ！」と対峙し、あわや殴り合いの喧嘩に発展しかけたこともあったと聞いた。そして、「バリカン脅迫事件」が勃発したこの日も、彼のなかには人権意識の残り香のようなものが、多少なりとも燻《くすぶ》っていたのかもしれない。

午後になって、私にこう訴えてきた。

「料理酒を飲んでしまったのは、禁煙にされて苦しかったからです。タバコを吸えたときは、アルコールも我慢できたんです。ですから、ただアルコールが好きというだけで、アルコール依存症ではないと、自分では思っています。

けど、タバコはダメ、買い物もダメ、おやつもダメ。何もかも禁止されて、イライラすることが多くなったんです。おまけに、あんなふうにいつも上から目線で注意される。『なに、また悪いことした？』などと高飛車に言われるたびに、苦痛でしかたがなかったんですよ。腹が立つこともあります。殴ってやりたくなったことも、正直これまで何度かありました。でも、そんなことしたら大変ですよね。その辺は何とか自分を抑えてますが」

追い打ちをかけるように、その鳥内さんにさらなる「災禍」が襲いかかろうとしていた。

見せしめの医療保護入院

「バリカン脅迫事件」から数日後、T作業所では朝から鳥内さんの話題で持ちきりだった。アルコール依存症の名目で、精神科病院に医療保護入院させる話が進行中なのだという。

医療保護入院とは、家族等のうち誰かの同意を拠《よ》り所とする強制入院の一形態で、日本特有のものである。諸外国では、たとえ医療保護入院のような形態を取るにしても、およそ以下の2点において、限定的に適応することに留めているという。

1、入院の非長期化。2、主治医とは別の入院決定を判断する第三者機関の設置。

しかし、日本では「生かすも殺すも」家族次第である。精神医療審査会による入院の必要性に関する審査制度は設けられているものの、これは簡易的な書面審査に留まり、入院者の権利擁護の手続きにほとんど貢献していないという現実もある（第一、入院者の多くはそんな制度があることさえ知らされていない）。そのため入院が長期化する傾向があり、遺産をめぐる骨肉の争いなどから、入院の必要のない者が長期にわたって精神科病院に放り込まれることも珍しくない。

この日本の医療保護入院制度は「人権侵害の問題あり」として、国内外からその違法性が問われてきた。

すでに書いたように、鳥内さんには肉親がいない。医療保護入院の形態を適用するとなれば、自治体の長（市長など）が便宜上の「家族」を務めることになる。が、会ったこともなければ、顔も知らない赤の他人。仮に鳥内さん本人が入院に猛抵抗を示したとしても、自治体の長が同意の判を押しさえすれば、入院は強制的に執行されてしまう。早い話が、T作業所と主治医の胸算用一つで、病院送りか否かの運命が決まってしまうのだ。

「懲罰」の２文字が、私の脳裏に浮かんだ。同じような想いは、他のパート職員も抱いたらしい。こう口にした。

「鳥内さんは暴れたり、クダを巻いたりなど、アルコール絡みの問題行動を起こしたことなんか一度もありません。幻視や幻聴などの離脱症状が出たこともないし、彼はアルコール依存症じゃないですよ。入院は見せしめでしょうね。懲罰だと思います」

私は「人権侵害に当たる」と、鳥内さんの医療保護入院に強硬に反対した。それに呼応するかのように、他のパート職員の何人かも反対の態度を示した。

施設長はそういう意見も吟味せざるを得なくなり、結局は彼の強制入院を見送った。

それにしても、懲罰としての精神科病院への強制入院。利用者に対するこのような非人道的な更生への試みは、はたして他の障害福祉の現場でも行なわれているのか。

「さすがに稀《まれ》なケースでしょうが」と前置きして、さる生活介護事業所の元パート職員が、こんな話を打ち明けてくれた。

「うちは5つのグループホームを管理していましたが、事業者側のリスクを減らす意味もあったのでしょう。入居者を服従させることに躍起になっていましたね。行動を厳しく制限したり、やたら滅多にペナルティを科すんです。おやつを取り上げるのはいつものことで、なかにはテレビやゲーム機まで没収された入居者もいました。

ほとんどの入居者は文句も言えず、おずおずとペナルティに甘んじていましたが、一人の男性入居者だけはそのやり方に異議を唱え、たびたび世話人や社員に食ってかかっていたんです。あるときカッとなったその入居者が、自室の壁を殴って穴を空けてしまった。そのことで、彼は精神科病院に放り込まれてしまったんです。表向きの理由は妄想による暴力性の治療でしたが、これは完全な見せしめ。懲罰以外の何ものでもありませんでしたね。

結局、彼は2ヶ月間、閉鎖病棟に入れられていましたが、この懲罰入院がよほど堪《こた》えたようです。精神科病院の閉塞的な空間のなかで生きていくより、地域のグループホームで服従的に生きていくほうがマシだと思ったのでしょう。薬物の影響もあったのでしょうが、退院後はすっかり大人しくなって、職員の顔色ばかり見るようになりました」

バリカンによる脅迫と強制入院措置の動きが、心に深いトラウマを残したのか。鳥内さんもまた、いつしか人権意識の喪失した「イエスマン」に身を落としていた。

第3章

「利用者に甘く見られないよう、厳しく接しなければならない」

1

クリスマス会に向けた利用者会議が、和気藹々《わきあいあい》とした雰囲気で行なわれていた。司会進行役は男性利用者、記録係を務めるのは女性利用者である。

職員の一人に促されて、司会進行役の利用者はまず、クリスマス会を開催するか否かの意見を、取り囲む他の利用者たちに求めた。当然、彼らに開催を拒絶する理由はない。一匹狼の智ちゃんを除くすべてが、これに大喜びで賛同した。

「クリスマス会では何を食べたいですか？」

進行役が紋切り口調で聞いた。

寿司、肉、ローストビーフ、スパゲティ、ラーメン、カレーライス、アイス、ケーキ、チーズフォンデュー、マック（マクドナルド）のチーズバーガー、フライドチキン、牛丼、焼き鳥……。あっという間に、ありとあらゆる食べ物の名が、利用者たちの口から飛び出した。

「では」と、進行役が司会を続けた。

「クリスマス会では何をしたいですか？」

ビンゴゲーム、鬼ごっこ、ジャンケン大会、宝物探し……。ここで利用者の口が止まった。司会進行役も黙りこくったので、職員が「他に何かやりたいことは？」と、助け船を出した。

利用者の口が再び動き出した。輪投げ、ボーリング、プロレス、カラオケ、スイカ割り、隠し芸、髭《ひげ》ダンス……。ここで発言が一度ストップしたが、ややあってどこかから唸《うな》るような声が聞こえてきた。

「バ、バレー～ボールゥ～」

「バレーボールをやりたいということだね？　わかりました」

職員はそう言うと、さらに利用者たちを見渡した。

「じゃ、クリスマス会以外に、今後やりたいことは？」

またもや利用者たちの口が、次々と開いた。温泉に入りたい、水族館に行きたい、みんなと遊びたい、本屋か図書館に行きたい、鉄道博物館に行きたい、スカイツリーに行きたい、バーベキューやりたい、山に登りたい、旅行に行きたい、ラーメン食べたい……。「本屋か図書館」を希望したのは、T作業所でただ一人読書を嗜むアスペルガー症候群の育子さん。「鉄道博物館」と「スカイツリー」は鉄道マニアのアベッチの希望である。

そこに、突拍子もない声が割り込んできた。

「キスしたい！」

ヤス君だった。

「キス！」と、彼はすぼめた唇を突き出してきた。

「気持ち悪いよ〜」

女性利用者の一人がゲラゲラ笑い出した。釣られて、他の利用者も一斉に笑った。それに気をよくしたのか、ヤス君が調子づいた。

「ウンコしたい！」

「やめてぇ！」

女性利用者の笑いが、さらに音響を増した。

「もっと気持ち悪いよ〜」

薬漬けの利用者

私が在籍していた頃のT作業所には、いわゆる「強度行動障害」の持ち主は存在しなかった。「他者に噛み付く」「自分の頭を机に打ち付ける」といった自傷他害の行為に走る者こそ若干名いたが、彼らのそういう行為も相手の関心を引くための、ある意味意図的なもので、周囲が予想できない頻度や形態で行なわれる強度行動障害の特徴を有していたわけではない。

　表情から気持ちを読み取りにくい自閉スペクトラム症者も、私が観察した限り、一人も見当たらなかった。たまに暴れるヤス君にしても、その前兆として息づかいが荒くなり、切れ長の目を充血するほど見開く。不穏のシグナルはその表情から簡単に読み取ることができた。

　一方、統合失調症が併存する知的障害者は数人いた。そのなかの一人は無為自閉的、悪く言えば「抜け殻」同様の状態にあった。来所早々から椅子に腰掛けたまま眠りこけ、尿失禁だけでなく、ときに便失禁までやらかす。おまけにトイレでは、自分の指で肛門から便を掻《か》き出す癖があり、下着や衣服にも便が付着した。

　そんなときは、職員が狭いトイレのなかで着替えの介助をするが、動きが亀のように鈍いため、事がスムーズに運ぶことはまずない。「バンザイ」をさせて汚れた衣服を脱がせようにも、なかなか行動に移せず、痺《しび》れを切らした支援員が「バンザイもできないのか！」と声を荒らげたこともあった。

　もちろん、最初から抜け殻同様だったわけではない。それどころか、かつては正反対の姿をしていたらしい。興奮性の他害行為が甚だしく、肉身に骨折の重傷を負わせ、病院送りにしたこともあったという。緊張型の統合失調症だったのかもしれない。彼はご多分に漏れず、精神科病院に収容された。そこで「大人しくさせるための」強い鎮静剤を投与され、以後、薬漬けの憂き目に遭ってきたのは、容易に想像することができる。それが、「抜け殻」と化した、いまの姿を作り上げたのではないか。私がそう思ったのも、彼の日々の服薬量が異様に多かったからである。

薬物の多剤大量処方と言えば、同じ統合失調症の蔵重さんも、彼に負けず劣らずの薬漬け状態にあった。

その副作用で顔がパンパンに浮腫《むく》み上がり、極度な喉の渇きに麦茶をガブガブ飲む。体調は慢性的に悪い。来所早々、ミーティングルームのソファに倒れ込むように横になるのはいつものことで、それを「怠業」と捉えた職員からは注意も受けていた。

蔵重さんは激しい幻聴にも悩まされていた。「死ね！」「殺せ！」といった物騒な声が聞こえることもあれば、「頑張れ！」「大丈夫だ！」などの叱咤激励の声が聞こえてくることもあるという。その幻聴の魔の手から逃れるため、突如出奔《しゅっぽん》しては、当てもなく界隈を彷徨《さまよ》うこともたびたびあった。

不適切な向精神薬の服用が、逆に幻聴を強めることもあると、専門家から聞いたことがある。そこで蔵重さんの処方箋を確認すると、向精神薬などの薬物名が10種類近くも記されていた。１日の錠剤総数は掌に小山ができるほどの量である。おまけに、２週間に一度は副作用の強い筋肉注射まで打たれていた。

試しに、蔵重さんの血圧と脈拍を計測した。血圧は上が１００㎜Hg前後、ときに80㎜Hg台の低値を示し、向精神薬の典型的な副作用である血圧降下が見られた。一方、脈拍は１分間で１３０回前後。１５０回以上の高値を示すこともあり、これも向精神薬がもたらす副作用の頻脈の特徴と合致した。

薬害が疑われる利用者は他にもいる。ある利用者などは眼球が上方に偏位し、白目を剥く「眼球上転」にたびたび襲われていた。これは、脳内ホルモンであるドパミンの分泌が、過剰に抑制されることで出現する副作用だと言われている。

月経異常に見舞われた利用者もいた。彼女は入所5年目にして、ようやくT作業所での初めての生理を迎えた。私が入職する前の話だが、その彼女の昼食後の薬物を、誤って別の利用者に飲ませてしまったことがあったという。意識を混濁させたその利用者は、即刻病院に担ぎ込まれ、胃洗浄の措置を受けた。このことは彼女が恐ろしく強力な薬物を日常的に服用させられてきたことを意味する。

突然死の危険性も懸念された。薬物との因果関係は調べる術もないが、大量の向精神薬を長く服用してきた私の友人にも、就寝中に突然死を遂げた者がいる（彼はまだ30代の若さだった）。


そんなこともあり、私は薬物の多剤大量療法の危険性を指摘すると、「病院を変更してはどうか」と、事業所側に何度も提案した。施設長はそのたびに「検討してみます」と答えたが、一向に動き出そうとしない。

そこで、蔵重さんを通して彼の母親とだけは隠密に連絡を取った。薬物の多剤大量療法が、体調悪化の大本《おおもと》である可能性を伝えるためである。

それからまもなくして、蔵重さんは母親に付き添われて、とある精神科病院に勤務する精神科医の診察を受けた。私が知人から紹介を受けた、単剤療法を旨とする良識的な医師である。

受診の結果、蔵重さんに処方された1日の服用量は、1錠の向精神薬のみに激減した。多剤大量療法から一転、単剤療法へと移行した彼は、以来、体調の波に見舞われながらも「言葉にできない」心身の怠《だる》さから徐々に解放されると、やがて血圧や脈拍が正常値を取り戻し、顔の浮腫もすっかり消えた。

蔵重さんは言った。

「幻聴のレベルがかなり低くなってきました。まだ聞こえることは聞こえますが、以前よりは気にならなくなりました」

だが、いつの世もほぼ100人に1人の確率で発症するという統合失調症。幻聴や幻視、被害妄想、興奮、人格変容などを共通の症状とするこの謎の病が、いまだ多くの人の無理解に晒され、依然として彼らを孤立へと追いやっていることに変わりはない。

2

座敷牢の時代

精神障害者と知的障害者。名目上で言えば、前者は「治療を要する者」として医療の範疇に入り、後者は「保護すべき対象」として福祉の範疇に置かれている。

しかし、精神医療の歴史をひもとくと、両者の処遇は一括りにされ、今日に至っていることがわかる。

日本障害者協議会代表の藤井克徳さん（前出）によれば、日本におけるその処遇の起源は、1900年（明治33年）に制定された「精神病者監護法」の時代まで遡ることができるという。

「この時代、精神障害者や重度知的障害者の多くが、肉親によって私宅監置されていました。いわゆる座敷牢と呼ばれるものですが、精神病者監護法によってこの座敷牢が公認されたのです。これは、当時野放しになっていた座敷牢を取り締まる目的で作られた法律で、私宅監置に対する行政への届け出を、監護責任者に義務づけたものでした。トイレを設置するとか、出窓を作るとか、座敷牢の一定面積を確保するなど、そこではいろいろな取り決めがなされています。そして、この公認された座敷牢に、重度の知的障害者たちも引き続き放り込まれていったのです。

それでも、肉親の多くは安心したそうです。それまでは他人様に迷惑をかけてはいけないと、人目をはばかりながら座敷牢に入れていましたが、この法律によってようやく保護されるべき対象になった。多少でも人間的な暮らしができるようになったというわけですね。裏を返せば、精神や知的に障害を抱える者を肉親に持つ人たちは、それほど大変な想いをしていたわけです」

だが、蓋を開けてみれば、この精神病者監護法も、１８９８年（明治31年）に制定された「家制度」を明文化した民法のもと、精神障害者の取り締まりや管理を家族の義務・責任とする国の責任回避の法律に他ならなかった。

同法は内務省と警察の管轄下に置かれ、警察は監護義務者である肉親が、義務と責任を果たしているかどうか、監視の目を光らせた。すなわちそれは、精神・知的障害者に対する「社会防衛」としての収容政策を、初めて打ち出した法律だったことを意味する。同法の名称において、「看護」ではなく「監護」という当時の造語が使われたのも、彼らの存在がいかに危険視されていたかを示唆しているだろう。

監護義務を公的に負った家族は疲弊し、座敷牢に入れられた当人も劣悪な環境に置かれた。彼らは鍵で監禁されただけでなく、足枷《あしかせ》や手鎖、手錠などの拘束具によっても、自由を奪われた。

こうした実態を把握するために、日本の精神医学の父と呼ばれる東京帝国大学の呉秀三が、1910年(明治43年)から1916年(大正5年)にかけて365の監置室(座敷牢)と361人の被監置者を対象とした全国調査を行なった。

現状を憂えた呉は、座敷牢の廃絶を見据え、精神障害者の治療を国の責任として整備することを訴えた。多くの医療者を巻き込んだこの運動は、やがて議会を動かし、1919年(大正8年)に「精神病院法」が制定された。

国や道府県に精神科病院を設置することを定めたこの法律も、しかし、日本が莫大な国費をかけた軍備拡張による帝国主義の道を走り出していたことで、ほとんど効力を発揮することがなかった。

こうして全国の座敷牢の野放し状態が続いた。精神病院法によって入院者数が徐々に増えていくなか、私宅監置者数も緩やかな増加傾向を見せ、1935年(昭和10年)には全国で7000人以上に達した。同年の入院者数1万人強と比べても、精神病院法が座敷牢の廃絶にほとんど効力を発揮しなかったことは明らかである。

精神科病院に収容された知的障害者

呉の要望が叶ったのは、「精神病者私宅監置ノ実況及ビ其統計的観察」で精神科病院設立の必要性を訴えた32年後。１９５０年（昭和25年）に「精神衛生法」が制定されたことにある。ここにきて精神病者監護法と精神病院法が廃止され、座敷牢もようやく姿を消した（アメリカの統治下にあった沖縄では、１９７２年まで私宅監置制度が続いた）。

いまでは悪名高き法律として回想されるこの「精神衛生法」には、「強力に国民の精神的健康の保持向上を図ろうとするもの」という高邁な理念が掲げられていた。

しかし、実態は社会防衛を主眼とした精神障害者に対する隔離収容の徹底化を図るための法律であり、その隔離収容の場である精神科病院は、やがて虐待の温床となっていく。

では、この「精神衛生法」が、知的障害者の処遇にどう絡んでいたのか。日本社会事業大学名誉教授で、精神保健福祉を専門とする古屋龍太さんが説明する。

「精神衛生法とは、いわば精神障害者を精神科病院に強制入院させるための手続きを定めた法律ですが、知的障害者を入院させることも最初から想定していました。実際、分裂病（統合失調症）やアルコール依存症、精神薄弱者（知的障害者）、およびその他の精神疾患を有する者が、入院の対象になるといったことが書かれています。

いまは死語になりましたが、『接枝《せつし》分裂病』という言葉も使われていました。接枝とは接ぎ木をしたような症状のことを指すのでしょうが、ようするに知的障害と分裂病（統合失調症）が併存している症状ですね。そういう人たちを入院させるためにも、知的障害者は対象に入れなければならなかったのです」


同法が制定された頃、日本には滝乃川学園（77ページ参照）や近江学園など養護教育を兼ねた知的障害者の入所施設が、すでに存在していた。しかし、その対象は主に未成年者に限られ、社会資源としての施設数も圧倒的に足りなかった。

「精神薄弱児育成会」、のちの「全国手をつなぐ育成会連合会」（80ページ参照）が誕生したのは、精神衛生法制定から2年後のことである。

わが子の行く末を案じた親たちによる入所施設建築の要望が、国に届くのはまだ先のことで、成人に達した知的障害者への施策が未整備のまま放置されていた時代でもある。終戦からの民主的復興が急ピッチで進むなか、巷《ちまた》には行き場所を失った知的障害者が溢れ、その多くが精神科病院に収容された。

「その後、精神薄弱者福祉法が施行され、彼らのための大規模な入所施設があちこちに作られていきましたが、そういう施設の入所者のなかにも自傷他害などの逸脱行為に走る人がいたわけです。そういう人たちは、精神科病院に送られました。

精神科病院では病を根治させることはできませんが、薬物を使って問題行動を鎮静化することはできます。で、薬物で大人しくさせた後、病院側は『薬さえ飲ませれば大丈夫』と施設に戻そうとする。ところが、今度は施設側が『この人はうちの対象ではない』などと、受け入れを拒否するケースが目立ってきました。結局、行き場を失った彼らは、精神科病院に留まらざるを得なくなり、入院が長期化していったのです。

この傾向はいまも残っています。街中のグループホームに住んでいた障害者が、興奮して暴れたため精神科病院に入ることはけっこうあるんです。精神科病院でもそういう人を医療というより保護の対象として受け入れる。

なかでも長期にわたって精神科に入院していた知的障害者に対しては、施設側は『精神障害者を扱えるスタッフがいない』『扱った経験がない』などの理由で受け入れたがりません。高齢者施設でさえ、たとえ陽性症状が見られなくても、入所を断ることがあるのです。『精神科病院に何年も入っていた人でしょ？』というわけですね。

つまり、精神障害者に対する偏見や不安がいまだに根強く残っていて、それが知的障害者の生きる幅まで狭めてしまっている。精神科病院での長期入院は、精神障害者よりむしろ知的障害者のほうが多いという報告まであるほどです」（古屋さん）

断種手術から自然断種へ

一方で、コロニーなどの大規模入所施設が次々と建造され、精神衛生法によって精神科病院が乱立されていく過程で、皮肉とも言える現象も起き始めた。

日本に断種法の政府案である国民優生法が制定されたのは、厚生省が誕生した2年後の1940年（昭和15年）のことである。「悪質なる遺伝性疾患の素質を有する者」の増加を、去勢・不妊手術などで絶つことを目的としたこの法律によって、1947年（昭和22年）までの7年間で男性217件、女性321件の計538件の優生手術が実施されたという記録が残っている。

対象は「遺伝性精神病」が最も多く、380件。次に多かったのが「遺伝性精神薄弱」の116件だった。

「それが1960年（昭和35年）を境にして減っていったのです」

前出の藤井克徳さんは言う。

「知的障害者の入所施設が各地で作られ、精神科病院もどんどん増えていくなかで、いわゆる自然断種というものが行なわれていたのです。ようするに、入所施設や精神科病院に入れて、男女が交わらないよう監視しておけば、子供が生まれることもない。そういった思惑が体制側にあったことは否定できないと思います。実際、戦前の国会の審議録には、この自然断種という言葉が出てきます。

ナチス・ドイツの影響が少なくなかった日本の断種政策ですが、自然断種という考え方はドイツで先行していました。

私は、２０１５年にドイツのプファッフェンハウゼンにある障害者の入所施設を訪れました。印象深いのは、施設の責任者がナチス時代の資料を前にして、こう話していたことです。『生涯、施設や病院に入っていることを誓えば、断種手術は行なわない。こうした交換条件があった』。日本に影響したことは間違いありません」

増える精神科病床、増える知的障害者の収容

施設内監置による自由と尊厳の剥奪。なかでも、知的障害者までも収容の対象とした精神

科病院は、精神衛生法の施行以来、着実にその数を増加させていった。

やがて、日本の精神科病床は、世界でも類を見ない爆発的な増加を示すが、その契機の一つになったのが、1951年（昭和26年）11月、当時の厚生省公衆衛生局が発表した「生産阻害論文」なる存在である。

〈精神病者の八割及び精神薄弱者の高度の者、即ち白痴、痴愚にあたる者は生産離脱者と考えられ……〉の一文にあるように、そこでは彼らの存在が経済発展の阻害要因として位置づけられた。〈社会は年々1000億を下らない額の生産を阻害されていると予想される〉と判断したのも当時の厚生省である。しかも、この1000億円の7分の1の損失原因が、精神科病院に入院していないことにあるとする妙な理屈まで引き出し、こう結論づけた。

「日本には35万床の精神科ベッドが必要である」

財政難のなか、国は1960年（昭和35年）に医療金融公庫を発足させ、民間依存に走った。これによって、低金利の融資を受けた民間精神科病院が、雨後の筍のように全国の僻地に乱立するようになる。

病床数や入院者数は急速度で増加した。入院の必要のない者までが次々と精神科病院に放り込まれ、日本は「精神科病院大国」への道をひた走った。ピークとなった1990年代には、総病床数36万床、総入院者数35万人という異常事態にまで発展した。当時、全世界が保有する精神科病床数は、約１８５万床（ＷＨＯの２００１年統計）。日本の総病床数はその５分の１にも相当する。

「こうした精神科病院の爆発的な増加に伴って、知的障害者の入院も増えていったのです」

前出の古屋龍太さんは言う。

「しかも、精神衛生法ができてからは、精神科の医者は他科の３分の１、看護師は３分の２で良しとする『精神科特例』ができましたし、そこはもはや、治療の場ではなく、完全な隔離収容の場でした。厚生事務次官の通達によって、同意入院（現在の医療保護入院）の患者を、措置入院（警察権力が介入する強制入院）に切り替え、国費で病院に収容し続けることまで認められていたのです。

これは、知的障害者の多くが精神薄弱者福祉法によって、人里離れた入所施設に順次収容されていった時期とも重なっています。ようするに、両者は一緒くたに扱われながら、同時並列的に被収容という道を歩んでいったわけです」

3

「利用者に甘く見られないよう、厳しく接しなければならない」

女性利用者の一人が涎を垂らしながら、落ち着きなくT作業所内を歩き回っては、誰彼なしに話しかけている。

ある男性利用者のことが好きで、よく彼にまとわり付くが、育子さんという〝恋敵〟もいる。男性利用者に近寄る育子さんに「あっちに行け!」と怒り出すこともあれば、「どうせ、私より本宮さん（育子さん）がいいんでしょ⁉」と、その男性利用者に嫉妬交じりの罵声を浴びせることも珍しくない。

本来の性格は明るい。「河童って見たことある?」「ワニって食べたら美味しい?」などと、彼女は私にもよく話しかけてきた。相手をすると、上機嫌になって、一向に私のもとを離れない。が、相手をしなければ、怒り出す。

いつだったか、作業を手伝いながら他の利用者と話していると、別のテーブルから私を呼ぶ彼女の声が飛んだ。

「ねぇ、こっちに来てよ～」

「もうちょっと待って。少ししたらそっちに行くから」

私がそう答えたのは、忙しさが理由ではない。彼女のすぐ近くに2人の支援員が、見守りとして待機している。この2人の支援員に割り込むことが失礼に思えたのである。それでも、彼女は「早く来てよ～」と、しつこい。

「少し待って～」

このやりとりを続けているうちに、とうとう彼女の怒りが炸裂した。

「さっきから呼んでるのに、なんで来てくれないの！」

このとき私の代わりに反応したのが、彼女の近くにいた男性職員だった。

「うるさい！ いま作業中だ！」

彼女は驚いたように言葉を止めたが、みるみるうちに泣き顔になった。

「呼んでいるのに、無視された～！」

この涙の訴えをよそに、他の場所では別の女性利用者が、「鬼軍曹」ことGさんに食ってかかっていた。Gさんに怠業を咎《とが》められたことが理由である。

「なんでいつも私だけ叱られるの⁉　居眠りして何もやらないのに、叱られない人だっているのにぃ！」

たしかに、作業時間帯にもかかわらず、所内には椅子に座ったまま惰眠を貪っている利用者が何人かいた。居眠りはしていないものの、ヤス君のように愛嬌を振りまきながら、ただ椅子に座っているだけの者もいる。

彼らが咎められることなく、自分の時間を〝満喫〟しているというのに、なぜ私だけが……。彼女の不満も頷けないわけではない。

「いいか！」と、しかし、Gさんは声を張り上げた。

「あなたは居眠りする人の倍も工賃もらってるの！　文句言う必要ないの！」

「でも、私だけ文句言われるのおかしいよ！」

「じゃ、もういい！」

Gさんの怒声がトーンを上げた。

「作業するな。その代わり工賃、下がるだけだからな！」

前記したように、このGさんは冗談好きで、利用者を笑わせたりもする。しかし、いざ「指導」の段になると、文字通りの「鬼軍曹」に変身する。作業そっちのけで、所内を歩き回る利用者を、こう頭ごなしに怒鳴りつけたこともあった。

「あなたは気楽でいいよな。あとで痛い目に遭うぞ！」

＊

このＧさんにはたぶん何の悪気もない。ただ、明らかに支援の意味を「監視・管理・教育的指導」と取り違えていた。それを徹底行使するためには、当然ながら「躾」が必要になり、場合によっては体罰も辞さない。それもこれも、すべて利用者のため……。

Ｇさんのグループホームにおける度重なる暴力行為の背後には、おそらくこうした思惑があったのだろう。

そして、このＧさんの恐ろしく時代遅れの家父長的な考えが、若い社員で構成されるＴ作業所の方針を決定付けたと言っても過言ではない。

かっちゃんへの集団暴行に２度にわたって関わり、鳥内さんに懲罰としてのバリカン刈りを迫った前出のＪさん。私がＴ作業所に入職した当初、彼はそれほど目立つ存在ではなかった。ややあって現場責任者に抜擢されたが、かっちゃんによると、それを機に人格を変貌させたという。

「Jさんは元々、穏やかだったんだよ」

かっちゃんは口にした。

「僕たちにも厳しいこと言わなかったし、優しくしてくれたよ。それが、責任者になった途端、僕たちに対して、あんな上から目線になったんだ。理由？　利用者の扱い方に悩んだJさんに、Gさんが『利用者に甘く見られないよう、厳しく接しなければならない』ってアドバイスしたことが理由だと思うよ。実際にGさん、そう言っていたし、Jさんが厳しくなったのも、それからだもん」

このかっちゃんの証言に関しては、ことさらウラを取る必要もなかった。私自身、Gさんから同じことを聞かされていたし、何よりもT作業所の常勤間の合言葉が、「利用者に甘く見られない」ことへと明らかに移行していったからである。

施設長は外回りに忙しく、現場に顔を見せることは、それほど多くない。代わりにJさんが現場を仕切っていた。朝礼ではそのJさんが、たびたび私たちパート職員にこんな指示を下すようになった。

「お菓子などに制限がある利用者さんもいますが、スタッフのなかにお菓子をあげる方がいるようです。それは、絶対やめてください。可哀想だからという理由で与えることは、利用者さん本人のためになりません。厳しく接してください」

何人かのパート職員がそれに忠実に従い、何人かのパート職員はその指示を無視した。私は後者に属したが、「厳しく接する」という常勤職員主導の方針が、組織の体質を歪んだものにするまでに時間はかからなかった。

組織に染まる恐れ

その歪んだ体質を日常的な虐待へと転化させたのが、中途採用でT作業所に入職してきた前出のU子さんだった。福祉事業に必要な資格をいくつか持ち、彼女が福祉分野でそれなりのキャリアを積んできたのは間違いない。

そのキャリアがかえって、彼女を不遜にさせたのか。はたまた元々の性格だったのか。組織の体質に染まっていくうち、U子さんはいかにも独裁者然とした空気を発散するようになった。

その過程で、一人の若い女性が常勤職員として入職してきた。入職してまだ日の浅いその彼女と、こんな会話を交わしたことがある。

「ここのペナルティ主義はひどいね。利用者が可哀想だよ」

「私もそう思います」

彼女は熱く答えた。

「私がここの体質を変えてみせます！」

「とか言って、そのうちここに染まっちゃうんじゃないの？」

「私は染まりません」

「気をつけないと、U子さんのようになっちゃうよ」

「U子さんのようにはなりませんよ！」

この理想に燃える若い女性社員が、あっさり先輩社員の「毒牙」にかかってしまった。U子さんが彼女に向かって、こんな指導をしているのを、私だけでなく、利用者の一部までが耳にしている。

「あなた、〇〇さんに甘く見られているよ。あと、□□さんや△△さんにも甘く見られている。気をつけて」

気がつくと、その新人社員はT作業所の抑圧体質にすっかり染まっていた。泣きわめく利用者に向かって「今日はおやつなし！」と厳命したかと思えば、自分の親のような年齢の利用者に「人にものを頼むときは敬語でしょ？」と、言い直しを命じる。挙げ句の果てに、不穏に駆られて暴れるヤス君にプロレス技のアームロックをかけ、そのまま別室に引きずり込んだ。

「おいおい、君は女性だろ?」

パート職員のIさんが呆れ顔で注意すると、彼女は敢然と言い放った。

「他の利用者を守るためです!」

組織に染まるとは、かくも人を変えてしまうのか。


国際医療福祉大学大学院教授の大熊由紀子さん(前出)は、いみじくも言った。

「自分は大丈夫だと思っていても、歪んだ組織に長く浸かっていると、よほど気をつけない限り、知らず知らずその体質に染まっていくものなんです。あの津久井やまゆり園事件の植松聖被告でさえ、最初の頃は『障害者は可愛い』と思っていたのです。それが『障害者は人間扱いされていない。可哀想だ』になって、それを先輩に相談したところ、『2~3年もすれば、お前もわかる』と言われたわけです。そして、とうとう『重度障害者には生きる価値がない。社会を不幸にするだけだ』という観念に至ってしまった。それが、あんな残忍な事件を生んでしまったのです。

障害者施設で関わるのは障害者だけではありません。先輩や同僚との関係、私生活上の問題など、いろんな要素が絡み合ってくる。そのなかで、自分の感覚が麻痺することだってあるのです。ところで、あなたは大丈夫だった？　踏みとどまれたの？」

私？　一部の利用者を愛称で呼んだり、「ちゃん」付けしたりしてはいたものの（これも虐待に相当するという話がある）、それ以外は何とか踏みとどまった……とは思う。

たぶん……。

4

脱施設化（脱入院化）

日本において、精神・知的障害者に対する脱施設化（脱入院化）と地域移行の政策が、本格的にスタートしたのは、障害者自立支援法が施行された2006年からである。

これは1980年代になって国際的に叫ばれるようになった「ノーマライゼーション」や「インクルーシブな社会の実現」の理念が、ようやく日本でも受け入れられるようになったことを意味する。

入所施設や精神科病院はその流れに反する「非人道的な存在」として、多くの障害者団体や研究者から否定されてきたが、国がようやく重い腰を上げたことで、2012年現在、累計の地域移行者数は、政府の見込みを上回る2万5000人近くに達した。

前記したように、この流れの勢いが、グループホームの入居者数が入所施設の入所者数を12万人台後半で凌駕するという2019年の逆転現象に繋がった。その後、グループホーム入居者は増加の一途を辿り、2023年には17万人を超えたと言われている。

営利目的の法人の参入

「その流れに入り込んできた一つが、営利を目的とする法人でした」

東京都手をつなぐ育成会の前事務局長の齊藤一紀さん（前出）は言う。

「グループホームの運営に関しては、国がそれなりの予算の裏付けを示すようになりました。そこから、福祉事業は企業的に成り立つと計算できた人たちが、グループホームをやり始めたり、グループホームをセットにした福祉事業にどんどん乗り出したりしてきたのです。

都の育成会にも『グループホームをやりたいけど、どうしたらいいか』という問い合わせがけっこうありましたし、空き物件をグループホームとして有効活用させるための仲介業者まで登場したほどでした。

たしかにグループホームはニーズがあるし、家賃の取りっぱぐれもない。それほど元手がかかるわけでもなく、手軽に始められる事業だったんですね。問題の一つはそういう事業に、障害者を理解していない人たちが参入してきたことです。

グループホームの世話人は特に研修や資格がなくても務まりますし、まったく福祉を知らない人が世話人になるケースも多くあります。そのため、グループホームによっては、軽度の障害者しか受け入れないところがある一方で、密室での虐待が行なわれることも珍しくなくなってきた。

つまり、グループホーム事業の参入者は多いものの、質的な部分に対応し切れていないことに、東京都なども頭を抱えているのです。数年前には都の委託を受ける形で、都の育成会が世話人の質を上げるための講習会を開いたことがありました」

グループホームの虐待の実態

いかに密室が虐待の温床になりやすいか。

厚労省が調査、発表する障害者虐待対応状況調査のなかに〈障害者福祉施設従事者等による障害者虐待〉の項目がある。

それによると、２０２１年度は全国の市区町村が事実確認調査を行なった事例２７１８件のうち、虐待の事実が認められた事例は７４８件。都道府県はこのうち６９９件を虐待として認めた。それを施設・事業所の20種別で見ると、共同生活援助（グループホーム）がトップとなる１６２件で、全体の23・２パーセントを占めていることがわかった。

この傾向はほぼ一貫して変わることがない。翌２０２２年度の〈障害者福祉施設従事者等による障害者虐待〉では、全国の市区町村が行なった事実確認調査３６８５件のうち、虐待の事実が認められた事例が１０２２件。都道府県はこのうちの９５６件を虐待として認めたが、事業所18種別ではまたもや共同生活援助（グループホーム）が２５２件とトップをキープし、全体の26・４パーセントを占めた。

被虐待者を障害種別で見ると、２０２１年、２０２２年のいずれの年度も、全体の７割以上が知的障害者で占められている。

ただし、以上の数字はほんの氷山の一角にすぎない。その障害の特性もあり、知的障害者の大半は自己主張を苦手としている。多くが密室での虐待に抗議の声を上げることもできなければ、第三者に窮状を訴えることもできない。したがって、彼らにできることと言えば、ほとんどが「泣き寝入り」することである。

なかでも、グループホームと作業所を併せ持つ事業所は、施設従事者が同じ組織に属しているという性格上、虐待が見過ごされたり、隠蔽されたりするケースが目立つという。

前出の齊藤さんが指摘したように、やはりここでは施設従事者の質的な部分、つまり支援者の意識のあり方が問題になってくるのだろう。

「加害者はみんなヒョロッとした青年」

「たしかに」と、日本社会事業大学名誉教授の古屋龍太さん（前出）も言う。

「グループホームの運営が、障害福祉サービスとして儲かるということで、不動産関係など営利目的の人がどんどんこの分野に入り込んできました。たとえば地主にアパートを建てさせて、『障害のある方のお世話をしてもらう仕事です』などと、福祉に疎い人たちがまったく福祉の知識のない人たちに世話人をやらせるようになったわけですね。

グループホームとは『住まい』に他なりません。しかし、福祉への理念も志もない人たちが、ときに想定外のことをやる。入居者がそれぞれの居室を自分の居場所として暮らしているにもかかわらず、行動に障害のある自閉症の人に『じゃ、朝までゆっくり寝てよ』などと言って、居室の外から鍵をかけてしまうわけです。実際、部屋の外から施錠できるグループホームが作られましたが、グループホームの居室に鍵をかけて閉じ込めるという発想すら一般的になかったので、それに対する規則もありませんでした。

障害のことだけでなく、障害者に対する関わり方を知らない人たちが、こういう仕事に入っていくと、ある意味で逸脱は避けられないところもあるんです。優しく接するよう言われても、それができず、何とか服従させようとする。言葉で言っても通じない連中だから、痛い目に遭わせればわかるはずというわけですね。

かといって、そういう人たちが異端かと言えばそうではない。みんなごく普通の庶民で、自分が悪いことをやっているという意識もないんです。

神戸市の神出病院事件（２０２０年3月に発覚）では、男性患者同士にキスをさせたり、逆さにしたベッドで患者を監禁したりするなどの看護師による虐待がありましたが、多くの関係者が裁判所に行って驚いたのは、『加害者はいかつい男だと思っていたら、みんなヒョロッとした青年だった』ということです。

どんな人でも初めての世界に入ったときは、先輩からいろいろ教え込まれる。なかでも知的障害者の施設になると、『利用者に甘く見られちゃいけない』というところから入りがちです。『こういうふうにやれば、言うことを聞くんだ』と教えられ続けた人は、どうしてもそのやり方しかできなくなってしまう。つまり、障害者を大人しくさせるのが、支援者の力量だと思い込む。そういった誤った〝常識〟が、いつのまにか当たり前になっていくんですね。そうした処遇の根底にあるのは、優生的な考え。つまり、彼らを〝劣った存在〟と見る観念なんだと、私自身は思っています」

5

くどいようだが、T作業所における私の役割は、利用者に対する朝夕の送迎業務と、彼らの日中活動の支援・見守りである。グループホームでの世話人業務は、本来の私の役割ではない。他のパート職員が専従の世話人として業務するか、T作業所の生活支援員を兼ねた形で世話人業務に当たっていた。

だが、諸々の事情で世話人が突然、業務に穴を空けることも珍しくない。そのときは、ピンチヒッターとして他の職員がグループホームに入ることになる。

私も何度かピンチヒッターを務めた。初めて世話人業務に入ったのは、かっちゃんや智ちゃんが居住するＤホームで、このときも急きょ駆り出されている。

この日、Ｄホームは休日に当たっていた。ホームにおける私の仕事は朝９時からの日中の見守りで、これといってやることもない。本来、昼食時には世話人が具材を使って利用者の食事を作らなければならないが、料理を苦手とする私に気を遣ってか、Ｔ作業所も昼食用の弁当をあらかじめ手配してくれていた。

居間の掃除を簡単に済ませると、椅子に腰掛け、のんびり本を読み始めた。しかし、２階の自室からたびたびかっちゃんや智ちゃんが降りてくるので、しばしば中断された。

休日なのに、彼らは外出を禁止されている。世話人も無断外出の防止を徹底させられていた。たしかに、単独での外出が困難な利用者はいる。しかし、一方では外出支援をまったく必要としない利用者も多数いた。実際、開設された当初のＴ作業所は、グループホーム入居者の自由が、ある程度確保されていたという。

古株のパート職員の一人からこう聞かされた。

「ある一時期ですが、週に一度、利用者全員が作業所に集まって、その日だけはみんな外出を楽しんだんです。同行が必要な利用者には支援員が付き添いましたが、単独外出の可能な利用者は、勝手気ままに好きなところに行ってました。利用者のなかには一人カラオケを楽しむ者もいたし、一人でレンタルビデオ店に行って18禁のビデオを借りてきたり、こっそりお酒を買ってきたりする男性利用者もいました。社員も見て見ぬ振りでしたが、だからといって利用者が何か問題を起こしたなんてほとんどなかったですよ」

かつては、かっちゃんも休日に外を大っぴらに闊歩した一人だった。外出先で多少ハメを外すことはあっても、刑事罰的な「悪事」に手を染めたことは、ただの一度もない。

特別支援学校の高等部を卒業した後、かっちゃんは建設関係の仕事に就き、アパートで独り暮らしをしたという。わずかな期間だったが、その事実が、彼の「自立能力」の潜在性を物語っている。

「僕、自分で弁当作って仕事に行ってたんだよ。自炊だってやったし、洗濯も自分でやっていた。先輩にタバコの火を腕に押しつけられたり、いろいろ虐めを受けたりして、1ヶ月もしないうちにやめちゃったけどね」

その後、かっちゃんは保護者の母親が亡くなったこともあり、地方の入所施設で暮らすようになった。日中は施設の関連病院で入院者の洗濯業務などに当たり、週末は仲間と居酒屋などにも繰り出していた。大好きなタバコも、1日の本数を決めて満喫していたという。そして、T作業所のグループホームに移り住んでからも、継続して確保されるはずだった、ささやかな自由……。

「なのに」と、かっちゃんは口を尖らせた。

「いまはどこにも行かせてくれない。以前のように自由にさせてくれないんなら、僕、ここ出たいよ」

＊

休日のDホームには、寂とした時間が流れていた。小さな庭を臨む居間の窓ガラスにはロックがかけられ、「脱走防止」の措置が施されている。居間の壁のいたるところに、こんな貼り紙も掲げられていた。

〈利用者が何を言っても外には出さない。何か起きてからでは遅いので、厳守お願いします〉〈仮眠と睡眠は違います。利用者はまさかの行動を取ります〉〈ホーム内は利用者だけの状態にしない〉……云々。

あるパート職員がT作業所の方針を代弁して書いたものである。

のちにこの貼り紙は、別の夜勤世話人が「利用者をバカにしている。気分が悪い」と、すべて剥ぎ取っているが、このときは私も同じような気分に襲われていた。

たしかにT作業所においては、スタッフが気づかぬうちに姿を消す利用者が何人かいる。あるとき「無断外出、脱走させないためにできること」と題する5箇条の「御触書」が、スタッフルームの壁に貼られているのを見つけた。そのなかにあったこんな一文も、支援者の知的障害者に対する偏見が投影されたものだったのかもしれない。

〈対象利用者にたいして今日は無断外出、脱走はしないだろう、は危険。つねにするかもしれないという気持ちで目を配る〉

しばらくすると、かっちゃんがまた、居間に降りてきた。「外の空気を吸いたいので、散歩に行ってもいいか」と聞く。もちろん、私にそれを禁止する理由はない。貼り紙の〈利用者が何を言っても外には出さない〉の警告を無視して、かっちゃんを散歩に送り出した。

かっちゃんは昼食を挟んで、それぞれ20分ほどの散歩を計４度くり返した。ジャージのポケットがかすかに膨らんでいたので、どこかから手に入れたタバコを持参していたのかもしれない。

ちょうどＤホームの近くに、店先に灰皿を設置する商店があった。私は「もしタバコを吸うのなら、そこで吸うように」とだけは忠告していた。

＊

それにしても、休日に外出支援等の福祉サービスさえ用意されることなく、グループホームと作業所の往復だけに日々のほとんどを費やすＴ作業所の利用者たち。この第三者の目が入りにくい被収容的な生活は、精神科病院の閉鎖病棟のそれと大差なく、たしかに虐待の温床となりうる環境を成していたのかもしれない。

Ｄホームの居間続きの６畳間には、介助が最も必要なヤス君がいた。部屋が薄暗い上、畳がすり切れた殺風景な居室である。襖が半分ほど開いたままだったので、ときおりヤス君の様子をうかがった。いつ覗いてもヤス君は万年布団にくるまったまま、薄目を開けて眠っている。

その居室の小さな床の間には、かっちゃんの証言通り、Gさんが自宅から持参したという登山杖が立てかけられていた。

第1章にも書いたが、ヤス君はこの登山杖で、たびたびGさんに頭部を叩かれていたという。2階に住む別の利用者も「ご馳走様も言えないのか！」などとゲンコツを食らったり、直立不動で立たされたりした。そして、統合失調症の智ちゃんは、Gさんと取っ組み合いの喧嘩をしては、いつも畳に叩き付けられ、馬乗りにされてきた。

ただし、T作業所において、グループホームという密室で虐待を行なっていた世話人は、なにもGさんだけではない。「優しさ」の権化とも言える理想的な世話人がいた一方で、Gさん以外にも虐待が疑われるような所業をくり返す世話人の名前が、利用者からの情報として私の耳にも入っていた。

その一人が、かつて自衛官だったという老齢の男性——仮にHさんとする——である。Hさんは夜勤の世話人として男性グループホームに入っていたが、規律と道徳を重んじる堅物的な雰囲気を、いかにも発散する人物だった。

彼は利用者に対して、こんな難解な質問をよく投げかける。

「独り立ちするには、どうするべきか。人はどう生きるべきか。それを答えなさい」

そうかと思えば、利用者のケース記録を利用者本人の前で読み上げ、日常生活上の問題点をあぶり出しては、反省の言葉を促すこともあるという。

「ケース記録を読み上げられるのも、説教されるのもイヤだった。質問も難しくて答えられない。それもすごくイヤだった」などという苦情が、アベッチなど複数の利用者から私にも届けられた。

Hさんには言葉でわからなければ体罰も辞さないという側面もあったらしい。ヤス君はコミュニケーションが困難で、おまけに何かの拍子で暴れ出す。そのヤス君がある深夜、奇声を発して暴れた。それを頭ごなしに怒鳴りつける元自衛官の声。ますます興奮して絶叫するヤス君の声が、２階のかっちゃんの部屋までやかましく聞こえてきた。

「頭でも殴られたんじゃないかな」と、かっちゃんは言った。

「だって僕、以前、Hさんがヤスの頭をゲンコツで殴ったの、目の前で見たことあるもん。Hさんも『おれ、殴っちゃった』と言ってたよ」

以上のような虐待の現場は、私自身が目撃したわけではない。かっちゃんのような情報源がなければ、闇へと葬られることになり、全国の障害者福祉施設で確認された虐待件数は氷山の一角にすぎないという理由が、ここにもある。

＊

虐待は男性職員だけの専売特許ではない。T作業所のグループホームでは、女性世話人による身体的・心理的虐待が疑われる事例も、いくつか残されている。

Aホームの「サキエちゃん」も、その被害者の一人だった。彼女は中度の発達遅滞にして緘黙症《かんもくしょう》のような症状を抱えている。よほど心を開かない限り、誰とも話すことはなく、促さなければ食事をとることも、歩くこともしない。

そのためT作業所における彼女は、多くの時間を無為に過ごしたが、昼食に関しては「自立を促すため」介助はタブーとなっている。しかも、「30分以内に食べ終わらなければ食膳を下げる」という制約まで課せられていた。

ところが、職員が実際に食膳を下げようとすると、サキエちゃんは慌てふためいたように食膳を取り返そうとする。一方では散歩を楽しみにしており、そのときはわりとすんなり立ち上がった。

こうしたことから彼女に対する苛立《いらだ》ちが、職員の一部からも見え始めてきた。特に女性職員に目立ち、「自分でできるのにやろうとしない」「狡《ずる》いから嫌い」「甘えているだけ」などという批判が、方々から聞こえてくるようになった。

サキエちゃんに対する社員の方針も、「厳しさ」によって自立を促すといった、短絡的な支援内容に終始した。常勤のＪさんからは、朝礼でこんな訓示も聞かされた。

「彼女は駆け引きするところがあるので、くれぐれも気をつけてください。甘えさせないように、厳しく接してください」

このいかにも素人然とした父権的支援のあり方が、虐待を引き起こす一因になったと言えば、はたして言いすぎか。

ある日のことだった。私がＴ作業所に顔を見せると、スタッフ数名が何やらサキエちゃんの話をしている。彼女の両手の甲が、内出血を起こしているという。

自分の席に座るサキエちゃんの両手を確認した。たしかに外部からの圧力が加わったとしか考えられない赤い内出血跡が、両の甲を中心に生々しく残っている。

「どうしたの？　これ」

サキエちゃんに聞いた。この頃、彼女は周囲に人がいないときに限って私に話しかけるようになっていたが、このときはクリッとした瞳を私に向けるだけで、何も答えなかった。

「これ」と、女性スタッフの一人が言った。

「できたばかりの内出血よ。彼女、食べるのに時間かかるからね。あくまでも想像だけど、イライラした夜勤者が食事を取り上げようとして、それを彼女が取り返そうとしたんじゃないかな。それで、夜勤者が苛立ち紛れに彼女の両手を強く握って折檻《せっかん》したような気がするよ」


この推理には十分な説得力があるように思えた。サキエちゃんが入居するAホームの前日からの夜勤者は、パート職員のD子さんだった。彼女がサキエちゃんの両手首を内出血させた「犯人」だったのか。同日の夕方から夜勤に入った世話人も、サキエちゃんの手の甲の内出血に気がつき、Aホームの申し送りノートに、憤り交じりのこんな報告を書いてきた。

〈伊藤様（サキエちゃん）の両手の甲が傷つき、赤く腫れ上がってました。心に傷を抱えながらも、必死に頑張っている彼女に対して、やられた方、なぜこのような仕打ちをなさるのでしょうか。残念です〉

だが、T作業所の対応はどうだったのか。社員がこの暴力的な所業の真相を調べ、改善を図るべく何らかの指導をしたという形跡は、私が知る限り何も残っていない。

＊

疑惑をかけられたD子さん。中年層の彼女は、たしかに一部の利用者から恐れられる存在だった。ある女性利用者などは、過剰なほどこのD子さんを怖がった。あるときから「今日の夜勤、誰？　D子さん？」としつこく聞いてくるようになったが、T作業所では「不穏に駆られる利用者もいるから」という理由で、各グループホームの夜勤世話人の出勤日を利用者に教えてはならない決まりになっている。

しかし、彼女の場合、教えようが教えまいが、一旦気になりだしたら最後、「今日の夜勤、D子さん？」と、一日中執拗に聞いてくる。「D子さんじゃないと思うよ」。そう言葉を濁そうものなら、「D子さん？」「D子さん？」と、こちらが辟易するほど食い下がってきて、仕舞いには激しく泣きわめく。かと思えば、「D子さんだよ」と正直に答えようものなら、今度は「D子さんじゃないよね？」と何度も聞いてきて、これまた大声で泣きわめく。

こんなやりとりをくり返していたある日、「どうしてD子さんがイヤなの？」と、聞いてみた。

「怖いから」と、彼女は答えた。

「何かされるの？」

「蹴飛ばす」

「ホントに？」

「うん」

「どうやって？」

「こうやって」

彼女は小さな足で、私の足を蹴ってきた。

D子さんは本当にこんな「狼藉《ろうぜき》」を働いているのか。その女性利用者と同じホームに住む育子さんに、「D子さんって蹴飛ばしたりするの？」と、事の真相を確かめた。

「私は蹴飛ばされたことないけど」

彼女はそう答えた後、「でも」と付け加えた。

「私たち、よく叱られる。D子さん、怖いよ。ご飯の準備できたときなんか、『10秒以内に降りてきて食べないと、ご飯下げちゃうからね！』って、イライラしたように大声で数を数えるんだから」

＊

動作緩慢にして無口なサキエちゃん。彼女は私が入職して1年経《た》った頃、ある精神科病院からT作業所にやってきた。小さな縫いぐるみ人形を胸に抱き、不安げに俯きながら所内に入ってくる彼女の姿は、いまも切ない記憶として私の胸に残っている。

社員のJさんに「駆け引きする」との烙印を押され、女性職員の一部からも「狡いから嫌い」「甘えているだけ」などと非難されてきた一方で、そのサキエちゃんの寡黙で不安げな仕草が、「守ってあげたい」という男心をくすぐったのも事実だったのだろう。一部の男性パート職員には、特に可愛がられた。

私もその一人で、あの鬼軍曹のGさんでさえ彼女にはメロメロだった。サキエちゃんはそういう男性職員に対しては頷いたり、笑みを浮かべたりとはっきりした意思を示し、ときにはたどたどしい会話を交わすようにもなった。

言葉には出さないが、そのサキエちゃんにも苦手とする世話人が複数人いた。その一人が、ある若い女性世話人である。

その世話人が夜勤に入ったある日、サキエちゃんがAホームを逃げ出した。普段は促されない限り歩こうとしない彼女が、全速力で走り出す。よほどその世話人から逃れたかったのだろう。

彼女はまもなく世話人によって保護されたが、サキエちゃんがいかにこの世話人を苦手としていたか。それを裏付けるような出来事に、私自身も遭遇している。

ある日の夕方のことだった。帰りの送迎業務で、Aホームの面々をグループホームに送り届けたとき、サキエちゃんだけが頑として車から降りようとしない。私たち支援員に「夜勤者が誰なのかは教えないように」というお達しがあっても、その勤務ローテーションを考えると、「誰が今日の夜勤者であるか」は、利用者といえども簡単にわかる。

「……降りたくない」

彼女はか細い声で訴えた。

「どうしたいの?」

「お家に帰りたい。お父さん、お母さんのところ」

「お腹すいたでしょ? もうすぐ夕ご飯できるよ。ホームでご飯食べなきゃね」

「ホームに帰りたくない。一緒にレストランに食べに行きたい」

これは、私と「一緒に」という意味である。

こんなやりとりで15分ほど費やした頃、例の若い世話人が「まだ降りませんか?」とホームから出てきた。

「彼女は学生時代、友だちの虐めに遭ったそうです。彼女は私と年齢が同じようなものだし、そのトラウマで同じ年代の人に抵抗があるんです」

しかし、この弁明には少し無理があった。サキエちゃんのこの手の降車拒否は、同年代のその世話人だけでなく、別世代の世話人のときにも見られたからである。

サキエちゃんが一向に降車しないので、Jさんに電話を入れた。事態を説明し、「レストランに連れていってもいいか」と、願い出た。

「それはまずいです」

Jさんは言下に却下した。

「特別扱いになるし、甘えさせることになるので」

「お父さん、お母さんに電話して、せめて声ぐらい聞かせてやったら?」

「彼女に関しては、自治体が親元から引き離す決定をしたんです」

「親御さんは自治体の決定に同意している?」

「それは、どうだか……」

いずれにしても、レストラン行きが却下されたとあれば、一旦サキエちゃんを連れてT作業所に戻るしかない。今度はドライブかたがた遠回りをしながら説得を試みた。

「今日のところはホームに戻ろうよ」

「ホームに帰りたくない」

サキエちゃんは同じ言葉をくり返すと、私とレストランで食事をしたのち、私の自宅に泊めてほしいとまで懇願してきた。

「元気になってホームを出たら、ぜひ遊びに来てね」

「いま行きたい」

「遊びに来たら、ご飯も一緒に食べに行こう。本当だよ。約束するから」

「いま食べに行きたい」

「……う〜ん」

そうこうするうちに、T作業所に到着した。私が車から降りると、Jさんが運転席、U子さんが助手席に素早く滑り込んだ。その有無を言わせぬ動きに、さすがのサキエちゃんも観念したようだった。

後部座席に座るサキエちゃんに手を振った。哀しそうな笑みを浮かべて、彼女も小さく手を振った。

それから数日後、私は朝礼でこう進言した。

「グループホームとは自分の家。厳しく接する前に、利用者がホッとくつろげるような居場所作りに取り組む必要があるのではないか」

「もちろん、それは大切です」

Ｊさんは答えた。

「利用者さんの居場所は、しっかり作っていくつもりです」

だが、もはや歯止めが利かないほど暴走してしまった、懲罰的な管理体制。寡黙で大人しいサキエちゃんが、のちに思いも寄らない大胆な行動に走るようになったことで、Ｔ作業所の福祉施設としての限界が浮き彫りにされてくる。

第4章

「父権主義（パターナリズム）」からの脱却

1

「カリタスの家」事件

国連総会において「障害者の権利に関する条約」(障害者権利条約)が採択されたのは、2006年12月のことである。これは障害者一人一人に権利の主体があること、つまり「障害者主権」を謳った条約で、完全平等に基づく社会参加と自己選択・決定権などが保障されるべきであるという考えに支えられている。

「Nothing About Us Without Us(私たち抜きに私たちのことを決めないで)」

これが、同条約の底流を成す一貫したスローガンである。

この条約への批准を見据えて、日本は2011年、障害者の権利保障を見直すべく「障害者基本法」の改正を行なった。さらに、虐待を防止するための実態調査と対策が検討され、2011年に「障害者虐待防止法」が成立、2012年に施行された。2013年には「障害者差別解消法(障害を理由とする差別の解消の推進に関する法律)」も成立。こうして日本は、障害者に対する国際的な権利擁護の流れに追随する形で、２０１４年に同条約における１４１番目の批准国となる。

一方で、日本で「障害者虐待防止法」が誕生した背景には、ある虐待事件が関与していたとも言われている。

２００４年11月、福岡県飯塚市の知的障害者施設「カリタスの家」で、複数の職員が入所者に対して殴る蹴るなどの暴力行為をくり返してきたことが、毎日新聞の調査でわかった。

炭や唐辛子を無理やり食べさせたり、「コーヒーだ」と偽って木酢液《もくさくえき》を飲ませていたりしたことも発覚し、当初は「（虐待は）信じられない」と関与を否定していた施設長までが、熱湯で淹《い》れたコーヒー３杯を男性入所者の口に強引に流し込み、唇や舌、食道などに大火傷を負わせていたことも明るみに出た。

確認された虐待は5年間で46件を数え、被害者は約30人にも上った。不祥事はそれだけではない。施設長の母親である前施設長が、施設に入所していた女性の預金から９００万円を無断で流用していたことも発覚している。

こうした一連の事件を受けて、福岡高裁は２００７年、施設長に懲役1年6ヶ月、執行猶予3年の有罪判決を言い渡したが、国を慌てふためかせたのは、この施設が国の自閉症・発達障害支援センターの委託を受ける県内唯一の障害者専門施設だったことにある。

はたして、この「カリタスの家事件」における有罪判決が、「障害者虐待防止法」の成立を急がせた要因となっていたのか。だとすれば、日本の障害福祉の歩みは、国際社会の影響を受けつつも、問題の本質から目を背けたまま、つねに後手後手に回ってきた感は否めない。精神科病院や知的障害者施設における、障害者権利条約の批准後も後を絶たない虐待事件が、それを裏付けているだろう。

無視された日本への勧告

国際社会が日本の障害者施策に初めて警告を発したのは、半世紀以上も昔。欧米諸国が障害者の脱施設化、地域移行へと大きく舵を切った頃で、1967年11月、世界保健機関(WHO)の顧問デービッド・クラーク博士が、精神医療の実態調査のため来日したことに始まる。

クラークは3ヶ月にわたって日本の精神科病院を視察、翌1968年2月に帰国の途に就くと、日本の政府に対してこんな勧告文を提出した。

〈精神科病院の長期在院患者が増大しており、地域精神衛生活動が十分に発展していないので、精神医学的中央管理を強化することを勧告する〉

いわゆる「クラーク勧告」と呼ばれるものである。

日本の政府や精神医学会は、この勧告を素直に受け入れ、改善策に本腰を入れたのか。答えは否である。それどころか、厚生省の幹部は、いとも簡単にクラーク勧告を一蹴した。

「斜陽のイギリスから学ぶものはない」

この障害者施策に対する国の無関心さが、虐待の温床となる精神科病院の「隠蔽体質」を助長させてきたと言っても過言ではない。クラークがＷＨＯに提出した報告書の一部を以下に紹介する。

〈私は８００ほどある病院のなか15の病院を見学しただけである。従って、私の所説には誤りとして棄却されるものがあるかもしれない。しかし、これらの施設はすべて、優良とか最優良といった好評の病院であった。情報を提供してくれた人たちから私は、他の病院がもっとずっと粗末であるということや、それらの病院の３分の１は非常に悪いということをきかされたが、こうした種類の病院は一つも見せてもらえなかった〉

クラーク調査団から隠蔽された劣悪な医療体質。障害者を「人間以下」に扱う内実が国際社会へと伝わらなかったことで、日本の精神医療はその暴力的な拘禁体質をますますエスカレートさせることになった。

精神科病院をめぐる陰惨な事件

その腐敗の象徴となったのが、多くの死傷者を出した「宇都宮病院事件」や「大和川病院事件」などである。なかでも1984年（昭和59年）3月に発覚した宇都宮病院事件は、驚愕の一語に尽きた。

同病院の職員は入院者に絶対的な権力を振るい、少しでも反抗する者に対しては、木刀や椅子で殴りつけるなど、容赦のないリンチを加えた。

1983年（昭和58年）4月、食事の内容に不満を漏らした長期入院者を、複数の看護人が約20分にわたって鉄パイプで乱打した。4時間後、入院者は死亡した。それから8ヶ月後の同年12月には、面会人に処遇のひどさを訴えた入院者が、看護人から殴る蹴るの暴行を受け、これも死亡した。これらの死亡・傷害事件は、同院によって隠蔽され続けた。

事件発覚までの3年余で、院内死した入院者は、実に200人以上に及んだ。すべてがリンチ死ではなかったにせよ、この異常なまでの死亡者数は、同病院が衛生面その他の諸待遇において、いかに劣悪な環境にあったかを如実に物語る。

死亡した患者に対しては、看護長やケースワーカーらによる無資格死体解剖も日常的に行なわれていた。

この宇都宮病院事件の発覚後、精神科病院における暴力行為は減少していったと言われる。しかし、虐待が根絶されたわけではなく、「内なる差別」はその後も形を変えて新たな虐待を生み出した。


障害者虐待防止法の施行から８年後の２０２０年３月、神戸市の単科の精神科病院「神出病院」で３人の入院者に対する虐待事件が発覚した。加害者は６人の看護師などで、男性患者同士で性器をくわえさせたり、体に塗ったジャムを舐《な》めさせたりのわいせつ行為の強要をくり返した。また、落下防止柵ベッドを逆さまに患者にかぶせ、放置するなどの監禁行為にも走っている。

こうした虐待は映像としてスマホに残され、看護師同士で共有されていた。「患者のリアクションが面白くてやった」。これが犯行の動機だったが、加害者の一人がいみじくも「先輩も（虐待を）やってるし、いいかと安易に思った」と証言しているように、ここでも精神障害者に対する「内なる差別」が、体質的に受け継がれていたことがわかる。

2023年2月25日、その「内なる差別」が映像として大々的に世間の目に触れた。NHKのETV特集「ルポ　死亡退院〜精神医療・闇の実態〜」がそれである。

舞台となった八王子市の滝山病院は、人工透析治療を施す数少ない精神科病院の一つだった。そのため合併症を抱える精神・知的障害者の多くが自治体などの紹介で入院していたが、内部告発や音声記録で構成されるその映像には、看護師による暴行・暴言や法律を無視した身体拘束といった、まさに虐待の温床と化した実態が生々しく映し出された。

過去10年の退院者は1498人。その78パーセントに当たる1174人が、「死亡による退院」だったことも判明した。入院者の支援に当たる弁護士と患者の音声記録からは、患者のこんな切ない訴えも流れた。

「僕はこのまま（家に）帰りたいです。（病室に）帰ったら殺されちゃいますよ」

この患者はそれからまもなく亡くなった（死亡診断名は「急性心不全」）。家族に宛てた助けを求める手紙も、投函されることなく、カルテに挟まったままだったという。

〈イジメにあっております。いま精神的にはとてもしんどいです。助けて下さい〉

知的障害者施設をめぐる事件

以上のような虐待は、精神科病院内だけの話ではない。前記した「カリタスの家事件」が物語るように、知的障害者施設においても、これまで数え切れないほどの虐待が発覚してきた。

その一部を列挙すると——。

１９６９年（昭和44年）５月、児童を劣悪な環境に置き続けたとして、八王子市の知的障害児入所施設「中央学院」の院長が逮捕された。子供たちに早朝からクズ拾いの仕事をさせ、居酒屋に住み込みで働かせただけではない。重病の少女を医師に診せることなく酷使し、結果的に死に至らせている。この事件を報道した東京新聞の紙面には「鬼畜の院長、地獄の施設」の大見出しが躍った。

１９９５年には茨城県水戸市の段ボール加工会社「(有)アカス紙器」の社長が、障害者雇用の助成金を不正に受給している詐欺容疑をかけられた。その近辺調査で表面化してきたのが、従業員である知的障害者に対する恒常的な虐待行為だった。角材やバットでの殴打。漬物石を膝に置かれた状態での長時間正座の拷問。さらには、知的障害を抱える女性従業員への性的暴行も頻繁に行なわれ、その被害者は複数人に及んだ。
その2年後の1997年夏、福島県白河市の入所施設「白河育成園」で、入所者が理事長の度重なる暴力や性的被害を受けてきたことが明るみに出た。さらに、嘱託医に無断で入所者に大量の向精神薬を服用させていたことも発覚し、白河育成園は全国初となる自主廃園に追い込まれた。
2005年4月には、山口県宇部市の入所施設「うべくるみ園」で、複数の職員による入所者への度重なる虐待が明るみに出た。ターゲットにされたのは重度の知的障害者で、殴る蹴るの暴行を受けただけでなく、真冬日に冷水も浴びせられた。その入所者は黒い羽根に異様な恐怖心を抱き、それが目に付くたびにパニック状態に陥った。職員は彼に黒い羽根を近づけると、パニックになったその姿を見ては、笑い転げていた……。

「津久井やまゆり園事件」

以上のような知的障害者施設での虐待が次々と白日の下に晒されるなか、2016年7月26日の未明、日本中を震撼させる凄惨な事件が起こった。19人の入所者が刺殺され、職員2人を含む26人が重軽傷を負った「相模原障害者施設殺傷事件」、通称「津久井やまゆり園事件」である。

犯行に走ったのは、元職員の植松聖（死刑確定）。彼は同園への入職当初こそ「障害者は可愛い」「この仕事は天職」などと知人に話していたという。それが、街から離れたこの閉鎖空間での職歴を積んでいくうちに、「障害者は人間扱いされていない。可哀想だ」との想いに駆られ、さらに「意思疎通が図れない人間は、安楽死させるべきだ」という歪んだ観念に支配されていく。

２０１６年2月、勤務中に同様の発言をしたことから「ナチス・ドイツの考えと同じだ」との施設側の注意を受けたが、植松のような凶行に走らないまでも、こうした「内なる差別」を密かに抱く者が、植松以外にも存在しないわけではない。

全国手をつなぐ育成会連合会の佐々木桃子会長（前出）は言う。

「津久井やまゆり園事件が起きたときは、うちでも声明文を出しました。『障害のある人もない人も、私たちは一人ひとりが大切な存在です』。こんな内容の声明文で、多くの方から賛同のメールや電話をいただきました。しかし、一方では『とんでもないことを言うな』などという批判のメールが多数あったことも事実です」

障害者権利条約の批准からわずか2年。殺人事件として戦後最悪の犠牲者を出したこの

「津久井やまゆり園事件」は、私たちの胸の奥に潜む差別的な考えや優生的な想いに、容赦のない問いかけを発する。「自分は植松と違う人間なのだと、はっきり言い切れるのか」——と。

そして、こうした自身に対する内省的な問いかけがおざなりにされたとき、新たな虐待の芽が育まれる可能性が生まれる。

「中井やまゆり園」の虐待事件

その懸念は様々な形を成して、次々と表面化した。津久井やまゆり園事件の惨劇から7年後の2023年5月、神奈川県の「中井やまゆり園」の虐待が大々的に報じられた（虐待疑惑報道は2021年からあった）。

前記の「津久井やまゆり園」と施設名は同じだが、前者が指定管理者制度によって神奈川県下の社会福祉法人が運営する施設であるのに対して、この「中井やまゆり園」は神奈川県の直営による法人である。

非常勤47名を含む193名の県職員が働く「中井やまゆり園」で何が行なわれたのか。第三者委員会の調査で「虐待の疑いがある」と指摘された25件のなかには、入所者に対する平手打ちや殴打以外にも、次のようなものが確認された。20時間を超す居室施錠（部屋の外側からの施錠）。その状態に10年以上も置かれてきた入所者。鎖骨を折った入所者。肛門に直径2センチのナットを埋め込まれた入所者。頭に剃り込みを入れられた入所者……等々。

前出の植松聖が犯行前に衆議院議長に宛てた手紙のなかに、「施設で働いている職員の生気の欠けた瞳」という表現があった。この中井やまゆり園でも「生気の欠けた職員」が、日常的なストレスや苛立ちを弱者に向け、虐待に走っていたのか。

そして、２０２４年7月には、京都市のクリーニング店に勤務する知的障害のある男性が、同僚男性２人に「お前、臭いねん」と大型洗濯機のなかに放り込まれた上、それを稼働させられたことで全身打撲の大怪我を負うという事件が発覚している。

「日本政府のみなさんは恥ずかしくないのですか」

こうした日本の障害者施策の暗部を国際社会はどう見てきたのか。

すでに書いたように、日本は２０１４年、国連の障害者権利条約を批准した。「私たち抜きに私たちのことを決めないで」を合言葉とするこの条約を、日本がいかに遵守してきたか。

２０２２年８月、国連の障害者権利委員会によってそれが審査された。日本政府と内閣府の障害者政策委員会は、それに先立って同権利委員会に報告書を提出。障害者団体や日弁連なども「パラレルレポート」を作成し、いまだ残る課題や改善点を同じく提出していた。

その内容のすべてに目を通した18名の同権利委員会の委員は、「虐待はどこまで防止できているか」「障害者の雇用はどこまで進んでいるか」「女性の権利は守られているか」などの質問を用意し、政府がそれに回答するという形式を取った。

しかし、同権利条約第19条の「自立した生活及び地域社会への包容」を見据えた質問に対する厚労省の答弁は、周囲の失笑を買った。

「日本の施設は高い塀や鉄の扉で囲まれていません。桜を施設の外や中で楽しむ方もいます」

この的外れな答弁は、条約の趣旨をまったく無視したものだった。

同19条の（a）項には、こう明記されている。

〈障害者が、他の者との平等を基礎として、居住地を選択し、及びどこで誰と生活するかを選択する機会を有すること並びに特定の生活施設で生活する義務を負わないこと〉

たとえば、日本の精神科病院の入院者数。２０２２年現在、その数は約29万人と世界でも突出して多い。平均在院日数も２７７日と、ＯＥＣＤ加盟国（38カ国中27カ国）の32日と比べて異様な数字である。

藤井克徳さん（前出）が代表を務める日本障害者協議会が２０２２年８月に公表した調査でも、ＯＥＣＤ加盟国（38カ国中36カ国）のなかで、実に37パーセントもの精神科病床が日本に集中していることがわかった（推定精神科病床数32万４１９５。人口１０００人当たりの精神科病床数２・57）。

一方、入所施設で暮らす障害者の地域移行も、遅々として進まない。

前述のように、２０１９年にグループホーム入居者数が入所施設の入所者数を12万人台後半で辛うじて上回ったものの、それ以降は動きの鈍化が始まり、入所施設の入所者数は２０２２年現在、横ばい状態の約12万７０００人。しかも、障害者権利条約批准後に起こった津久井やまゆり園事件を始めとする陰惨な虐待事件の数々。施設の内外でいくら花見を楽しもうと、同権利委員会の心証が好転する要素は何もなかった。

同権利委員会のキム・ミヨン副議長は、同審査会の締めくくりの挨拶で「パラレルレポートが示す実情と政府報告書に大きなギャップが見られる」と述べたが、途中から涙声に変わり、日本政府にこんな言葉を投げつけた。

「こんなにも真剣なパラレルレポート、そして日本からの大勢の傍聴者の前で、日本政府のみなさんは恥ずかしくないのですか」

「インクルーシブ教育」への改善勧告

それから約半月後の同年9月9日、同権利委員会は、同条約実施状況における評価として、日本政府に改善勧告を含む総括所見を提出した。民間企業への合理的配慮の義務化や情報、サービスなどの利用についての基準が整備されたことへの評価はあったものの、数多くの改善勧告が出され、主に以下の3点において強調された。

1、障害者の脱施設化と地域移行への促進。

2、精神科病院の強制入院制度における法令の廃止。

3、特別支援教育の中止とインクルーシブ教育の推進。

１に関しては、「障害児・者が施設を出て地域で暮らす権利が保障されていない」ことに対する勧告、２は「不当に長い入院期間や強制医療は、障害に基づく差別である」ことへの勧告である。

３は同権利委員会のヨナス・ラスカス副委員長が「分離教育は分断した社会を生み出す」と指摘したように、障害のある子供を含むすべての子供が、それぞれに合わせた必要な支援を受け、かつ共に関わりながら学ぶ環境を作る「インクルーシブ教育」への改善勧告だった。

２０２１年現在、特別支援教育を受ける子供は約54万人。10年前に比べて倍増した。しかしインクルーシブ教育に関しては、教員の質の向上や専門性、他職種との連携、さらに障害特性に対する理解が求められるなど、いまの日本では解決すべき問題が山積みにされている。

「たしかに」と、藤井克徳さんは言う。

「普通校での不登校が年々増え、２０２３年度は前年度より約16パーセント増というデータもあるなか、そういう環境に障害児が入れられたら、それこそたまったものではない。教員や環境の質を向上させた上で、ヨーロッパのように複数担任制にするとか、２つの学校に籍を置く二重学籍を取り入れるなど、思い切った改革をしない限り、現時点でのインクルーシブ教育の導入はとても無理でしょう。

障害者の労働に関しても同じです。いまの競争原理が強い日本市場では、そこで働く多くの障害者が人間関係などで傷つき、疲れ果てているという現実があるのです。そういう環境に『共生だ』と障害者が無理やり入れられても、彼らは二の足を踏むだけです。障害者権利委員会はそういうことも見越して、日本にいろいろ勧告を出してきたわけです」

医療モデル、社会モデルから人権モデルへ

同権利委員会による総括所見では、グループホームの存在さえも否定された。「特定の施設形態に置かれている者」として、どこで誰と住むかを選択する機会が限定的であるというのが理由である。

「これに関しても、地域資源が十分でない日本では、グループホームをなくすと、多くの障害者が路頭に迷ってしまいます。それでも障害者権利委員会は『障害者が自分の生活について選択及び管理することを可能にすること』という努力目標を日本に課した。ようするに、障害者権利条約では権利の主体は支援者にあるのではなく、障害者本人にあるのだというこ

とを徹底的に追求しているわけです。あくまでもそれを基点とした上で、広い視点から障害というものを総動員して解決に当たろうとしているんですね。

障害者施策において、かつては医学モデルが主流でした。つまり、障害だけをいじくり回し、当人を見ないという考え方です。

次に社会モデルが登場した。たとえば、麻痺があっても、スロープがあれば移動できるように、半分の問題は本人に属するが、もう半分の問題は社会に属するという考え方です。

そして、その次に生まれたのが、障害者権利条約が掲げる人権モデルです。この人権モデルは新たな概念であり、現段階で明確な定義があるわけではありません。はっきりしていることは、徹底して障害当事者を主体とすること、そして問題解決に力を尽くすということです。解決モデルと言ってもいいと思います。

つまり、障害の発生をわかりやすくしたのが社会モデルで、障害の発生の理解だけでなく問題解決まで展望すべきとしているのが人権モデルなのです。この人権モデルをベースにして、障害者権利委員会は日本に勧告を下したわけです」

「父権主義（パターナリズム）」からの脱却

障害者権利委員会が要請する「人権モデル」の徹底化と、一方で同権利条約批准以降も後を絶たない障害者施設での虐待事件の数々。この矛盾を生じさせる根本的な「障壁」とは、いったい何なのか。

同権利委員会が日本政府に提出した総括所見の「主要分野における懸念及び勧告」のなかには、「委員会は、以下を懸念する」として次のような所見が登場する。

〈障害者への温情主義的アプローチの適用による障害に関連する国内法制及び政策と本条約に含まれる障害の人権モデルとの調和の欠如〉

藤井さんはこれこそが、75所見のすべてに包括的に関わってくる文言ではないかと言う。

「ここにある『温情主義的アプローチ』は、原文を見ると『パターナリステック・アプローチ』になっています。これは誤訳で、『温情主義』ではなく『父権主義』と訳した方が正しい。つまり、日本特有の家父長制の名残りが、日本の福祉にも引き継がれていることを指摘しているのです。

当事者の意思や希望に関係なく、行政や医師などの支援者が自分たちの考えを押しつけてしまう。お前に何が必要かは、おれたちが知っている。つべこべ言わずに、黙っておれたちに従えというわけですね。あえて言うなら、温情主義と同情主義、権威主義の合わさったものが、父権主義ということになるでしょう。

たしかに、入所施設や精神科病院は父権主義に満ち溢れています。たとえば入院者が『退院したい』と言っても、『病院にいれば、３食付きだし、冷暖房も完備している。いまさら地域に出ても大変だよ』などと平気で言う。入所施設もそれと同じで、この父権主義が行きすぎたとき、虐待も行なわれやすくなるのだと思います」

虐待を生む父権主義。「パターナリズム」とも呼ばれるこの家父長的な「支援」、それも極端な父権的支援が、私が勤務するＴ作業所でも横行していた。

2

反省文の強要

Ｔ作業所の利用者の反省文が、スタッフルームのテーブルの上に無造作に置かれている。

〈わるいことしたらあやまる。おなじことくりかえさない。おかあさんかられんらくくるま

でまつ〉

〈しょくいんさんへ　このまえは口ごたえしたり、あばれたりして　めいわくをかけてしまいました。ごめんなさい。これからはしょくいんさんの言うことをきいて、まじめにさぎょうします〉

〈わたしはスマホのリクエストばかりして、みなさんにめいわくをかけてきました。こんごはリクエストしないとちかいます。これはじぶんできめたことです〉

最初はアベッチの反省文。残りの2つは女性利用者が書いた反省文である。

もちろん、彼らが自ら進んで書いたものではない。すべて強制的に書かされたもので、その文面にしても半ば押しつけられた内容に終始している。


T作業所にはスマホを所有する利用者が若干名いた。統合失調症の蔵重さんもその一人で、彼は他の利用者に求められるまま、いつも気前よく音楽やスポーツなどの動画を見せてきた。しかし、T作業所内ではいつしか動画の視聴が禁止になった。たとえ、休憩中であっても、である。理由は私にもわからない。

作業が早く終わったある日のことだった。帰りの送迎時間まで30分ほどあったため、暇を持て余した蔵重さんが、自分のスマホをこっそり見ていたことがある。そこに常勤職員のU子さんのヒステリックな怒声が飛んだ。

「スマホ、没収するよ！　それでもいいの⁉　何度言ったらわかるの⁉　禁止って言ってるでしょ！」

スマホは蔵重さん本人が所有するもの。誰にどんな権利があって没収できるのか。

その蔵重さんも「スタッフに迷惑をかけた」という理由で、反省文を書かされたことがある。前記したように、統合失調症の蔵重さんは、かつて強い幻聴に悩まされていた。幻聴がひどくなると、その場を逃げ出したい衝動に駆られる。気がつくとT作業所を飛び出していた――ということが何度かあった。

あるときは2時間ほども姿をくらました。その間、蔵重さんは幻聴の魔の手から逃れようと、地元の公民館や図書館に駆け込んでは、必死のSOSを発信していた。あろうことか、彼はそのことでJさんに反省文を強要されたのである（私はかなり後になって知った）。

幻聴で苦しむ統合失調症者のなかには、意思コントロールが利かず、突如出奔するケースも多い。これは統合失調症の陽性症状に付随した特性の一つで、Jさんの統合失調症に対する無理解ぶりに、腹が立つというより呆れ果ててしまった。

無理解ぶりと言えば、反省文を書かせること自体、知的障害のある彼らにとって混乱の元になりうることも、T作業所の社員はまったく考慮することがなかった。

*

アベッチは成人式を迎えたばかり。異性への興味を持ち始めるのは、むしろ当然のことで、ある女性パート職員に恋をしてしまった。しかし、いかんせん正直すぎる。「○子さんとお風呂に入りたい」などと、欲求をそのまま口に出してしまう。そのたびに職員の叱責を食らった。

「心で思うだけにして、口には出さないように」と私も何度か注意したが、「そうする」と言いながら、また同じことを口走る。あるとき、恋する女性スタッフに「一緒にトイレに入りたい」との要請を断られ（当然だが）、カッときたアベッチがその女性の肩を叩いてしまった。

このときもアベッチは社員に雷を落とされた上、反省文を厳命された。しかし、何をどう書いていいのかわからない。私に泣きついてきた。

「○子さん、叩いてごめんなさい。もうしません」

という簡単な文言だけを教えた。アベッチがその反省文を手にスタッフルームのU子さんを訪ねると、いきなり甲高《かんだか》い声がドア越しに響き渡った。

「これじゃ、ダメでしょ⁉　自分が何をしたか、知ってるの⁉　具体的に書きなさい！」

項垂れて戻ってきたアベッチが、またもや私に泣きついてきた。

「具体的って何？　書き方、わからない。どうしたらいい？」

以前、別のパート職員に反省文の書き方を教わったが、それを忘れてしまったという。

「じゃ、言う通り書いてごらん」と、口述による筆記をさせた。その途中でアベッチが「これからは心のなかで思うようにしますって書く？」と聞いてきた。その正直さに苦笑した。

「それを書いたら、また叱られるよ」

そうこうするうちに、何とかアベッチの筆で「具体的」な反省文が仕上がった。が、一緒に付いてきてほしいと、懇願してくる。U子さんがそれほど怖かったのだろう。

「一人で行ってごらん。大丈夫だから」

あえて突き放した。アベッチは反省文を手に、おずおずとU子さんのいるスタッフルームのドアを再びノックした。

「うん。これでいい」

U子さんの声が聞こえた。アベッチは両腕で私にOKサインを示すと、小走りで戻ってきた。

だが、はたしてこれで一件落着だったのか。

反省文の強要。それはスタッフと利用者の分断を生み、支配者と被支配者の関係を明確に浮き彫りにさせるだけの、文字通りの愚行にすぎない。

蔓延するパターナリズム

「Nothing About Us Without Us（私たち抜きに私たちのことを決めないで）」

障害者権利条約の合言葉であるこのフレーズは、地域保健活動のパイオニア的な存在で、自らも筋萎縮症の障害を抱えるデビッド・ワーナーが、1998年に同タイトルの書籍を出版したことから、障害者自立運動のスローガンとして全世界に広がっていったという。

では、このスローガンの逆は何なのか。

「当事者たち抜きに当事者たちのことを決める」

すなわち、パターナリズム（父権主義）の徹底行使である。

T作業所ではこのパターナリズムが蔓延していた。利用者に関する「ヒヤリハット」や

「事故報告書」の記載をやたらとパート職員に要求したのも、その一つの顕《あらわ》れだったかもしれない。

「ヒヤリハット」とは事故や災害を被る一歩手前の状況に遭遇し、「ヒヤリ」とさせられた案件報告。「事故報告書」は文字通り事故が発生したときの案件報告だが、取るに足りない些細な案件までもこれらに組み入れることで、利用者たちに対する監視の目と制約は当然ながら強化される。

あるとき、智ちゃんが「○×スーパーに行ってくる」と言い残し、T作業所からふらっと出て行った。パート職員が即刻後を追い、智ちゃんはすぐに連れ戻されてきたが、彼は無断で姿を消したわけではない。私たちに行き先を告げており、何らかの危険に晒されたわけでもなかった。本来ならヒヤリハットにも相当しない案件だろう。

ところが、この取るに足りない案件について、社員のU子さんが私たちに命じたのは、驚いたことに事故報告書の記載だった。

「一人で作業所の敷地外に出たから」

これが理由である。

監視の目

Ｔ作業所の利用者に対する監視の目は、私生活の細部に及んだ。Ｕ子さんなどは、支援者付き添いの個人の買い物の中身まで細かくチェックした。買った先で食べてしまえばいいものを、アイスクリーム類の個人購入は、たとえ真夏でも禁止。利用者に応じて、菓子類の内容や購入個数に制限を課し、しかも個包装のものを購入するよう強要する。なぜか、利用者によって飲み物ＯＫの者とＮＧの者まで区別した（おそらく肥満度に応じていたのだろう）。利用者が指示に反したものを買ってこようものなら、Ｕ子さんは例によって怒り出す。ときに次週からの買い物禁止の命を下し、付き添いの支援者にも「気をつけるように」と警告した。

ある女性利用者は家電量販店に連れて行ってほしいと、いつもせがんでいた。スマホに興味を持っている。購入するには高価だし、購入したとしてもさすがに使いこなせそうもなかったが、「見るだけなら」と、ある日個人の買い物を終えたその足で、近くの家電量販店に連れて行った。

そこでアニメのイラストが入った女の子用の小さなバッグを見つけた。彼女はそのバッグをすっかり気に入ってしまった。値札を見ると、税込１０００円程度とそれほど高くない。

彼女は自分からこう約束してきた。

「このバッグ買いたい。来週、お菓子我慢するから」

個人の買い物１回分の小遣いは、１０００円までと決められている。お菓子を１週間、長くて２週間も我慢すれば、バッグを購入することができた。

しかし、このささやかな願いも、「何でも買えると思ったら本人のためにならない」という社員の一声で、儚《はかな》くも消えてしまう。彼女はしばらくそのバッグに執着していたが、数ヶ月後には何も言わなくなった。

＊

一方、強制入院の難を逃れた前出の鳥内さん（１２６ページ参照）。その後、彼は以前にも増してＴ作業所による徹底した監視・管理下に置かれた。喫煙だけでなく、菓子などの間食禁止も相変わらず継続され、食べるものと言えば、カロリー制限された３食のみに限定された。

それが祟《たた》ったのか、鳥内さんの頬はみるみるうちに痩《こ》け、数ヶ月後には体重が10キロ以上落ちた。それでもルール違反による懲罰は継続され、彼にようやくおやつ解禁の「恩赦」が下ったのは、強制入院騒動から半年以上も経った頃である。

ティーバッグの紅茶、スティックコーヒー、個包装の菓子一袋。これが、社員と合意した――というより半ば決められた――1回1週間分の買い物内容だった。

ただし、条件がつけられた。加糖やミルク入りのスティックコーヒーを買うときは、菓子がNG。無糖のコーヒーの場合に限って、菓子購入が許されたことである。鳥内さんは殊勝にもこの制約に従ったが、しばらくするともう一つの欲求が頭をもたげてきた。

喫煙欲求である。

「一本だけでいいです」

ある日の個人の買い物。付き添いの私に、鳥内さんが懇願してきた。

「せっかく何ヶ月も我慢してきたんだから、いっそのこと禁煙したら?」

私は一応、釘を刺した。

「休憩時間に他の人が吸っているのを見たら、吸いたくなって……。これで最後にしますから」

しかし、「これで最後」とはならなかった。その後も鳥内さんはたびたびタバコを要求してきた。「これで最後にします」が相変わらずの弁明で、ついに私の堪忍袋の緒も切れた。

「なんで、そんなにＴ作業所にビビってるの⁉　鳥内さんはＴ作業所の利用者、会社に利益をもたらすお客さんだよ！　お菓子だって自分のお金で買ってるんだし、Ｔ作業所に禁煙を命令される筋合いもない。もっと堂々としなきゃ。喫煙を再開したかったら、自分から社員に言うんだよ。『タバコ吸っていいですか？』じゃなく、『タバコ吸います』って」

「わかりました。聞いてみます」

と、言ったものの、鳥内さん自身による喫煙再開の要望は、あっさり却下された。「ならば」と、私が彼の喫煙再開を訴え出た。

「鳥内さんと相談してみます」

施設長の返事だった。しかし後日、首を傾げるような話が待っていた。鳥内さん本人が、「自分の意思」で禁煙を継続することにしたのだという。

何のことはない。ここでも交換条件が出されていたのである。

「『お菓子かタバコか、どっちかにしなさい』と言われたんです。タバコは吸いたいけど、お菓子も食べたい。いろいろ考えて、お菓子に決めました」

その後、鳥内さんはもう一度、喫煙の再開を社員に願い出た。だが、Ｔ作業所に根を張るパターナリズムは、もはやそのささやかな願いさえも、あっさりと打ち砕いてしまう。

「調子に乗ってるんじゃないの！」
鳥内さんに打ち下ろされた、U子さんの一撃だった。

＊

同じ頃、かっちゃんのある行為が、職員間で問題視されていた。各グループホームには食品会社から定期的に食材が届けられる。冷蔵と冷凍の発泡スチロール箱で届けられるその食材の仕分け作業を、Dホームではかっちゃんが自ら率先して行なっているという。

本来、世話人がやるべき仕事を、一利用者が行なう。そのことを問題視しただけでない。Jさんはこんな失礼なことまで口にした。

「勝見さん（かっちゃん）はホームを仕切りたいんですよ。ようするに、目立ちたいだけなんです」

この発言があった日の昼食前、気の毒にも目をつけられたかっちゃんは、社員の待つミーティングルームに呼ばれた。戻ってきたかっちゃんの顔が、いかにも不満そうだった。

「イラッときたよ。あと1キロでも体重増えたら禁煙だって」

「マジで？」

私もイラッとして言葉を返した。

「体重とタバコは関係ないでしょ？　それに、かっちゃん、それほど太ったわけじゃないのにね」

「太ったと言っても、ほんの１キロぐらいだよ。頭にきたから部屋出ようとしたんだ。そしたら、またＪさんに腕を強く掴まれて」

数日後、かっちゃんへの禁煙命令が、理不尽にも下った。これまでたびたび下されてきた「懲罰」としての禁煙命令ではない。かっちゃんが言った通り、ダイエットを促すための発憤材料としての禁煙命令だった。

「昨日、勝見さんと話し合って決めました」

朝礼でＵ子さんは言った。

「勝見さんも納得してます」

だが、その言葉を信じるわけにはいかない。

「納得なんかしてないよ」と、案の定かっちゃんは口を尖らせた。

「社員から一方的に禁煙を言われただけなんだから。お菓子も禁止だし、これでまた楽しみが何もなくなっちゃった」

それにしても、「当事者抜きに当事者のことを勝手に決める」T作業所。かっちゃんへの理不尽な禁煙命令には、喫煙習慣のないIさんでさえ呆れ果てていた。

「太ったから禁煙だなんて、バカバカしくて話にならんよ。福祉の意味がわかってないんじゃないか？　この作業所は」

交番に駆け込んだ利用者

T作業所が徹底する監視的な懲罰主義。

アスペルガー症候群の育子さんは、最もその「被害」に遭ってきた利用者の一人だったかもしれない。彼女の買い物禁止はいつものことで、長いときは買い物禁止期間が４ヶ月以上にも及んだ。ジュース類はなぜか、永続的に禁止されている。必要な衣類は女性職員が代理で購入し、下着までも彼女の嗜好を無視する形で、勝手に買われた。

「洋服や下着ぐらい自分で選んで買いたいよ。欲しい下着だってあるんだから。この施設、おかしくない？　みんなお金儲けしたくて、私たちを利用してるんでしょ？」

あるとき、その育子さんがついに実力行使に出た。それも、持ち前の知的能力と機転を活かした大胆な行動である。

行楽行事を終えて、私が数人の利用者とともに送迎車でT作業所に戻ってきたときだった。すでに到着していた電車組引率の女性職員の一人が、困惑気味にこう言ってきた。

「本宮さん（育子さん）、帰りに駅前の交番に駆け込んだのよ。『虐待されてます！　助けてください！』って。Jさんが慌てて追ったけど、いま2人は警察官の事情聴取を受けてるところよ。本宮さんは電車のなかでもシートの匂いを嗅ぐし、ホント困ったものだわ」

「そんなことがあったんですか」

私は答えた。が、心の底では彼女の勇気に対する拍手喝采を送っていた。

利用者の大半が携帯電話を所持していない。グループホームには電話があったが、それにはロックがかけられている。発信するときは、暗証番号でロックを解除しなければならず、利用者にはその暗証番号が教えられていなかった。おまけに、ほとんどの利用者がT作業所に小遣いを管理される身。休日の外出も禁止され、一枚の切手さえ買うことができない。

つまり、外部に窮状を訴えようにも、彼らには肝心要の通信手段が用意されていなかったのである。

「本宮さん、一石を投じたと思いますよ」

私はそう付け加えたが、一方ではその一石もJさんによって打ち砕かれるのではないか。そういう危惧も抱いていた。

Jさんの弁舌は理詰めで滑らか、ときに詭弁も巧みに操る。そのJさんが一緒で、はたしてどこまで育子さんの訴えが届くのか。

その後、2人は本署に身柄を移され、そこでも事情聴取を受けたが、案の定「虐待は認められない」として解放された。

育子さんを待っていたのは、またもや買い物禁止の懲罰だった。交番に駆け込んだこと。電車内でシートの匂いを嗅いだこと。この2つが理由である。

「もうイヤだ、ここ」

育子さんはうち沈んだ表情で何度も言った。

「私、いつまでここにいなくちゃいけないの？　死ぬまで？　ここ早く出たいよ。違う施設に行きたいよ」

3

コロコロ変わる一方的なルール

T作業所のパターナリズムと懲罰主義がエスカレートしていったのは、明らかにU子さんが入職してからである。彼女は「ルールを破った」と言っては、利用者を頭ごなしに叱り飛ばし、ときに突き放すような完全無視（ネグレクト）を決め込んだ。

ただし、「ルール」と言っても、それはT作業所が一方的に決めたものである。しかも、「ルール」そのものが、その日の社員の気分や都合でコロコロと変わる。私も何がT作業所のルールなのか、皆目わからなかった。

利用者を服従させるための常套手段として、U子さんはより多くの懲罰を用いた。反省文を書かせ、買い物やおやつ、タバコを禁止しただけでない。障害福祉サービスの利用や行事参加など、利用者が最も楽しみにしているものまで取り上げた。

たいがいの利用者は大人しく服従したが、そのことでU子さんと衝突する利用者も何人かいた。その代表格とも言える存在が、中度の知的障害のある「キコちゃん」である。U子さんとキコちゃんのバトルは激烈さを極めた。この2人の衝突はあまりにも頻繁に起こったため、ここにすべてを書くスペースはない。

では、U子さんやJさんは支援者としてどんな考えを抱き、利用者との関係において自分をどんな立ち位置に据えていたのか。そして、キコちゃんなど一部の利用者は、それに対してどんな反旗を翻《ひるがえ》したのか。

以下、そのささやかなエピソードを紹介しつつ、話を進めていく。

恋愛禁止

キコちゃんは躁と鬱の双極傾向を持つ中度の知的障害者である。物心ついた頃に入所施設に預けられ、そこで人生の多くを過ごしてきた。所帯を持つ兄はいるが、大好きだった父親はすでに亡くなり、母親と言えば所在が不明である（少なくとも、キコちゃん本人は、その所在を知らない）。

本来の性格は明るく陽気である。お節介焼きで、他の利用者に対する面倒見も良い。その反面、気分の波が激しく、はしゃぎまくっていたかと思えば、ちょっとしたことで一気に落ち込んだり、はたまた暴れ出したり……と、何かと忙しい。

そのせいか、T作業所からは多くのペナルティを科せられ、個人の買い物は頻繁に禁止された。福祉サービスの利用を中止されたり、行事からただ一人外されたりしたこともある。


ある日、個人の買い物を禁止されたことで、彼女はそれを撤回させるべく、社員に話し合いを求めた。しかし、いくら粘り強く求めても、社員は2階の事務室に籠もったまま、一向に姿を現さない。キコちゃんは苛立ちを募らせ、とうとう興奮状態に陥ってしまった。

「どうしてここは、買い物にも行かせてくれないんだよ！」

彼女は作業所内で何度も大声を張り上げた。私は書きかけのサービス提供実績記録票を閉じると、「ちょっと外に出ようか」

そう言って、彼女をT作業所の玄関先に連れ出した。

キコちゃんは私に訴えた。

「以前いた施設なんか、一人でもコンビニとかに行かせてもらえたんだよ！　500円玉持たされてさ。何時から何時ぐらいまでどこそこに行くと伝えて、500円を超えないように買い物してきたんだ。で、戻ってきたら職員さんが確認の判子を押してくれたの。なのに、ここはどうして何もかも禁止なの？　おかしいよ！　恋愛だって禁止じゃないか！」

キコちゃんの訴えはしだいに熱が籠もり、声も大きくなった。

「T作業所に好きな人、いるんだよね？」

「いるよ。でも、デートはダメだって言われた」

「誰に？」

「U子さんに」

「デートぐらいしたっていいのにね？」

この私の問いかけが、彼女の興奮を刺激したのかもしれない。キコちゃんのトーンがさらに上がった。

「だって、障害者は結婚しちゃダメなんでしょ!?」

「そんなこと誰に言われた？」

「スタッフに言われた」

「そんなことないよ。障害があっても恋人を作ったり、結婚したりした人なんか一杯いるんだから」

「でも、結婚できないって言われたんだもん。ここは、あれダメ、これダメが多すぎるよ！

Ｊさんだって、この前、結婚したじゃないか！　おかしいよ。つまんない。ここ出たいよ！」

「今日はどうして、そんなに不穏になっちゃったの？」

「Ｕ子さんに『買い物に行けないんなら、他の施設に移りたい』って言ったの」

「それで？」

「『じゃ、勝手に出て行けば』って言われた」

ここでキコちゃんの怒りが一気に炸裂する。いきなり地面に横たわると、手足をばたつかせながら大声を張り上げた。

「キコだって頑張ってるんだよ！　なのにＵ子さん、何も話聞いてくれない！　キコの気持ちわかってくれない！　イライラするよ！　一人で買い物行くのが無理だって言うんなら、せめてその練習ぐらいさせてくれたっていいじゃないか！　Ｕ子さんなんか、いなくなってほしい！」

そこに、２階の事務室からＪさんが降りてきた。

「川上さん（キコちゃん）、何騒いでるの？　みんな迷惑してるよ」

相変わらず、威圧的な低い声である。

「ごめんなさい」

威勢がしぼみ、彼女は年下のJさんに涙声で謝った。

「次また迷惑かけたら、どうなるかわかるよね?」

Jさんは凄《すご》んだ低い声で念を押すと、2階の事務室に戻った。キコちゃんは地面にしゃがみ込んだまま、しばらく俯いていた。社員に対する不信感と怒りの狭間で、心のどこかに「ここを放り出されたら、自分は生きていけない」という想いがあったのかもしれない。

「外でずいぶん騒いでいましたね」

スタッフルームに顔を出すと、女性パート職員が言った。

「以前いた○子さんは良い子だったのに、その○子さんがここを出た代わりに、あんなうるさい利用者が入ってくるんだから、堪《たま》んないわ」

頓服薬の出し渋り

統合失調症の蔵重さんが、朝から憤っている。前夜、夜勤の世話人が、「U子さんが口にした言葉」として、こんなことを言ったという。

「蔵重さんには病気を治そうとする意思がない」

前記したように、蔵重さんは単剤療法に切り替えてからというもの、顔の浮腫が消え、幻聴のレベルも低下した。しかし、症状が寛解したわけではない。減薬後も体調の浮き沈みに襲われることがあり、彼はたびたび作業の進行を滞らせた。理不尽にも、社員を含めた一部の職員からは、それを「怠業」と見なされてもいる。

蔵重さんが憤るのも無理はなかった。病状の快癒に向けて、本人なりの努力を重ねている。「太陽の光を浴びること」との主治医のアドバイスを守り、集団散歩には必ず参加した。母親付き添いの2週間に一度の受診の際には、病院の作業療法（OT）にも参加した。それだけではない。次のステップとして週に1日、他法人が運営する就労継続支援B型施設（作業所）に通うようにもなった。

就労継続支援B型とは、一般企業などへの雇用契約による就労が難しい障害者に対して、能力向上のための就労の機会や生産活動の場を提供する障害福祉サービス事業の一つである。

「なのに、そういう言い方をされたんです」

蔵重さんの怒りは収まらない。

「おれだって必死に病気と闘い、何とか治そうとしてるんですよ。腹が立って、朝まで眠れませんでした。母親にもU子さんが言ったこと、電話で伝えました。『病気が治らないからお薬飲んでいるのに、その言い方はひどいね』と、母親も怒ってました」

＊

蔵重さんには1日1錠の向精神薬の服用以外に、突発的な症状に備えた頓服薬も処方されていた。突発的な症状とは、主に手の強ばりである。蔵重さんによると、形容しがたい不快感が伴うらしい。

T作業所において、こうした利用者の薬物はスタッフルームで管理されていた。蔵重さんは急な症状に襲われるか、その予兆を察するたび、頓服薬をもらうためスタッフルームのドアをノックした。

だが、T作業所のほうでは、蔵重さんに対して「薬に頼らない方法を模索する」という支援方針を打ち出し、その旨をホワイトボードにも記していた。蔵重さん本人の同意をとったわけではない。あくまでも社員の恣意的な考えによって付随的に加えられた支援で、ここでいう「薬」とは主に頓服薬を意味した。

U子さんやJさんといった社員は、蔵重さんが頓服薬を要求しても、何かともったいを付けてそれを出し渋った。一部のパート職員もそのやり方に倣った。

Jさんからはよく、「調子悪い？ 嘘《うそ》でしょ？」などと他人事《ひとごと》のように言われた。「冗談じゃないの？」と言われたこともある。

蔵重さんはしだいに苛立ちを募らせていった。頓服薬を出し渋るU子さんに「調子悪いって言ってるんだよ！」。そう声を荒らげたこともある。

蔵重さんの主治医は「頓服は1日3回まで。2時間空ければ、次の頓服薬を服用してもいい」という指示を出していた。そのことを蔵重さんや彼の母親が訴えても、社員はなかなか信用しようとしない。挙げ句の果てに、Jさんは「そのことを主治医に一筆書いてもらうよう」蔵重さんに要求した。

「そんなこと頼んだら、先生がヘソ曲げるよ」

私は一応、釘を刺したが、蔵重さんはJさんの要求に唯々諾々《いいだくだく》と従った。

案の定、主治医は、「障害者をバカにしてるんじゃないか!? 病気のことを何も理解しようとしない。文句があれば、直接こちらに言ってくればいいんだ！」と立腹し、処方の筆をなぐり書きしたという（その一筆は私も確認している）。

それでも、状況は何も変わらなかった。T作業所ではそれ以後も頓服薬の出し渋りが続き、この一件は主治医の機嫌を損ねるだけで終わった。

蔵重さんは吐き捨てるように言った。

「ホント頭にきますよ。ここには、もう長くいられません。このT作業所、ぶっ潰してやりたいです！」

ネグレクト

蔵重さんがT作業所に対する不信感を募らせていた頃、キコちゃんとU子さんの衝突も、より激しさを増していた。あるとき、言葉の応酬を頭ごなしに封じ込まれたことで、キコちゃんがU子さんの体を押してしまった。

キコちゃんはその場で行事の参加を取り消されたが、数日後U子さんとの和解を自ら求めてきた。

ところが、U子さんは和解に応じるどころか、近づくキコちゃんに無言で背を向け、視線を合わせようともしない。完全なネグレクトである。

思いあまって、U子さんに言った。

「彼女はあなたと話をしたいんですよ」

U子さんは射るような目を私に向けると、

「社員は忙しいって、言っといてください」

そのまま2階の事務室に姿を消した。

それから数日後、かっちゃんに「ババア」と呼ばれたことでキコちゃんが泣き出し、U子さんに同情を求めた。

「周りの気を引きたくて泣いただけでしょ?」

その突き放すような言い方に、またもやキコちゃんが怒りを炸裂させた。

「あんなの社員じゃない！　何でもかんでも、キコに辛《つら》く当たって！」

利用者が不穏に駆られるのは、多くの場合、職員の心ない一言が引き金になっている。キコちゃんとU子さんのバトルにしても、U子さん自身の抑圧的な言動がその発火点になっていたが、一見平穏無事と思える雰囲気のなかでも、その火種が燻っていることに変わりはない。

＊

ある日のT作業所。キコちゃんは朝から穏やかな様子を見せ、午前中を殊勝な態度でタオルをたたむ作業に費やしていた。それが一変したのは、昼食前のことである。

消毒液のスプレーを手に、キコちゃんが食卓を布巾で拭こうとした。が、いくらレバーを引いても、消毒液が出てこない。彼女は意地になると、何度も腕を振り上げては消毒液のレバーを強く引いた。そこに、U子さんが険しい顔つきでやってきた。

「あなた、何ふざけてるの⁉」

「ふざけてない。中身が出てこないんだもん」

この必死の弁明を無視して、U子さんはその場を離れた。このことで、キコちゃんの怒りが瞬時に沸騰した。

「何も悪いことしてないのに叱られた！　U子さんに謝ってほしい！」

キコちゃんは玄関の外で横になり、手足をばたつかせながら喚《わめ》き散らした。そこに、向かいの家から一人の中年男性が、憤怒の色を湛《たた》えて出てきた。

「うるさい！　子供が怖がってるんだよ！」

キコちゃんを恫喝したこの中年男性は、明らかにT作業所に対して悪意を抱いていた。私たち職員だけでなく、利用者が挨拶しても、挨拶が返ってきたためしがない。

「ごめんなさい。ごめんなさい」

その中年男性にキコちゃんは何度も謝った。男性は「チッ」と苦々しく吐き捨てると、自宅に消えた。

だが、これで事態が収束したわけではない。キコちゃんが走り出した。それを追ったのは、男性パート職員のＡさんと私だった。

Ａさんは冗談好きな側面もあったが、生真面目な性格の持ち主で、利用者を叱るときは厳格にして高圧的な人物に変貌する。

キコちゃんは近所の小川まで走った。それから金網をよじ登り、身を投じようとした。

「お父さんも死んだし、キコも死ぬ！」

Ａさんがそれを止め、キコちゃんを引きずり降ろした。

「死んでどうするんだよ！　お父さんだって悲しむぞ！」

小川は川底まで３メートルほどあった。申し訳程度に水がチョロチョロと流れ、河原には雑草が生い茂っている。飛び降りると、怪我はするだろうが、命を絶つまでに至るとは思えない。しかし、キコちゃんが絶望感に喘《あえ》いでいることだけは確かだった。

「もうここ出たい！　出してくれなきゃ、死ぬ！」

「いつもそう言ってるね？」

私は聞いた。

「相談員さんとか後見人さんにはそのこと訴えたの?」

「この前、相談員さん来たとき、ここ出たいって言ったよ」

「そうしたら?」

「もう少し頑張りましょうって言われた」

キコちゃんの興奮が少し収まってきた。

「施設長は同席していた?」

「一緒にいた。だから、いろんなこと話せなかった。相談員さんや後見人さんが来ても、いつも社員が一緒にいるんだよ。本当の気持ちなんか言えないよ」

「今度、相談員さんとかが来たら、社員抜きで相談してごらん」

「うん」

キコちゃんの興奮が収まったので、3人でT作業所に戻った。

「U子さん、ごめんなさい」

キコちゃんが謝ると、こう切り返された。

「迷惑かけたスタッフさんに謝りなさい!」

キコちゃんはAさんと私にも身を小さくして謝ってきた。

「ごめんなさい……」

だが、ここでも一件落着とはいかなかった。

「障害者になりたくてなったんじゃない！」

キコちゃんの騒動があったとはいえ、この日は作業が思わぬ早さで完了した。天気が良かったので、６人の利用者を引き連れて少し長めの散歩に出た。その途中コンビニで甘菓子を買い、みんなで分け合って食べた。

和気藹々とした時間を堪能して、午後4時頃、T作業所に戻ってくると、玄関先でキコちゃんとAさんが激しく揉み合っていた。

Aさんがキコちゃんを上から押さえつけた。

「本間さんのようにするぞ！」

本間さんとは「ヤス君」のことで、前記したように彼は暴れるたびに男性スタッフに馬乗りにされ、力ずくで押さえられてきた。

「そっちが先に手を出したんじゃないかぁ！」

キコちゃんが泣き叫んだ。しかし、大柄なAさんに力で敵《かな》うはずもなく、彼女の反撃の機会は奪われていた。

いったい何が原因だったのか。

T作業所では帰りの送迎前に、利用者個々がその日にグループホームで食べるおやつを各ホームの籠に入れる。鳥内さんやかっちゃん、育子さんなどは、おやつの禁止、または制限措置をとられていたが、それ以外の利用者についてはそれぞれの「太り具合」に応じて、主にU子さんや女性パート職員が恣意的におやつの分量を決めていた。

キコちゃんの不穏状態がぶり返したのは、自分に割り当てられた菓子が少なかったからだという。彼女は少なくとも肥満体質ではない。

「こんなところにいたくない！　ホームに帰る！」

Aさんの馬乗りの難を逃れたキコちゃんは、作業所に入って自分のバッグを手に出てくると、そのまま走り出そうとした。

「もうすぐ送迎だから」と、私がそれを押しとどめた。

そこにAさんがやってきて、こう吐き捨てた。

「おれは、障害者が嫌いなんだよ！」

この一言で、キコちゃんが完全にキレた。

「障害者になりたくてなったんじゃない！」

彼女は激情的に喚き散らした。

「みんな障害抱えてここにいるんだ！　そんなこと言ったら可愛想じゃないかぁ！」

作業所内に入り、手当たり次第に物を投げつけた。それだけでは物足りず、椅子を蹴飛ばし、机をひっくり返し、他の利用者の肩まで強く叩いた。

「やめなさい！」

スタッフの怒号が飛んだ。

「あのＡが障害者は嫌いだって言ったんだよ！」

キコちゃんはＡさんを呼び捨てにした。

「おお、そう言ったよ！」

Ａさんが勢いよくキコちゃんに迫ってきた。が、興奮のあまり次の言葉が出てこない。

「だから……」と言ったまま、押し黙ってしまった。

キコちゃんがうずくまって泣き始めた。スタッフや他の利用者は、その背中を無言で見つめるだけだった。殺伐として切ない空気が所内に流れた。

Ｔ作業所が作成したキコちゃんの個別支援計画書の一文が、ふと頭をよぎった。

〈気分の波が激しく、物を投げつけたりの物品破壊に及ぶこともあるため、傾聴によって気分を落ち着かせる……〉

あたかも物品の破壊が、障害の特性のように書かれていた。しかし、障害それ自体は先天性、後天性を問わず、ある意味で自然なものである。障害の特性も自然発生的なものだが、その特性に良くも悪くも色を付けるのは、私たち「外部」の人間なのではないか。

何度も読み返した障害者権利条約の前文の一節も、脳裏をかすめた。

〈障害が、機能障害を有する者とこれらの者に対する態度及び環境による障壁との間の相互作用であって……〉

まるで謎が解けたような想いだった。

このとき私は、キコちゃんだけでなく知的障害者すべての障害特性が、「マジョリティ」と呼ばれる私たち多数派によって作り出されていることを、緩やかに悟った。

第5章　知的障害者の「当事者主権」を実現するために

1

独り暮らしの知的障害者

そこは、モダンな建物と古びた民家が混在する迷路のような住宅街だった。ようやく空が明らむ頃で、人通りはほとんどない。近くの神社の雑木林から野鳥の囀《さえず》りが聞こえてくる以外、辺りはひっそりと静まりかえっていた。

2023年11月21日。その日の早朝、私は花園ラグビー場に近い東大阪市の閑散とした街中で、ある知的障害者が「一人で」暮らすアパートを探していた。

江頭祐司さん（仮名）。強度の行動障害が併存する自閉症者である。

私に不安がなかったと言えば、嘘になる。この前夜、私は江頭さんの障害特性について、支援者の一人からこう聞かされていた。

「特別支援学校に在籍していたときは、ガラスを割ったり、大声を上げながら先生たちに掴みかかったりと、大変だったそうです。肩や指に噛み付かれ、裂傷を負った人がいたとも聞きました。

卒業後は入所施設で十数年暮らし、その後はグループホームに住むようになりましたが、そこでは他害行為だけでなく、自分の手を噛んだり、2階から飛び降りたりの自傷行為も目立つようになったそうです。結局、『支援が難しい』とグループホームを出され、生活介護事業所などの日中活動の場からもことごとく受け入れを拒否されてしまったんです。

その後、行き場を失った江頭さんは、精神科病院に入院しました。そこで数年過ごしたのち、再び入所施設で生活するようになりましたが、いまから3年ほど前、うちの法人が支援する形で、地域生活へ移行するための準備を始めるようになったんです。

以来、江頭さんは10回以上の体験入所を慎重にくり返してきました。さすがに順風満帆というわけにはいきませんでしたね。最初の頃はちょっとしたきっかけで落ち着きがなくなって、大声を出したり、職員に掴みかかったりしてましたから」

2023年の晩夏、江頭さんは同法人の全面的な支援のもと、アパートでの独り暮らしへと移行した。「集団生活に馴染めず、知らない人がいると不安になる」。これが、江頭さんの独居生活の理由だという。

それにしても、前記のような激しい行動障害のある江頭さんに、はたして独り暮らしなど可能なのか。

江頭さんが住む古ぼけた平屋アパートの前で、私はしばし逡巡した。

〈いきなり見知らぬ人間が訪ねて、パニックになるのではないか……〉

だが、私の来訪は江頭さん本人にも伝わっているはず。

私は腹を決めて、ドアをノックした。

＊

玄関先に現れたのは、江頭さんではなく、法人の職員だった。何のことはない。江頭さんが重度訪問介護制度を利用して、支援者によるマンツーマンの対応下にあったことを、このとき私は初めて理解した。

玄関を入ると、そこは狭いダイニングキッチンだった。その左隅のテーブルで、江頭さんが朝食をとっていた。紫色のセーターにグレーのズボンというラフな恰好《かっこう》。その目が私をジッと見つめた。明らかに私の存在を気にする目の色だったが、前もって聞かされていた障害特性の気配は見られない。

「ここで暮らして2ヶ月ちょっとになりますが」

支援者の北村賢治さんが言った。

「自分のリズムを把握できて安心したのでしょう。このところ江頭さんは急激に落ち着いてきました。今日みたいに知らない人がいたら、いつもと様子が違うので、ひょっとしたら大声を出すかもしれませんが」

リフォームされたばかりの部屋は清潔感に溢れていた。壁一面が白色に彩られ、江頭さんの大声に備えて、防音処置も施されているという。キッチンの奥はフローリングの６畳間。その奥にトイレや浴槽、洗面所などがあった。

６畳間に入ってすぐ右手には、ベッドが縦向きに置かれていた。そのベッドの先の壁際に、付けっぱなしのテレビが設置されている。江頭さんが自分の居場所とする部屋である。

北村さんはここで週２〜３日のペースで、泊まり込みの支援に当たっているという。就寝場所はキッチンの壁に立てかけられる簡易ベッドである。

「昨日も作業所から夕方の５時頃、一緒に帰ってきました。それから夕食をとり、お風呂に入って着替えを済ませて、江頭さんはいつものように夜の10時頃には布団に入りました。トイレでの失敗はたまにあるものの、彼は朝の６時半まで一度も起きず、ぐっすり寝てくれます。おかげで、僕も夜はわりとゆっくり休むことができるんです」

江頭さんは食事を終えると、「あ〜」「あ〜」と言葉にならない「言葉」で、北村さんに麦茶を要求した。プラスチック製の青いコップで2杯ほど飲み干し、さらに要求したが、「もうこれでおしまいです」と北村さんにやんわり断られた。すると、彼はコップを手に、私の前にやってきた。

「あ〜あ〜」

興奮しているわけでもなく、この訴えがさらに麦茶を要求しているのか、あるいは「飲んだよ」という合図にすぎないのか、私にはわからない。とりあえず、ポットの麦茶をコップに半分ほど注いだ。

北村さんが言った。

「江頭さん、しばらくは僕にばかり頼っていたんです。他の支援者のことは眼中になく、なかなか支援に関わる人を増やすことができませんでした。それが、新しい環境に少しずつ慣れていくうちに、江頭さんご本人も『あの人に頼んだらどうか』などと周りを見渡せるようになったのでしょう。僕以外の支援者にも頼るようになったんです。これはある意味、江頭さんにとって良いことなんだと、僕は思っています」

北村さんがキッチンで食器を洗い始めた。江頭さんも促されて、仕事を手伝った。布巾で拭かれた食器を受け取り、その一枚一枚を丁寧に茶箪笥の棚に重ねていく。一仕事が終わり、江頭さんは自分のベッドに横になった。

「もうすぐ迎えが来るから、熟睡せんでくださいね」

北村さんがキッチンから声をかけた。

「いまは落ち着いてくれてますが」と、北村さんが続ける。

「最初の頃はうまく支援ができませんでした。僕は自閉症の人の支援を多くこなし、仕事のメインも泊まりだったので、変な自信があったんですね。自分になら江頭さんもすぐに心を開いてくれるだろうと思い込んでいたんです。

ところが、いざ支援が始まると、鼻をへし折られてしまった。こちらの話を聞いてくれないどころか、手は出る、足も出ると、けっこうな抵抗を受けてしまったんです。僕だけでなく、他の職員が支援に当たるときも、壁を叩いたり、自分の服を破ったりと、激しい行動を見せました。体験で通っていた生活介護事業所もすぐに逃げ出そうとして、半日も過ごせない日もあったほどです。

ようするに、環境に慣れ始めてきた江頭さんに、あれをしたい、こんなこともしてみたいという欲求が芽生えてきたにもかかわらず、僕らがその気持ちをうまく汲み取れなかったわけですね。

そこで、支援会議で話し合って、自閉症の支援で重要な一つとされている『焦らず待つ』という姿勢を徹底することにした。つまり、こちらからは何も要求せず、当人が何を訴えているのか、寄り添いながら見守るというスタンスに切り替えたんです。そして、本人が困ったときにだけ、支援の手を差し出す。

そういう関わり方を粘り強く続けていくうちに、江頭さんが少しずつ落ち着いていったんです。発語はありませんが、言葉を理解する能力は感じますね。表情を見ていれば、わかります」

8時になると、北村さんに促されて、江頭さんがベッドから這《は》い出た。それから3人でアパートを後にした。まもなく最寄り駅のロータリーに生活介護事業所の送迎車が到着するという。

歩きながら北村さんに聞いた。

「休日はどう過ごされていますか？」

北村さんが答えた。

「休日も僕たち職員が支援に入ります。ラクビー場近くの大きな公園をのんびり散策したりして、お昼の弁当を買って戻ってくるんです。この２ヶ月余りそういう過ごし方をしてきましたが、江頭さんもこの通り落ち着いてきましたからね。そろそろ電車を乗り継いで、奈良方面にでも一緒に行こうかと考えているところです」

私たちの会話を理解したのか、江頭さんの顔がわずかに綻《ほころ》んだ。

2

「クリエイティブハウス　パンジー」

江頭祐司さんの自立を総合的に支援しているのは、東大阪市の社会福祉法人・創思苑が運営する「クリエイティブハウス　パンジー」である。

同市内で3カ所の生活介護事業所、香川県の高松市内でも生活介護と就労継続支援B型（225ページ参照）を兼ねた事業所を運営し、「自立ホームつばさ」「自立ホームきぼう」などと命名された計27カ所のグループホームも所有している。

グループホームの入居者は約90名。自宅などからの通所組を含めると、150名ほどが日中の活動の場としてパンジーを利用しているという。それ以外に、同法人は居宅介護やショートステイ、相談支援などの事業も手がけている。

基本理念は、1992年の社会福祉法人化の前から一貫してぶれることがない。

〈どんなに障害が重くても地域で普通に暮らす〉

この理念を軸に、以下の3つの「挑戦」を先鋭化して掲げた。

1、自分で決める。

2、役割を持つ。

3、地域で普通に暮らす。

目指すのは、「当事者中心」ではなく、あくまでも「当事者主権」。それを実現するために、当事者が法人の理事や評議員を務め、法人の運営に関わるというシステムを作り上げた。当事者による職員面接も取り入れ、当事者の意見を現場の支援に反映させてもいる。

なかでも大きな試みの一つが、当事者一人一人の声を世間に発信する放送局「パンジーメディア」の開設だった。詳細は後記するが、当事者自身のプロデュース・ナレーションによるインターネット放送、ドキュメンタリー映画の制作・上映、書籍やＤＶＤの出版など、当事者が主体となったその活動は多岐にわたる。

パンジーでは欧米諸国の福祉事情を視察するために、支援者と一緒に当事者自らが何度も海を渡った。

「私たちは障害者である前に一人の人間です」

このスローガンを大々的に掲げる世界的な当事者組織「ピープルファースト」の日本事務局も法人内に設置した。地元・大阪でピープルファーストの全国大会が開催されるときは、当事者がその実行委員長を務めることになっている。

２０１８年には７人の当事者がヒマラヤの８０００メートル峰、アンナプルナのベースキャンプ（標高約４２００メートル）への登山を試み、それを達成した。この挑戦もドキュメンタリー映画『ヒマラヤの青い空と白い雲がくれたもの』として、世に発信された。

それにしても、国連の障害者権利条約の理念を先取りしたような、これらの試み。どんな経緯で、こんな発想が生まれたのか。

それを説明するためには、創思苑の理事長・林淑美さんの経歴をふり返る必要がある。

特別支援学級の教師

林さんが地元・香川県の中学校に入職したのは、香川大学教育学部を卒業した1972年（昭和47年）のことである。担当は特別支援学級（当時の特殊学級）の教師だった。

「福祉のことは何も知りませんでした」

林さんが当時の想いを辿る。

「教職免許は持っていたものの、特殊教育に関する勉強はしていなかったからです。文字通り手探り状態で始めた仕事でしたが、そのうちに知的障害の子供たちが抱える問題も見えてきたんです。授業を終えても、自宅に帰らない子もいました。理由を聞くと、『家に帰ってもつまらない』と答える。家庭では虐待があり、一人親世帯も目立ちました。ようするに、知的障害のある子を育てている家庭の多くは、生活の基盤が弱いということに気づかされたんです」

普通学級の生徒は、放課後にクラブ活動を楽しんでいた。しかし、特別支援学級の生徒には、クラブ活動の場さえも設けられていない。

あるとき授業が終わっても学校に居残る生徒の一人に、林さんは「クラブにでも入ったら？」と聞いた。

「野球部に入りたい」

その生徒の意向を受けて、林さんはさっそく野球部の顧問教師にそのことを伝えたが、

「そりゃ、無理や」

言下に断られた。

林さんが特別支援学級で働いていた当時、同中学校にはのちに「読み」と「綴り」を通した民間国語教育に尽力した大西忠治が、先輩教師として働いていた。大西は革新的な考えの持ち主で、生徒たちが個々の主張を発信するための放送部も作っている。

林さんはその大西にも特別支援学級生の野球部入部を相談した。

「それは、難しいな」と言いながらも、

「合奏部なら作れるのではないか」

そう大西はアドバイスした。

「そこで、特別支援学級で合奏部を作ったんです。授業終了後に行き場のない子供たちも参加して、それなりに楽しい時間を持つことができました。

ただ、知的障害児に対する扱いは、まだまだ健常な子と比べて大きな格差がありました。就職活動で子供を連れて、紡績工場に見学に行ったことがあります。そこは夜勤のある4交代制の職場で、24時間のフル稼働。おまけに工場内は綿埃で、ひどくむせ返っていました。見学を終えた子は『僕はこんなところで、よう働かん』と自信なげに言ってました。私も『こんな過酷な環境で、自分の学校の生徒を働かせるの⁉』って、ショックを受けました」

コロニーに就職

入職から1年後の1973年（昭和48年）3月、林さんは中学校を退職すると、地元の大規模入所施設に就職した。子供を含めて約100名が入所する、いわゆるコロニーである。

「教師自体にはあまり魅力を感じませんでした。それより、知的障害のことをもっと知りたかった。障害を抱える人たちがどんな生活をしているのか、どんな重い障害を抱えているのかなど、なかなかイメージできなかったことを、直接肌で体験したかったんです」

だが、面接でいきなり拍子抜けした。

「私は何をしたらいいんですか？」

林さんの問いに、面接官はあっさりと答えた。

「なぁに、一緒に遊んでくれればいいんですよ」

入所施設には重度の知的障害者だけでなく、知的障害と身体障害が併存する、いわゆる重複障害者もいた。彼らにはトイレや食事、入浴などの促しや介助が必要で、なかには日常生活の一切を介助者の手に委ねざるを得ない状態にある入所者もいる。発語のない者もいた。

「あっ、そうなんやと思いました。私はそういう人たちを介助するためにここに来たということが、ようやくわかったんです」

「先生」と呼ばれる違和感

一方で、どこか不自然なものも感じた。重度心身障害者に対する国の収容政策もあり、大規模な入所施設や精神科病院が全国で続々と建設されていた時代である。入所者たちは同じ生活空間で毎日同じ時間に起床しては、同じ時間に食事をとり、同じ時間に一斉に就寝するといった、型にはまった生活を強いられていた。

「施設は後ろが山、前には海が広がる辺鄙なところにありました。当時はコンビニがないし、地域住民と接する機会もほとんどない。親が定期的に洋服を持ってくる入所者もいましたが、多くの入所者が同じ服を一律に着せられていました。ある意味で囚人服のようなものです。

支援者である私たちは、入所者に『先生』と呼ばれていました。生活の指導をするから『先生』だったのでしょう。つまり、支援者が上で、入所者が下という関係です。これじゃ、障害者の自立なんて、とても無理だと思いましたね。

もっとも、支援者を『先生』と呼ぶ障害者は、いまでもいることはいます。長い間、そう教えられてきたので、なかなかその癖が取れないんですね」

「青い芝の会」からの影響

当時、林さんが強い影響を受けたという当事者団体があった。1957年（昭和32年）11月、3人の脳性麻痺者によって結成された「青い芝の会」が、それである。

青い芝の会は障害者の差別解消や解放などを目的とした全国的な当事者団体で、ときに過激な手段でその訴えを行使することでも知られていた。

1977年（昭和52年）4月12日には、同会会員が車イスでの単独乗車を拒否されたとの理由で、脳性麻痺者とその支援者を合わせた約１００名が、川崎市内の路線バス35台を占拠する徹底抗議に出た。この騒動は、のちの公共交通機関のバリアフリー化に繫がる抗議運動として、いまなお語りぐさになっている。

「青い芝の会の取り組みは衝撃的でした」

林さんは言う。

「この社会が健常者の生活をベースにしていることへの猛烈な抗議運動を展開したんです。たとえば、車イスを降りて、膝で這うようにして横断歩道を渡る。赤信号に変わって、クラクションを鳴らされても、断固として渡り続けるその姿は、主権は当事者にあることへの無言の訴えでした。

当時は介護疲れから、親による子殺しもけっこうあり、それに対する減刑嘆願運動も世間では見られました。青い芝の会ではそれにも反対の声を上げたのです。減刑措置をとったら、障害者の命を軽んじていることになり、これは差別に他ならない。同じように罰してほしい。これが、彼らの訴えでした。

こうした青い芝の会などの運動もあり、当時は身体障害者の多くが、施設や実家を出て生活するといったように、自立への道を歩み始めていたんです」

しかし、知的障害者は違った。自己主張が苦手な彼らは、入所施設や精神科病院で自分の希望とは関係なく、無味乾燥な一律の生活を強いられていた。

「施設内でいくら改革をやっても、結局は施設内の話で完結するだけで、根本的な解決には至らない。そのことをつくづく思い知らされました」

入職から4年後の1977年（昭和52年）春、林さんはこの入所施設も退職した。

大阪で養護学級の教師に

林さんが結婚したばかりの夫の転勤に伴って、大阪に移住したのは、同年4月のことである。大阪や東京などの大都会では、心身障害者施策に地方で見られない先鋭的なものが取り入れられているという話も耳に入っていた。大阪への移住は、むしろ林さんの興味をかき立てたという。

「大阪の中学校の養護（特別支援）学級の教師になりました」

林さんは続ける。

「でも、そこでも子供たちが卒業後に行き場所がないという問題が、依然として立ちはだかっていたんです。そういう子を卒業させるべきではないという教師たちの考えもあって、あえて留年を選んだ子も多くいました。

校庭の隅には親たちが作った作業所のようなものがあり、彼らは授業を終えると、そこで夕方までの時間を過ごしました。

作業は簡単な食べ物を作る程度でしたが、それ以外にペグのようなものをボードの穴に差し込む作業をしたり、散歩にも行ったりしました。私も留年組の子供たちの支援に当たりました」

親目線の限界

同校に勤務し始めて1年後、林さんにある作業所から転職の声がかかった。親たちが作った無認可の作業所である。林さんは教職を投げ打つと、生活支援員としてその作業所に入職した。

そこでは、20名ほどの障害者が廃品回収や手料理、さらに手作りの装飾品などの販売をしていた。だが、林さんはここで、親の意向が反映されるあまり、当事者自身の生きる幅が狭められているという現実に直面する。

「市のお祭りがあって、そこで出店したことがありました。けっこうな収益があったので、利用者に『自分の稼いだお金で何をしたい？』と聞いたんです。すると、『ウナギを食べたい』『ビール飲みたい』『難波に行きたい』などと、みんな目を輝かせた。多くの利用者が難波に行ったことさえなかったんですね。そこで、みんなで難波に繰り出して、ウナギを食べてきました。

ところが、保護者の一人が『ウナギなんて、そんな贅沢なものを！』と怒り出したんです。私も『誰だって年に1回ぐらいウナギ食べることだってあるでしょ！』と、思わずやり返してしまいましたが、このとき親が直接運営する作業所の限界みたいなものを感じました。

当事者同士の恋愛にしても、親は慎重なところがあります。セックスを覚えたら歯止めが利かなくなると心配するし、結婚して子供でもできたら、結局は親が面倒みなければならないと思ってしまう。つまり『寝た子を起こすな』というわけですね。

親目線でいろんな制約を課すので、子供たちもなかなか自立できない。それなら、作業所で覚えた運営ノウハウに、理念を盛り込んだ作業所を新たに作ろうと思ったんです」

どんなに障害が重くても地域で普通に暮らす――。

これが林さんの掲げた理念だった。障害の種別や重さを問わないこの理念の背景の一つには、作業所における重度の知的障害者が、作業に参加できず、浮いた存在になりがちになっていたという観察上の経験則もあったという。

林さんはそれを〈作業ができなくても、その人らしく地域で暮らす〉という理念へと昇華させた。

林さんの理念に賛同する親たちも加わり、当事者を交えた学習会が定期的に行なわれた。１９８５年（昭和60年）８月には作業所の設立準備委員会を発足させた。そして、翌１９８６年（昭和61年）の２月、無認可の作業所「自立の家つばさ」が、東大阪市若江東町の一角に設立される。

「自立の家つばさ」の設立

林淑美さんが立ち上げた「自立の家つばさ」は、１階と２階を合わせても９坪程度しかない、こぢんまりとした古い一軒家だった。自治体からの補助金は１年間の実績を見て支給されることになっている。そのため、立ち上げ当初の支援員は林さんただ１名、利用者も２名程度にすぎなかった。

同作業所で最初に取り組んだのは、自然食品を中心にした販売事業。それを利用者と一緒に地元の学校などに売りに行った。利用者が増えスタッフも増員されると、専門家の指導を受けて、無添加のパン作りとその販売も始めた。

これが、思わぬ人気を得た。注文が殺到し、パン作りやその販売に追われた。個々の役割を担った利用者の表情は、この頃からにわかに明るくなったという。

作業所の2階は主に地域との交流の場として活用した。そこに近所の子供たちを集め、紙芝居や人形劇などを行なった。一方で、作業所の活動方針や当事者の想いを発信する目的で、「つばさ通信」というニュースレターも2ヶ月に1回のペースで発行した。

「つまり、パン作りが目的ではなく、パン作りを通して地域と繋がっていくことを大きな目標にしていたんです」（林さん）

「居場所」の問題

だが、前途に多難が待ち受けていることに変わりはない。林さんが一つの壁にぶち当たったのは、その頃だったという。自分の想いをうまく伝えられない知的障害者の能力に対する、周囲の否定的な思い込み。さらに、彼ら障害者たちの「居場所」の問題だった。

「周りの人たちは自立なんか無理だと決めつけるし、親にしてもそう思う。手に負えないときは、多くの親が入所施設に入れるしか選択肢がないと思い込んでしまうんです。『自立の家つばさ』にもわが子の世話に手を焼いていたお父さんがいました。そこは父子家庭で、お父さんが面倒をみてましたが、あるとき『息子が畳に火をつけた。もう限界だ！』と悲鳴を上げて、子供を入所施設に入れようとしたんです。

そこで、緊急的につばさで預かることにしたわけです。つばさには畳の部屋もあったし、日中は作業所で過ごし、夜はスタッフが泊まり込み、24時間体制で支援する。そのことを持ちかけ、つばさでの生活が始まりました。ちょうどグループホーム制度ができた頃で、ここから地域生活に向けてもう一つの取り組みが始まったんです」

グループホーム「自立ホームつばさ」の設立

知的障害者を対象としたグループホームが、国によって制度化されたのは、１９８９年のことである。「自立の家つばさ」でも利用者の親の持ち家を借りて、１９９１年４月に「自立ホームつばさ」をスタートさせた。

「男性３人、女性１人が入居しました。他にも『集団生活はイヤだけど、実家を離れたい』という男性の利用者がいて、彼の場合、近所にアパートを借り、そこもグループホームとして行政に認めてもらっています。

当時の入居者には家庭的にしんどい人がいました。母親も軽度の知的障害を抱えていると か、親にロクにご飯を食べさせてもらえず、いつもお腹をすかせていた男性利用者もいたほどです。彼は作業所からパンの耳を持ち帰ったり、職員のお金を盗んだりしてましたが、生活保護を受けて独り暮らしをするようになってからは、精神的に落ち着き、盗むこともなくなりました。

いまふり返っても、みんな和気藹々として楽しそうでしたね。そうこうするうちに、『自分もああいう生活をしてみたい』と訴える利用者が増えていったんです」

2人のアメリカ人と「クリエイティブハウス パンジー」

「自立の家つばさ」が社会福祉法人化したのは、グループホームを立ち上げた1年7ヶ月後、1992年11月のことである。法人名は「創思苑」とした。無認可作業所では経営の基盤が脆弱《ぜいじゃく》で、より多くの支援提供に対する足枷になる。これが社会福祉法人化の理由だったが、もう一つ大きなきっかけになったのが、1991年に来日した2人のアメリカ人の存在だったという。

知的障害者のコニーと彼女を支えるバーバラという2人の女性である。人間としての権利を訴え、当事者たちを励ますコニーの威風堂々とした姿に触れて、林さんは目を開かされる想いがした。支援者のバーバラはと言えば、けっして前面に出ることなく、コニーが困ったときにだけ支援の手を差し伸べる。

「日本では知的障害者は保護されるべき対象と考えられていましたから、これには驚きました。関係者からは『コニーは障害者ではないんじゃないか？』という声も出てましたが、そう言うことで自分たちのやってきたことを正当化しようとしていたのでしょう」

1993年、林さんは生活介護事業所「クリエイティブハウス パンジー」を、まず東大阪市の東鴻池町にオープンさせた。ここで無添加パンの製造や販売、さらに利用者の感性に任せた手織物「さをり織り」の制作・販売も手がけた。

その7年後の2000年、消防署やマンションの清掃や、無農薬玄米を使った弁当の配達などを行なう生活介護事業所「クリエイティブハウス パンジーⅡ」を、同市中新開に開設した。

以後、創思苑は「クリエイティブハウス　パンジーⅢ」（2009年）を中新開に、生活介護事業所と就労継続支援B型事業所を併設する「クリエイティブハウス　パンジーV」（2019年）を林さんの郷里・高松市に開設した。

一方で、グループホーム事業も積極的に拡大した。前記したようにその数は現在27カ所に及び、約90名もの利用者がグループホームで暮らしている。

3

「入所施設って重度の人を受け入れたがらない」

第2章で紹介した山本糸子さんの長男・博さん。重度の知的障害のある彼が、突然荒れ始めたのは、このパンジーが規模を拡大していく過程においてだったという。

母親の山本糸子さんは言う。

「この頃、博は別の作業所に通っていましたが、20歳ぐらいから目立って行動が激しくなりました。家のストーブを担いで他家の庭に放り込むわ、エアコンを外して2階から放り投げるわ、そりゃ、もう大変でした。米屋さんの向かいの家の屋根に上って、テレビや自転車などを放り投げたこともありました。

作業所には自宅から通ってましたが、うるさい利用者の声を聞くのがイヤで堪らなかったらしく、自宅に戻ったら手が付けられんほど暴れて、物を壊すんです。『ちょっと待っとってな』。そう言って私が買い物に出かけて戻ってくると、家の前に警官が８人いたこともありました。博が２階から次々と襖を投げて、近所の人が通報したんです。

暴れた理由？　子供から大人になって自我が形成されたんと違いますか。子供の頃は父親のほうが強いけど、成長して力関係の逆転したことが、本人もわかったんだと思います。主人なんて『このままじゃ殺される！』と、家に帰ってこなかったほどです。もう歯止めが利きませんでした」

糸子さんは思いあまって市の福祉課に相談した。そこで府立の大規模入所施設を紹介されたが、いざ博さんを連れて訪れてみると、「一晩しか受け入れられません」とけんもほろろだった。

「私もここに泊まりますから」

糸子さんは食い下がった。

「そんなことはできません。明日、迎えに来てください」

必死の懇願も、結局は受け入れられることがなかった。


「実は、入所施設って重度の人を受け入れたがらないんです」と、前置きして林さんが言う。「自立の家つばさやパンジーには、身体障害のある利用者もいました。彼らはコミュニケーションがとれるし、ある意味支援もしやすいんですね。でも、重度の知的障害の人は何も言わない。なかなか自分の意思を伝えることができないので、どうしても支援が後回しになりがちになるんです。それもあって、暴れたりするんですね。

行動障害のある人たちが、何を訴えているのか。どんな気持ちでいるのか。そういうことを理解し、しっかり対応できるような職員を育てなければならないと思いました。社会福祉法人化した理由の一つには、そのこともあったんです」

＊

幸いにも山本糸子さんの自宅は、パンジーの近距離にあった。林さんは山本博さんの支援を母親の糸子さんに持ちかけた。糸子さんは藁《わら》にもすがる想いで、わが子をその支援に委ねるしかなかった。

パンジーは博さんの支援を本格的に見据えると、テストケースとして、まず２００１年１月からグループホームでの体験入居の支援を始めた。グループホーム内で行動障害がエスカレートしたときは、複数の職員が作業所に博さんを移行させ、そこで朝まで見守りに当たった。

２００２年には移動中の送迎車から飛び降りるという自傷的な行動に出た。それが、２度に及んだ。パンジーでは支援体制を強化し、送迎時における職員の数を増やした。

その後、博さんは一時落ち着きを見せ始めたものの、２００８年、今度は自宅の２階から発作的に飛び降り、足に大怪我を負った。

パンジーではその頃から博さんのグループホームでの体験入居を段階的に増やしていった。

支援において、どんなところに気を配ったのか。

博さんの支援に関わった「パンジーⅡ」の管理者・西野貴善さんは言う。

「こちらから何かを求めるのではなく、山本博さんが訴えることをスタッフが受け止めるというスタンスを徹底しました。たとえば、お茶一つとっても、山本さんの『飲みたい』というシグナルをしっかり受け止める。『あっ、お茶を飲みたいんだね』とこちらが理解を示すことで、相手も安心します。そういう信頼関係を意識した関わり方を徹底的に積み重ねていきました。

山本博さんも自分の気持ちを理解してくれていると思い始めたのでしょう。そのうち少しずつ落ち着いていったんです」

2012年5月、母・糸子さんの体調不良もあり、博さんはパンジーのグループホームに生活の拠点を移した。部屋の窓から物を投げ捨てるなど、ときに突発的な行動にも出たが、相手の意を汲んだ粘り強い支援の継続によって、行動障害はしだいに影を潜めていった。2014年にパンジー内の別のグループホームに転居してからは、それも嘘のように収まった。以来、博さんの心は安定し、今日に至っている。

「あの博がこんなに落ち着くとは思いもしませんでした」

母の糸子さんは笑った。

「自閉症の子は一杯いるけど、博みたいに派手にやらかす子は、滅多にいないのと違いますか。でも、完全に落ち着いたことがわかるので、もう心配はしてません。いまはあの子が少しでも自分らしく生きてくれたらと、ただそれだけを願っています」

＊

「障害者の権利に関する条約」（障害者権利条約）には、厳密に言うと、障害そのものに関する定義がないという。

なぜ、定義がないのか。それを説明するのが、同条約の前文（e）項にある、やや堅苦しい以下のような文面である。

〈障害が発展する概念であることを認め、また、障害が、機能障害を有する者とこれらの者に対する態度及び環境による障壁との間の相互作用であって、これらの者が他の者との平等を基礎として社会に完全かつ効果的に参加することを妨げるものによって生ずることを認め……〉

日本障害者協議会代表の藤井克徳さんによると、この〈障害が発展する概念〉という言葉のなかに、同権利条約の「障害」に対する概念が包含されているという。

「ようするに、障害者に対する周囲の人の態度や社会的・環境的な障壁などが、障害というものを発生させるとしているわけです。これまで機能障害というものは長い間、医療モデルのなかで捉えられてきました。しかし、障害はただ存在するだけで、それは周りの人の態度や環境との相互作用によって変わりうる、進化し、発展する概念だということが強調されているんですね。大雑把ですが、これが社会モデル、環境モデルと呼ばれる根拠になっています。人権モデルとはこれらを包含しながらも、さらにそれを凌駕して当事者の主権を確立していこうとする試みに他ならないのです」

では、創思苑「パンジー」は医療モデルを凌駕しつつも、いかにして社会モデルを人権モデルへと昇華させていったのか。

4

「ピープルファースト」との出会い

その大きな転機になったのが、前出のコニーがリーダー的役割を担っていた「ピープルファースト」との出会いである。

1973年、アメリカのオレゴン州で約560人の知的障害者が、大規模な集会を開いた。

脱施設化や、差別に対する想いや意見が飛び交ったその集会で、一人の女性知的障害者がこう発言したのがすべての始まりだった。

「知的障害者ではなく、まず私は一人の人間として扱われたい（I want to be treated like people first）」。

参加者の共感を呼んだこの言葉は、瞬く間に広がり、オレゴン州に「ピープルファースト」を理念に掲げる16の当事者団体が誕生した。すると、それはさらに世界へと飛び火し、その勢力は巨大な渦を形成した。

「自分たちのことは、自分たちで決める」

この自己選択に基づく「自己決定」を合言葉に、世界各国でピープルファースト大会が大々的に開催されるようになった。これは、世界の知的障害者たちが置かれてきた差別的な環境や、それに対する内在的な反発心の存在を逆説的に物語っている。

「当事者主権」を謳うこの世界的な活動のうねりは、日本にも上陸した。1994年10月、大阪で「第1回知的障害者全国交流集会」が開かれたが、その後、それは「ピープルファースト大会」と名称を変え、奈良県の社会福祉法人内とパンジー内にピープルファースト日本事務局が設置された。
多くの当事者が参加した１９９７年の静岡大会では、当事者による次のようなピープルファースト宣言も行なわれた。

〈わたしたちちてきしょうがいしゃ　ぜんこくこうりゅうしゅうかい　じっこういいんかいは、わたしたちじしんのグループです。いままでわたしたちは「じぶんでしり　じぶんできめ　じぶんでする」というあたりまえのことを　みんなきづかないうちに　うばわれてきました。わたしたちも　みんなとおなじように　いきるけんりがあります。わたしたちは　これからどんなさべつにたいしても　こえをだして　いけるようにはげましあってたたかっていきます。わたしたちはしょうがいしゃであるまえに　にんげんです〉

セルフ・アドボカシーとは

パンジーの利用者はこの全国大会だけでなく、世界各国で行なわれるピープルファースト大会にも赴いた。１９９６年にはカリフォルニアで行なわれた同大会のセルフ・アドボカシー会議にも参加した。「当事者自らによる権利擁護活動」が、セルフ・アドボカシーの意味である。

林さんは言う。

「セルフ・アドボカシー会議で印象的だったのは、当地の当事者リーダーに『あなたが日本の当事者運動のリーダーになりなさい』と励まされ、利用者が嬉しそうにしていたことでした。『君ならできる』と言われ、感極まって泣きそうになった利用者もいたほどです。

同じようなことは、私もさんざん言ってきましたが、ほとんどの利用者が『そんなの無理』という反応でした。みんな何かをやりたいという気持ちは持っていたと思いますが、失敗経験のほうが多いし、周囲も無理だと決めつけてきたから自信が持てなかったんですね。

なのに、アメリカの当事者リーダーに言われると、『できるかもしれない』という気持ちになる。『結婚なんか無理だ』と思い込んでいた当事者が、当地の当事者カップルを見て『自分たちも結婚できるんだ』と思い始めたのもこの頃だと思います。

ようするに、能力が高かろうが低かろうが、当事者自身が自分の想いを主張し、やりたいことをやる。そして、それを助けてくれる人がいる。そういう関係がしっかり確立されているので、当事者がたった一人で我慢することもない。ムシャクシャして暴れる必要もなくなるんです。個人主義というお国柄もあったのでしょうが、この大会に参加して、当事者運動のパワーというものを肌で感じました」

同会議では当地の当事者リーダーによる「自信を持つためのプログラム」の講演も行なわれた。同講演では当事者自らが講演することの重要性が述べられ、そのためのプログラムまで用意されていた。うまく話すことが重要なのではない。言葉足らずでもいい。勇気を持って手を挙げ、自分の想いを発信する。それができなければ、手を挙げるだけでもいい。このことの重要性が当事者本人から訥々《とつとつ》として語られた。

「当事者リーダーが『私はこういうときに幸せになる。あなたはどんなときに幸せになりますか?』などと、会場の当事者に問いかけていました。会場から手が挙がって発言すると、それに対してみんなが拍手する。手を挙げて何も言えなかったとしても、その勇気に対して拍手が送られるんです。

日本では当事者の想いを専門家や保護者が代弁するのが普通でしたので、これには新鮮な驚きがありました。どんな表現でもいいから、当事者のことは当事者本人が訴える。これをぜひ、パンジーでも取り入れたいと思いました」

そのチャンスは帰国後に訪れた。地元の小学校から林さんに講演依頼が舞い込んだことである。

「私ではなく、当事者の講演にしてほしい」

この要望を小学校側が受け入れ、講演者は急きょ、複数の当事者に切り替わった。さっそくセルフ・アドボカシー会議で学んだことをもとにリハーサルを行ない、本番に臨んだ。これが予想以上の反響を生んだ。

「道徳の話ではなく、ましてや訓示のような堅い話でもありません。障害者として辛かったこと、哀しかったことなどを、当事者本人が赤裸々に語ったことで、子供たちも真剣に耳を傾けてくれたんです。講演の後は子供たちとジェンカ（フィンランドのフォークダンス）を踊ったりしたし、利用者も嬉しそうでした。このとき、パンジーが目指すモデルができたような気がします」

スウェーデン「グルンデン協会」

当事者自身がいかに自分の想いを発信するか。このモデル形成へのもう一つの発火点になったのが、スウェーデンのイエテボリ市を拠点に活動を続ける知的障害者団体「グルンデン協会」の存在だったと、林さんは言う。

同協会は、「施設職員や親の抑圧的管理から逃れ、自己決定権を得たい」という当事者の訴えを支援者が受け止め、2000年に「親の会」から独立する形で設立された。運営の主体は、あくまでも当事者。理事会のすべてが当事者によって構成され、代表も知的障害のある当事者が務めていた。会員数は約500人。

2001年8月、パンジーから4人の知的障害者と林さんを含む13人の支援者が、このグルンデン協会を訪れた。目的の一つは当事者主体の組織運営が、いかにして行なわれているかの視察。もう一つの目的は「人権に反する」として入所施設のすべてが解体されたスウェーデンにおいて、地域移行を果たした障害者たちがどんな暮らしをしているのかを視察することだったという。

「グループホームは一人一人の部屋が広く、しかもキッチンやトイレ、お風呂、ベッドなどがそれぞれの居室にあり、プライベートが十分に保たれていました。喫茶店も運営されていて、当事者が注文をとり、配達などを行なっていたんです。メニューや注文票にはわかりやすいように、絵や写真も使われていました。

そのなかで、特に私の興味を引いたのが、『グルンデンメディア』でした。そこでは、当事者がテレビやラジオの番組を制作し、カメラ撮影やインタビューまで当事者本人が行なっていました。選挙などの情報も流していましたが、当事者に対してだけでなく、移民の人にもわかりやすい情報発信を心がけていたんです。

パンジーの目指す方向性を考えると、これはとても参考になりましたね。知的障害者のことを知ってもらうためにも、パンジーでもメディアを作ろうと、このとき思ったんです」

当事者が職員を面接する

帰国後、林さんが最初に着手したのは、当事者と支援員の垣根を排除することだった。そのためにまず、法人の理事会に当事者を役員として参入させた。運営委員会は創思苑設立当時から設けていたが、そこにも当事者やその保護者を参入させ、理事や職員を含めたそれぞれが対等な立場で物事を決める合議制を敷いた。

当事者主権を徹底するために、「かえる会」なるユニークな当事者会も作った。「パンジーを当事者主体にかえる会」という意味である。「かえる会」では「職員だけで物事を決めるな」を合言葉に、運営に対する要望や改善点などを、法人に突きつけた。

この「かえる会」が提出した「当事者が考える悪い支援者」には、たとえば次のような当事者自身の声が挙がっている。

「人の嫌がることを言う人」「うるさく言う人」「いじめる人」「長い棒で頭をポンポン叩く人」「当事者が何を言うても知らん顔している人」「時間を守らん人」「言葉遣いが悪い人」……云々。

「かえる会」では「職員を育てる」ための職員面接も定期的に行なった。それも新人の職員だけでなく、ベテラン職員に対しても行なわれる。不適切な支援をした職員、介助者などは、そのつど話し合いの席に呼び出され、当事者の改善要望等を突きつけられた。

「私も面接を受けました」

3ヶ月前に入職したという女性支援員は、苦く笑った。

「テーブルの前に10人ぐらいの利用者さんが座って、『趣味は何か?』『この仕事を始める動機は何だったのか?』などと質問攻めにされました。緊張しましたね。なにせ、部屋ではビデオカメラまで回っているんですから」

5

恋愛と結婚

「自分で決める」「役割を持つ」「地域で普通に暮らす」

この３つの挑戦が浸透していくにつれ、パンジーでは数多くのカップルも誕生するようになった。それまでタブーとされてきた「恋愛」が成就《じょうじゅ》し、結婚まで至ったカップルは多数存在する。なかには、念願のわが子をもうけ、周囲の支援を受けながら育児の労苦と喜びを経験したカップルもいた。

信久さんと千秋さん。この２人もパンジーの理念と挑戦のなかで恋愛を成就させ、結婚したカップルである。

どういう経緯で２人は家庭を築くまでに至ったのか。

信久さんは１９６２年（昭和37年）10月、東大阪市で生まれた。両親は製糸工場で働き、自宅も工場敷地内にあったという。中学校までは普通教育を受けたが、授業についていけず、クラスメイトからも仲間外れにされた。

信久さんは言う。

「中学校を卒業した後は、染め物店やステレオ部品などの工場で働きました。でも、仕事がわからなくて、教えてももらえなかった。ただ『これ、やっとけ』と言われて、できないとバカにされる。だから、どの仕事も長く続かず、家に引き籠もるようになったんです。家ではイライラしっぱなしでね。花瓶を割ったり、コップを投げたり、暴れるようになりました。両親やお兄さんも、さすがに手を焼いてしまって」

信久さんは精神科病院に放り込まれた。入院生活の始まりは保護室、そこで身体拘束の憂き目にも遭った。

「手足を縛られ、トイレも自分で行けない。オムツをあてがわれ、そのまま垂れ流し状態でした。何度もここから出してほしいと訴えましたが、まったく無視されました。だから、かえってイライラして抵抗してしまうんです。

しかも、その抵抗自体を行動障害と見られてしまう。看護師が髭を剃りに来るときも、縛られたままでした。で、体を動かそうとしたら、『また反抗した』と叱られる。まさに悪循環でしたね。数日後、保護室から出されて、一般病棟に移されましたが、結局、１年間も入院させられてしまいました」

退院後、信久さんは実家に戻った。暴力的な所作は影を潜めたものの、父や兄との折り合いが悪く、彼は再び自宅で自分の殻に閉じこもる日々に埋もれた。

33歳のとき、兄に大阪府下の入所施設に連れていかれた。「精神科病院よりはまだマシかな」と、信久さんはその施設への入所を決めた。

「ただ、自由はありませんでした。僕は髪を染めることや、モヒカン刈りなどに興味を持っていましたが、施設ではそんなことが許されるはずもなく、全員が短髪にされていました。小遣いにしても、１日１００円ずつをもらって、それで施設の売店でジュースとか買うんです。土曜日と日曜日は、職員に引率されて５～６人で散歩に行きましたが、一人で散歩はできませんでした。一度だけ入所仲間と２人での外出の許可が出ました。まさかそんな許可が出るとは思わなかったけど、施設自体が山の奥にありましたからね。陽が落ちると、それこそ辺りは真っ暗闇になる。長い時間、外に出ることはできませんでした」

ある日、信久さんは職員に引率されて街に買い物に出かけた。ファンだった長渕剛のシングルCDを買うつもりだったが、結局、シングルではなくアルバムを購入して戻ってきた。

「そうしたら、別の職員に『なんでこんなもん買ってきたんや!』と、いきなりアームロックをかけられたんです。安いシングルじゃなくて、高価なアルバムを買ってきたことが理由じゃないですか。でも、アルバムと言っても自分の工賃を貯めて買ったもの。それなのに、なんでこんな暴力を受けなければならないのかと、そのとき少し疑問に思いました」

それでも、施設暮らしが長くなるにつれて、「施設が自分の家なんだ」という想いが強くなったという。

その信久さんが職員の一人に「地域で暮らせるところがあるけど、一度体験してみないか?」と持ちかけられたのは、入所から8年後のことである。創思苑パンジーへの体験入所の誘いだった。理事長の林淑美さんからも直《じか》に電話が入ったが、信久さんは「施設のほうがいい」と、一度はその話を断っている。

「でも、あとで見学するだけだったらいいかな?と思い直して、入所仲間と一緒にパンジーに行ったんです。で、グループホームに2泊ぐらいショートステイして、ああ、やっぱり地域で暮らすのっていいなと実感しました。

施設では何から何までスケジュール通りに動かされていたし、夜９時には職員が勝手に部屋の電気を消してしまう。それに対して、グループホームでは夜でも自由に外出できたし、近くにコンビニだってある。リビングでゆっくり横になって、好きなテレビを楽しむこともできました。世話人さんも『自由にしていいですよ』と言ってくれて。入所施設とはホンマ違うなと思いました」

２００４年４月、信久さんは８年間暮らした入所施設からパンジーのグループホームへと生活の拠点を移した。

まず入所施設で貯めた工賃で、テレビや冷蔵庫、マウンテンバイクなどを購入した。次に理髪店に足を向けると、頭髪を金色に染め、かねてより憧れていた「モヒカン刈り」にヘアスタイルを変えた。そのモヒカン刈りでマウンテンバイクに跨《また》がり、夜の街を走るのが心地よかったという。

パンジーでは主に厨房で働いた。そこで利用者の昼食の盛り付けを行ない、食器などの洗い物に精を出した。

同年12月のクリスマス、その信久さんに一人の女性利用者が、恥ずかしそうに近寄ってきた。

「私と付き合ってくれる？」

「うん。ええよ」

のちに夫人となる千秋さんとの出会いだった。

＊

千秋さんは信久さんより5歳年下である。大阪の福島区で生まれ、両親と妹、祖父、祖母の6人家族で育った。小学校の一時期を児童養護施設で過ごしたが、中学2年生までは普通学級に通い、その後、特別支援学級に移籍。高校は旭区の特別支援学校に通った。その千秋さんには小学5年生のときに味わった、いまも消えぬ哀しい想いがあるという。

千秋さんはふり返る。

「お母さんと街を歩いていたら、反対側から歩いてきた男の人と私がぶつかったんです。そのとき、その男の人が手に持っていた木箱を落として、中の瀬戸物が割れてしまった。お母さんはその人にずいぶん謝っていたけど、あとで、お母さん、『あんな高いものを！』って、私をすごく叱って。弁償させられたんと違いますか。それからしばらくして、お母さん、亡くなりました」
母親は「病気で亡くなった」と、千秋さんは言う。しかし、彼女は「自分が瀬戸物を壊したから死んだのではないか」と疑心暗鬼に囚われ続け、いまもそのことで煩悶している。

祖父はすでに亡くなり、トラック運転手の父も多忙。千秋さんが妹と児童養護施設に預けられたのは、この母の死がきっかけになっていた。
「友だちとは遊びましたが、人見知りだったと思います。中学生時代は勉強ができなくて、同じクラスの男の子にはよく虐められました。で、中学３年生から特別支援学級に入りましたが、ここでも担任がいないとき、クラスメイトにバカにされたりしました。高等特別支援学校時代もたまに学校休んでいたし、体育のバレーボールでは上級生が私にボールぶつけたりして、嫌がらせするんです。私、集団生活が苦手だったのかな。普通学級も特別支援学級も、どちらもイヤでした」

高校卒業後、千秋さんは地元の電気部品製造工場に就職した。しかし、職場に馴染むことができず、１週間ほどでやめた。以来、自宅での引き籠もり状態が４年ほども続いた。府立の入所施設に入れられたのは、22歳の夏の終わり頃だったという。

「時間は覚えてないけど、施設では朝、けっこう早く起こされました。7時ぐらいに朝食をとって、9時に朝礼。それから別棟にある作業所に移動して午後3時ぐらいまで仕事をしました。旅館のタオルをたたんで袋詰めしたり、紙袋に折り目を入れたり、手提げの取っ手をパチンパチンと填《は》めたりと、作業はいろいろありました。で、夕方の5時ぐらいにお風呂に入って、夕食を済ませて、午後9時には部屋の電気を消されました。

職員？　優しいセンセイもいたけど、怖いセンセイもいましたね」

前出の信久さんも含めたこの取材で、私が少し気になったのが、2人がたびたび「支援員」を「センセイ」と呼んでいたことである。前記したように、創思苑理事長の林淑美さんによると、「かつて支援員は先生と呼ばれていたし、いまでもその名残りがある」のだという。

「23歳のときだったかな」と、千秋さんは続けた。

「理由は忘れたけど、私が何かで怒っていたとき、怖いセンセイにいきなりゲンコツで顔、殴られたんです。脳震盪《のうしんとう》を起こして、私、気がついたら地面に倒れていて……。何が起きたのか、すぐにわからなかった。『なにも殴らんでもいいのに』と思いましたが、何も言い返せませんでした。命令口調で言われることはしょっちゅうだし、蹴られたこともあります。そのせいか、多くの入所者がセンセイたちの顔色をうかがっていました」

入所者には生活上の制約が、つねについて回った。敷地内の売店での買い物は許されたが、敷地外での買い物は職員の付き添いが原則。ごくたまに入所仲間との外出が許されたが、単独のそれは許されることはなかったという。

「恋愛も禁止されていました。施設の敷地内ならデートしてもいいけど、外では男女が連れ添ってのデートができなかったんです。私もいつか結婚してみたいなという憧れはありましたが、そういう雰囲気じゃありませんでしたね。とにかく、入所施設はルールがたくさんあるし、全部決められた通りにやらされる。朝は眠くても強引に起こされるし、もっとのんびりした生活をしたいと思ってました。だから、実家に一時的に帰ったとき、役所の人に入所施設を出たいって訴えたんです」

千秋さんは24歳で、入所施設を出ることができた。そのまま吹田市の作業所と利用契約を結ぶと、電車とバスを乗り継ぎ、1時間半ほどかけて通った。

だが、作業所では利用者に対する支援員の態度が威圧的だった。作業の手を少しでも休めようものなら「なに、ボ〜ッと立ってんのや！」と怒鳴られる。作業に手間取ると、「遅い！」と叱責された。

千秋さんはストレスを募らせた。あるとき、苛立ち紛れに消火器を持ち上げ、窓ガラスにぶつけた。窓ガラスは割れなかったが、「なに、するんや！」と、施設長にものすごい剣幕で怒鳴られた。

「当事者のペースをまったく考えてくれず、ただ怒鳴りまくって急かすだけ。精神的にかなりしんどい想いをしました」

半年ももたず、千秋さんはその作業所から逃げ出した。

それからというもの、彼女は自宅に引き籠もり、鬱々とした日々を送った。たまに中学や高校時代の友人と遊びに出ることもあったが、それ以外は自宅でテレビを観たり、ＣＤやラジオを聞いたりして過ごす。施設に入所して以来、家のことをこなすようになった妹に遠慮して、家事にもあえて手を出さなかったという。

30歳を過ぎた頃、父親の定年退職に伴い、福島区から東大阪市に引っ越した。それを機に、千秋さんは就職活動を始めた。

「長いこと何もしてなかったので、そろそろ仕事せんとあかんなと思ったんです。求人情報誌を見て、清掃関係や飲食関係など10社ぐらいに履歴書を送りました。ハローワークでも仕事を探してもらって、面接した会社もあります。けど、全部ダメやった。

そんなとき通っていた精神科クリニックのお医者さんに、『作業所に通ったほうがいいんじゃないか』って言われたんです。そこで、またハローワークに行きました」

そのハローワークで紹介されたのが、同じ東大阪市にあるパンジーだった。パンジーでは利用者が無添加パンの製造・販売に携わり、消防署やマンションの清掃、無農薬玄米を使った弁当の配達、ハンガーの組み立てなどにも従事していた。

千秋さんはその利用者のための食事作りを担当し、厨房で働くようになった。朝9時半から午後1時30分までの勤務である。パンジーには自宅から通った。

「パンジーでは職員と利用者の壁というものをあまり感じませんでした。誰も職員をセンセイと呼ばないし、職員にしてもわからないことを丁寧に教えてくれる。私の希望にもちゃんと耳を傾けてくれました。

楽しかったのは、初めてピープルファーストの大会に参加したときです。このときデートゲームみたいなのをやったんです。メチャ、面白かった。異性と接するっていいなあと思いましたね」

千秋さんが「胸をときめかせた」というこのピープルファースト全国大会は、1999年に大阪の高槻市で行なわれたものである。その翌年の11月、彼女は千葉県の幕張で行なわれたピープルファースト大会にも参加し、このときは講演者として壇上に立った。

「オーディションを経て、講演者に選ばれたから嬉しかった。『自由のつばさがほしい』というタイトルで約10分間、恋愛の話をしました。以前の私は自分から異性に話しかけられないほど引っ込み思案でした。それが、パンジーに来てから『自己主張してもいいんだ』『自分の想いを正直に伝えてもいいんだ』と思えるようになったんです。この大会でスピーチできたことは、ものすごく私の自信になりました」

あるとき、パンジーの職員から「同じ施設からここに来た利用者さんがいますよ」と教えられた。その利用者を見た千秋さんは、真っ先に「恰好良い」と思った。金髪に染めたモヒカン刈りの信久さんである。

「他の女性からチョコとかもらったかどうか聞いたんです。そしたら、『もらってない』と答えた。だから、『私と付き合ってくれないか』と聞いたんです。信久さんは『じゃ、付き合おうか』と」

信久さんと千秋さんは、休日を利用してデートを楽しんだ。自宅住まいの千秋さんが、信久さんのグループホームの居室に遊びに来て、そのまま泊まったこともある。

信久さんは言う。

「よく2人で自転車に乗ってショッピングを楽しみました。難波や梅田にもよう遊びに行きました。楽しかったですね。夏、千秋さんが僕のグループホームに泊まりに来たときなんか、さかんに羨《うらや》ましがってました。『私の家はエアコンがなくて暑いけど、ここは涼しくてええわ』って。

そりゃ、たまには喧嘩もしましたよ。そういうときは、僕のほうが一歩引くようにしてました。で、少し時間が経って、お互いの頭が冷えた頃に謝るんです。たいがいそれで喧嘩は収まりますね」

交際1年後の２００７年12月5日、２人は小さな教会で結婚式を挙げた。千秋さん、40歳、信久さん、45歳のときである。プロポーズしたのは、千秋さんのほうだった。このとき信久さんは千秋さんの手を握り、それに無言で応えたという。

新婚旅行は1泊2日で熱海の温泉に行った。以来、今日まで2人は結婚記念日を迎えると、京都観光を兼ねた一泊旅行を楽しんでいる。

*

その信久さんと千秋さんが住む東大阪市の高層団地を訪ねた。３ＬＤＫの間取りで、８階の部屋からは花園の街並みが一望できる。生活感に溢れたごく普通の家庭がそこにあった。

「今年で結婚17年目です」

千秋さんは言った。

「喧嘩したときは『うまいこといかへんな』なんて思ったこともありました。けど、喧嘩したかと思えば、笑ったり、仲良くなったりと、それなりにうまく結婚生活を続けていますよ。楽しいこと？　こうして向かい合って、一緒にご飯食べることかな」

「僕も同じです」

夫の信久さんも口にした。

「千秋さんと向かい合って食事したりお茶を飲んだりするとき、幸せを感じますね。お金に余裕あるときは、マックでバーガー買ってきて2人で食べるんです。そんなとき『ああ、いいなあ』と、つくづく思う。僕はね、こういう当たり前の生活のなかに、本当の幸せがあるんだと思うんですよ」

地域で普通に暮らす。この言葉の本当の意味を、2人に教えられたような気がした。

6

「パンジーメディア」

林淑美さんが目指したメディアの開局。「ノウハウがわからず、半ば諦めていた」という「パンジーメディア」が、ようやく法人内に開局したのは、グルンデン協会訪問から15年後の2016年9月のことだった。

「当事者のありのままの姿を撮ってほしい」と、林さんが高校の先輩でもある映像ディレクターの小川道幸さんに、ＤＶＤの制作を依頼したのがきっかけである。

小川さんはテレビ番組のディレクターとして世界１００カ国以上を訪れた経歴を持つ。サハラ砂漠を横断し、アマゾン川やナイル川を河口から源流に遡るなど、世界の辺境地帯をテーマに多くの作品を制作してきた。

その小川さんの制作によるＤＶＤは、『あいむはっぴぃ!と叫びたい』のタイトルで発売され、地域で生き生きと暮らす知的障害者たちの姿が多くの人の目に触れた。


「これがうまくいったので、小川さんにインターネット放送局の開設を本格的にお願いしたんです。25人の当事者が開局に向けての準備に入って、カメラの扱い方や、音量などスタジオセットの使い方を学びました。自分の感じたことをどう表現するかなどの練習もしました。

全国には知的障害のある人が子供も含めると１０９万人いると言われてます。でも、彼らがどんな人で、何を考えているのか、一般の人はあまり知らない。ですから、インターネット放送を使って、当事者のありのままの姿に加えて、彼らが普段何を考えているのか、自分なりに頑張っている様子などを発信しようと思ったんです。まず彼らの本当の姿というものを世間に知ってもらいたかった」（林さん）

同メディアでは当事者によるナレーションや司会のもと、様々なコーナーを設けた。その一つが「私の歴史」である。当事者自身が映像に登場し、ナレーションや自身の言葉で、自分が辿ってきた歴史を赤裸々にふり返る。この「私の歴史」には、これまで利用者のほぼ半数が登場してきた。

セクシュアリティや恋愛なども取り上げ、パンジーで結ばれたカップルが、自身の結婚生活を語ったりもした。一方では障害者施設における虐待などの問題もパンジーメディアで取り上げた。

当事者が社会活動に参加する様子もメディアで発信した。２０２３年９月の東大阪市の市議会議員選挙では、それに先立って選挙の意味や投票のやり方などを、スタッフが候補者に扮するといった実演入りで入念に学んだ。期日前投票では投票を希望するパンジーの利用者すべてが投票を済ませている。

同年10月、津久井やまゆり園事件を題材とした『月』が、全国の劇場で上映された。それを鑑賞した当事者たちの感想もメディア上で公開された。「健常者の目線で作られた映画で、当事者の想いが反映されていない」などの批判的な声が相次いだのは、彼らのなかに自己主張に基づく人権意識が、芽生えつつあることを物語っていた。

こうした当事者の声や姿は、「きぼうのつばさ」として、毎月インターネットで配信され、2024年11月現在、それは99回目を数えている。

ヒマラヤへ

「彼らが自分の殻を破った、もう一つの大きなきっかけになったのが、ヒマラヤへの挑戦だったと思います」

林さんは言う。

「パンジーメディアの立ち上げに協力してくれた映像ディレクターの小川さんは、大学生時代に探検部に所属し、ヒマラヤにも登ったことがあったそうです。

あるとき、その小川さんに利用者の一人が『僕たちもヒマラヤに登れるか?』と聞いた。小川さんは『死んじゃうよ』と笑いながらも、『トレッキングならできるかもしれない』と答えたんですね。

そこで、パンジーで登山部を作ったんです。入部した利用者は12~13人で、休日に生駒山や六甲山、金剛山などに登ってトレーニングを始めました。一泊かけて、徳島と高知にまたがる三嶺《みうね》に登ってきたこともあります。

ヒマラヤ登山に備えて低酸素室にも入るなど、小川さんの助言で着々と準備を整えました。その間、参加希望者は年金などから少しずつヒマラヤ行きのための貯金をしてきたんです。総費用は一人30万円ちょっとだったと思います。飲酒の習慣がある人や喫煙者、パチンコをする利用者は、手元にお金が残りませんが、それでも行きたいという人には、パンジーがお金を貸しました。パンジーローンですね（笑）」

２０１８年10月、林さんと小川さんは、７人の知的障害者とともにネパールの空港に降り立った。目指すのは、標高約４２００メートルのアンナプルナベースキャンプ。「豊穣の女神」の意味を持つ「アンナプルナ」はヒマラヤ山脈の一部を成す山群の総称で、アンナプルナベースキャンプは登山家のなかでも人気の高いトレッキングコースとして知られている。

パンジーの７人の知的障害者は、そのアンナプルナベースキャンプを目指した。

「さすがにきつくてヘロヘロになりました。私一人、途中で山を下りなければならないのかなと思ったほどです。当事者もきつそうでした。参加者には自閉症の人もいて、いつもは大声を出したり、跳びはねたりしますが、このときばかりは危機感が募り、そんな余裕もなかったのでしょう。ただ黙々と足を運んでましたね。

参加者のなかには小さい頃から発作を起こしてきた当事者もいました。主治医が『大丈夫だから行っておいで』と背中を押してくれましたが、やっぱり途中で発作を起こしてしまったんです。緊急用の酸素ボンベで何とか持ちこたえ、その後はシェルパが背負ってくれるなどして急場をしのぎました。

アンナプルナベースキャンプへは、2つのグループに分かれて目指しましたが、こうしたことがあって私たちのグループは遅れてしまったんです。とうとう陽が落ちて辺りは真っ暗闇。どうなることかと、不安に襲われました。それでもみんなが頑張ってくれて」


山小屋を経由した苦難の道程を経て、パンジーの登山隊はついに標高約4200メートルのアンナプルナベースキャンプに辿り着いた。

「仲間がいたから登れたんだ！」

当事者の一人がこう口にすると、感極まって号泣した。その想いは他にも伝播《でんぱ》し、気がつけば、7人の知的障害者すべてが泣き出していた。

林さんは言った。

「こうしてヒマラヤに挑戦した全員が、また一歩、そして大きく自立への道を切り開いたんです」

＊

２０２３年11月22日、パンジーが運営する生活介護事業所を訪ねた。近鉄けいはんな線・吉田駅からほど近いところに、クリエイティブハウス「パンジーⅠ」と「パンジーⅡ」、さらに「パンジーⅢ」の３つの生活介護事業所が点在している。

本章の冒頭で紹介した江頭祐司さん。強度行動障害判定を下されながらも、重度訪問介護制度を利用したアパート暮らしを続ける彼は、無添加のパン工房があるパンジーの片隅にいた。かつての激しい行動障害の痕跡は、作業所においても見ることができない。

江頭さんはソファにゆったりと腰掛けていた。やがて立ち上がると、厨房を覗いたり、他の利用者の作業を眺めたりした。支援員の声かけには、わずかな笑みも覗かせている。

「あの江頭さんですが」と、支援員の一人は言った。

「以前は大声を出したり、いきなり外に飛び出してコンビニに駆け込んだりと、とにかく多動でした。それが、あんなに落ち着いたんです。自分の行動パターンが乱されないことがわかって、安心したのだと思います。いまでは突発的な行動をとることは、ほとんどなくなりました」

一方、前出の山本博さんの姿はパンジーⅡにあった。紺色のズボンにベストというラフな出で立ち。彼はしばらく事業所内のソファでのんびり過ごしていたが、やがて作業テーブルに向かうと、ハンガーのフックにウレタンをかぶせる作業を始めた。

江頭さんと同じく、行動障害の予兆は、まったく見られない。博さんは支援者の呼びかけに対しても、明確な反応を示していた。

管理者の西野貴善さんは言った。

「山本さんは元々、物事すべてを一人でやらないと気が済まないところがあったんです。それで混乱し、ときに激しい行為に及ぶ。アルミ缶を粉々に噛み裂いたこともありました。でも、いまは自分一人でやらなくても、誰かに頼っていいんだと思うようになったのでしょう。そこから支援者との信頼関係が育まれたような気がします」

博さんは毎週火曜日と木曜日に、各事業所の弁当箱回収の仕事を担っている。それが、自分の役割だということも、いまでは認識しているという。

「毎週金曜日の午前中には、恒例のハイキングが待っています。山本さんはこのハイキングを楽しみにしてるんです。休日になると、ガイドヘルパーと難波に行って外食も楽しんでいるし、そういう自分のルーティンが守られているのも、山本さんの安心材料になっているんだと感じます。地域にもずいぶん溶け込んできましたね」

江頭祐司さんと山本博さん。かつて混乱と昏迷の渦中で修羅場を演じたこの２人の重度知的障害者は、長い歳月を経て、いま「ごく普通の生活」を取り戻そうとしている。

第6章　水増し請求

1

緘黙症のような症状を抱えるサキエちゃん（172ページ参照）。促されなければ行動に移せない彼女が、最初に大胆な行動に出たのは入所から9ヶ月目のことである。

この日、サキエちゃんのAホームは休み。ある男性パート職員が日中の世話人として同ホームに入っていた。

夕方、その職員が夜勤者と入れ違いにAホームを後にしたときだった。背後から何かが急接近する気配を感じた。ふり返ると、サキエちゃんが猛烈な勢いで坂を駆け下りてくる。

「危ない！」と思ったその瞬間、足をもたつかせ、顔面から激しく転倒した。

職員は慌てて駆け寄った。倒れたままのサキエちゃんの顎から鮮血が噴き出していた。彼女はすぐさま病院に連れていかれたが（顎に5針を縫う裂傷を負った）、このサキエちゃんの突発行為は、男性職員を追いかけたこと以外にその理由が考えられなかった。

それから2ヶ月後、彼女はまたもやグループホームからの脱出を試みた。帰りの送迎業務でパート職員のIさんがAホームの面々を送り届けた際、夜勤世話人の目を盗んで、そのまま姿を消してしまったのである。

彼女は何時間経っても発見されなかった。T作業所では警察に捜索願いを出し、複数の警察官が捜索活動に当たった。サキエちゃんがホームに近い公園で無事保護されたのは、その翌日の午前10時頃だったという。

その間、Iさんは警察による任意の家宅捜索を受けると、押し入れやトイレ、自家用車のなかに至るまで、ありとあらゆるところを捜索されるという屈辱を味わった。おそらく責任を転嫁するつもりだったのだろう。当日の夜勤世話人が「Iさんが誘拐した」と、根も葉もないことを言い出したのがきっかけである。

もちろん、Iさんには「アリバイ」があった。Aホームを最後の送迎業務として、Iさんがまもなくて作業所に戻ってきたのを多くの職員が確認している。それよりも、IさんにはサキエちゃんをI「誘拐」する理由など、どこにもなかった。

ただ、サキエちゃんがIさんを慕っていたのは事実だった。Iさんも彼女をまるで孫のように可愛がっていた。そこから、事の真相に迫ったこんな言葉がスタッフ間で囁《ささや》かれるようになった。

「伊藤さん（サキエちゃん）は、Iさんの車を追いかけたんじゃないか？」

だとしたら、彼女は2度にわたって職員を追いかけたことになる。なぜ追いかけたのか。Iさんに助けを求めたかったためか。当日の夜勤世話人から逃れたかったためか。それとも、グループホーム生活そのものから解放されたかったためか……。

それらの想いのすべてがサキエちゃんのなかで混在していたのかもしれない。いずれにしても、彼女が生活の拠点とする環境を苦痛に思っていたことだけは確かだった。そして、救いを求めて当てもなく彷徨い続け、ひっそりとした公園で不安に怯えながら独り夜を明かす。その物言わぬ彼女の孤独を思うと、私の胸は切なさで締め付けられた。

それでも彼女に対するT作業所の扱いは、いささかも変わることがない。それはいかにも監視的であり、ある意味で冷徹そのものだった。


あるとき、非番だった私のもとにIさんから電話が入った。

「今日の朝礼でJさん、何て言ったと思う？」

Iさんの声が怒りで震えていた。

「『伊藤さん（サキエちゃん）は計算高いから、くれぐれも欺《だま》されないように』って言ったんだ。『計算高い』……とは。もうハラワタが煮えくり返るほど腹が立ってね。別のスタッフまで『彼女は自分で何でもできるのに、甘えて何もしない』と言い出すし、障害のことを理解しようとする気持ちがまったくない。ひねくれた見方しかできないんだ。

できるけど、なぜしようとしないのか。そこを考えて支援するのが、我々の仕事じゃないか。それを、『計算高い』の一言で片付け、『欺されるな』『甘えさせるな』の一点張りだ。この会社はこういう仕事をしちゃいかん人間が社員として働いているんだよ。おれも、この会社、そろそろ限界だな」

2

書類偽造による利用料の「水増し請求」

私がT作業所の経営形態に、ある種の胡散臭《うさんくさ》さを感じたのは、入職から半年ほど経った頃である。

その日、私は早々に送迎業務を終え、午後5時前にT作業所に戻ってきた。T作業所のテーブルで複数の女性パート職員が、何やら事務仕事をしていた。退勤まで30分ほど残されている。

「手伝いましょうか?」と、声をかけた。

「じゃ、お願いしようかしら」

女性スタッフの一人が前月の利用者名簿を私に差し出してきた。グループホームごとに分かれた利用者名簿で、それぞれの利用者のT作業所利用日が利用時間帯とともに書かれている。T作業所の利用時間は通常「8:30~15:30」。しかし、よく見ると、「8:30~11:30」という欄もあり、そこにチェックが入っていた。

「このチェックした日の利用者の様子を、サービス提供実績記録票に書いてほしいのよ」

「でも、彼らの様子、見てませんよ。何て書けばいいんですか?」

「適当でいいのよ。書いたら記録者のところに自分の名前も入れてね」

深く考えもせず、サービス提供実績記録票を開くと、空欄になっているページに、利用者名簿でチェックされている日の利用者の様子を、文字通り「適当に」書き始めた。早い話が、虚偽の記載である。が、書き進めていくうちに、もう一つ妙なことに気づいた。

利用時間「8：30〜11：30」と書かれた日付が、ことごとくその利用者の休日に当たっていたことである。なかには休日なのに「8：30〜15：30」のフル利用と記載されている利用者もいた。

もちろん、彼らがＴ作業所を利用していたわけではない。にもかかわらず、Ｔ作業所を利用したかのように、個々のサービス提供実績記録票の空欄に嘘八百を書き込んでいく。

あとで知ったことだが、障害者総合支援法に基づく福祉サービス事業では、利用料の請求業務において、サービス提供実績記録票の記載が行政から確認を求められたときの証拠となるのだという。実際に利用していたとしても、その記載漏れがあれば、利用料の返却を求められる。逆に、架空に請求をしたとしても、サービス提供実績記録票にその利用痕跡を捏造《ねつぞう》さえしておけば、行政からお咎めを受けることもない。

後者は、書類偽造による利用料の「水増し請求」と呼ばれるものである。だとすると、私もまた、その不正に手を染めた一人になるのか。

私がこの不正業務に加担したのは、これが最初であり最後だった。だが、Ｔ作業所ではそれ以降もサービス提供実績記録票の捏造が、大々的かつ隠密裏に継続された。その過程で、障害区分に関係なく、すべての利用者の名前が虚偽記載に利用されていることがわかり、サテライト型住居に住む利用者までが頻繁に名前を使われていることも確認した（そのうちの一人は体調不良その他でたびたびT作業所を休んでいたが、その休みの多くを「利用日」とされていた）。

あるとき、私の名前が同記録票の記載者として、勝手に使われているのを発見した。筆跡はまるで違う。当然、私が書いたものではない。私以外にも名前を使われたスタッフが何人かいて、パート職員のIさんも知らぬ間に自分の名前を使われた一人だった。そのサービス提供実績記録票を見せると、Iさんは不思議そうに言った。

「おれ、こんな字書かないよ。誰が何のために、おれの名前を使ったんだい？」

詐欺容疑で逮捕も

実際、福祉事業所において、こうした水増し請求は後を絶つことがない。これまで利用料の不正受給の発覚によって、多くの事業所が運営事業者としての指定を取り消されてきた。詐欺容疑で職員が逮捕されることも珍しくない。

最近では、全国で１０４カ所のグループホーム（利用者定員１８２４名）を運営する「恵《めぐみ》」が、組織ぐるみの大掛かりな不正受給をしていたことが発覚した。

食材費の過大徴収やサービス報酬の不正（水増し）請求などで約２億９９００万円を騙し取ったとして、愛知県と名古屋市は２０２４年６月、５カ所のグループホームの事業所指定の取り消し処分を公表。それ以外の99カ所のグループホームについても、厚労省が「恵」の事業所指定の更新を認めず、指定期間の満了に伴い、随時指定を取り消す「連座制」を適用することを決定している。

また、２０２３年３月には、東京都青梅市の事業所が２０１８年１月から２０２２年７月にかけて、訓練等給付費を架空請求するなどして約２億２８００万円を不正受給していたことが発覚し、同事業所の運営事業者指定が取り消された。

さらに、同年10月には、神戸市の就労継続支援Ｂ型事業所が、同年６月までに約８０００万円の架空請求をしたとして、サービス管理責任者を含む２人の職員が、詐欺容疑で逮捕されている。

「それでも」と、さる福祉関係者は言う。

「こうした不正は、氷山の一角でしょう。多くの福祉法人が法に従った健全経営をする一方で、水面下では水増しによる不正請求に手を染めている事業所も多いはずです。というのも、これまで発覚した不正受給の多くが、長い間表沙汰にならず見過ごされてきたからです。

こうした不正が、なぜ発覚しにくいのか。その理由の一つとして、監督機関でもある行政のやる気のなさもあると思いますよ。不正受給の調査に関しては、特にそれが目立つような気がします。

私の知人が『これ以上、見て見ぬ振りはできない』と、自身が勤務する事業所の水増し請求を告発したことがありました。ところが、行政の担当者が『それを客観的に証明できる物的証拠はあるのか?』と、うんざりした口調で聞いてきたと言うんです。あとで手を加えた記録書の虚偽記載についても、『単に記録するのを忘れて、あとで書いたんじゃないか?』と言われたそうです。

結局、調査らしきことはしたそうですが、事業者側の嘘で固めた説明だけを鵜呑《うの》みにして、何のお咎めもなし。知人も『これじゃ、何のための告発かわからない』と、嘆いてましたね」

では、こうした経理上の不正は、どういう経路で発覚するのか。

「新聞などの内部取材や報道から行政が動き出すこともありますが、自治体や県が虐待の調査で事業所の内部に入ったとき、水増し請求などが芋づる式に発覚するケースが多いようです。こうした不正は、営利を目的とする法人に目立ち、そういう営利法人が福祉事業のイメージを下げているところもあるんです」

営利法人であるT作業所も、知的障害者を食い物にして不当な利益を貪ってきたのか。

私が在職中に退職したが、T作業所にはある女性が常勤として働いていた。あるとき、彼女は「なぜ、あんなこと（書類捏造）をパートさんにやらせるのか」と、施設長に食ってかかった。施設長は平然として答えたという。

「月に使える（利用できる）日数の上限が決まっている（月30日の場合は22日、月31日の場合は23日の利用が上限となっている）。使っていない日数を利用日として使っているだけだから、不正じゃない」

だが、この弁明には何の説得力もない。それどころか、詐欺容疑をかけられても文句は言えないだろう。サービス提供実績記録票の捏造に長く加担してきた女性パート職員は、のちに不安げにこう漏らしている。

「行政から目をつけられたら、私たちもお咎めを受けるのかしら？　ちょっと心配になってきたわ」

3

来所早々のアベッチが、嬉しそうに私のもとに駆け寄ってきた。

「ドラクエの攻略本、もらえた」

ドラクエとは「ドラゴンクエスト」の略。１９８６年（昭和61年）に発売されて以来、世界中で爆発的なヒット商品となったファミリーコンピュータのソフトである。

アベッチはそのドラクエの攻略本を1ヶ月ほど前に個人の買い物で購入した。しかし、攻略本を開く前に「ルールを破った」として、それを取り上げられている。施設長には「しばらく渡せないね」と言われ、U子さんには「そんなことしてると、永久に渡さないからね！」と一喝されていた。楽しみにしていたその攻略本が、この日、ようやくアベッチのもとに戻されたのだという。

よほど嬉しかったのか、アベッチは私の手を握っていた。それを見た若い女性社員が、アベッチに苦言を呈した。

「手、握っていいの？」

「手を握っちゃいけない決まりがあるの？」

代わりに私が答えた。

「そうみたいです」

彼女は苦く笑って、その場を離れた。


そうこうするうちに、Ａホームの個性豊かな面々が来所してきた。「おや？」と思った。サキエちゃんの様子が、どうもおかしい。支援者に支えられ、恐る恐る両足を引きずりながら、蝸牛《かたつむり》のように歩いてくる。痛みに耐えているのか、表情が少し歪んでいた。それでも私が近寄ると、いつものように片手を上げ、クリッとした瞳でハイタッチを求めてきた（ハイタッチは私たちの挨拶代わりになっていた）。

「昨夜、２階の自分の部屋から飛び降りたみたいでね」

送迎担当の職員が言った。

「どうやら逃げようとしたみたいです。骨折はないと思いますが」

私はサキエちゃんを椅子に座らせると、彼女のズボンの裾をまくり上げた。両足とも膝下から足先まで赤い内出血で覆われ、下肢全体が丸太のように腫れ上がっている。特に左膝下の腫れがひどく、脛骨の周辺は暗紫色に隆起し、黒ずんで腫れ上がっている足首も、「くびれ」をまったく失っていた。

病院には連れていっていないという。緊急の措置として、私はサキエちゃんの両下肢に、数枚の保冷剤をあてがうしかなかった。

彼女がようやく外科の診察を受けたのは、この3日後のことである（それも、私が社員を急かせた末の受診だった）。骨折はなかったが、サキエちゃんの両足の腫れは何日経っても引くことがなく、むしろ炎症の度合いはひどくなっていった。


それにしても、〝事件〟はいかなる経緯で起きたのか。

その前夜、Aホームの夜勤者は、ある女性パート職員だった。遅刻の常習犯である彼女が、始業時間を過ぎても、一向に姿を現さない。連絡を取ると、「勤務日を勘違いしていた」という。

彼女が到着するまで、U子さんがAホームの待機に入った。そのU子さんがキッチンに立ち、入居者の夕食を作っているときだった。

キッチンの出窓の外で、ドスン！という大きな音がした。続いて雑草をかき分け、何かが動き出す気配がした。キッチンのちょうど真上は、サキエちゃんの居室になっている。

U子さんが外に出ると、はたして背中を向けて走り去るサキエちゃんの姿があった。しかし、両足を痛め、走る勢いが削がれている。太り気味で、「足の遅さ」を自認するU子さんでも、まもなく追いついた。

それでも、前夜にそんなことがあったというのに、T作業所におけるサキエちゃんはわりと機嫌が良かった。

「足、痛かったでしょ？」

私は笑いながら言った。

「大人しい顔して、ずいぶん無茶なことするんだねぇ」

サキエちゃんは言葉を返すことなく、ただクスクスと笑った。

だが、この「クスクス笑い」や「ニヤニヤ笑い」が、一部の職員の目にはサキエちゃんの奸計《かんけい》と映っている。「駆け引きする」「計算高い」「甘えているだけ」……。偏見に満ちたこれらの決めつけが、どれほど彼女の自立への阻害要因となってきたか。

結局、この「飛び降り事件」によって、サキエちゃんにはおやつと個人の買い物の禁止の懲罰が下った。先の半日以上にわたる「失踪事件」で下された懲罰の継続である。

T作業所の懲罰主義に懐疑的だったパート職員の一人は、溜め息交じりにこう口にした。

「サキエさんだけじゃないわ。Aホームの全員がこのところずっと買い物禁止だし、なかには3ヶ月も禁止にされている子もいるのよ。なにもそこまで厳しくしなくたっていいのに……」

＊

「私はニュージーランドの施設で育ちました。私がいま一番思うことは、子供も大人もけっしてこのような経験をしてはならないということです。たとえグループホームであっても、他の人から引き離されたような環境にあれば、入所施設とまったく同じなのです。そういう環境は地域で暮らす権利を奪ってしまいます。施設はレンガやモルタルだけで作られているのではありません。人の考え、態度、行動こそが施設を作っているのです」

２０２３年10月16日。新横浜駅に近い障害者スポーツ文化センター。「世界の仲間と語り合おう！　津久井やまゆり園事件から7年」の横断幕が張られたそのホールで、ニュージーランドからやってきた一人の知的障害者が、通訳を介したスピーチを行なっていた。

ロバート・マーティンさん（２０２４年4月30日死去）。知的障害者初の国連障害者権利委員会の委員である。

マーティンさんは人生の多くをニュージーランドのコロニーで過ごした。彼についてのノンフィクション『世界を変える知的障害者』（現代書館）には、コロニーの密室で職員によって性的な虐待を受けたことなどが、赤裸々に書かれている。

退所後、マーティンさんは障害者の自立運動に参加するようになった。国際的なセルフ・アドボカシー運動や障害者権利条約の成立にも尽力し、２０２０年には「Ｓｉｒ（ナイト）」の称号も授与された。

「私は、私と同じ年ぐらいの人たちがしていたような経験がありませんでした。自分の国の文化や政治が、どうなっているのかも知りませんでした。ニュージーランドにはオールブラックスという有名なラグビーチームがありますが、そのことも知りませんでした。ベトナム戦争があったことや公民権運動、人類が月に降り立ったことも知りませんでした。人との付き合い方がわからなかったし、他の人をどのように大切にしたらいいのかもわかりませんでした。私は自分でいることが許されず、人間として見られなかったのです。だから、私は施設を出たとき、そこから再び自分の人生を学び直さなければなりませんでした。私は一人の人間にならなければならなかったのです」

マーティンさんが熱く語るステージの隅では、ピープルファースト・カナダ代表の当事者コリー・アールさん、スウェーデンの当事者団体「グルンデン協会」に所属するエミリー・ムティエンさんが、次のスピーチに備えて待機していた。彼らの国は福祉の先進国で、入所施設もすでに閉鎖されている。

この3日前には、ピープルファーストの全国大会が、海外からの参加者も含めた1200人を超える聴衆を集めて、大阪で開かれていた。

その後、マーティンさんを始めとする諸外国の当事者リーダーたちは、衆議院議員会館などで脱施設化を訴える講演活動を精力的に行ない、この日も新横浜で300人を超える当事者中心の聴衆の前で、脱施設化に伴う地域移行への重要性を訴えた。

その聴衆のなかに、東大阪市からやってきた一人の知的障害者がいた。創思苑パンジーの山田浩さん。ピープルファースト大阪大会の実行委員長である。

「日本から入所施設をなくすことが僕らの目標です」

山田さんは言った。

「そのために全国を回って陳情したり、抗議活動をしたりしています。津久井やまゆり園も訪れましたが、なんでわざわざ何十億円もかけて建て替えたのか、首を傾げましたわ。そのお金を地域移行のほうに回せばいいだけじゃないですか。

つい数ヶ月前（２０２３年６月）、北海道の江差町のグループホームで多くの入居者が不妊処置を受けていたことが発覚したやないですか。そこの自治体や道庁にも抗議に行きましたけど、『お答えできません』『いま調査中です』の返事ばっかりで、話にならん。こっちが〝子供産ませない。面倒みられん〟とはどういうことですか？』といくら聞いても、まったくなしのつぶてで……。

虐待があった山口県や岡山県の施設にも行って『そういうことはやめてほしい』と訴えてきました。キッチンの冷蔵庫に鍵をかけているグループホームもありましたわ。これじゃ、入所施設と変わりない。『鍵かけることに意味はあるのか?』などと文句も言ってきましたが、ここでも曖昧な返事しかなかった。

こうした抗議活動で残念に思っているのは、虐待を受けた当の本人になかなか会わせてもらえなかったことです。隠そうとするんですわ。日本はまだまだ障害者の人権が軽んじられているのと違うかな」

*

山田浩さんは1972年(昭和47年)1月、東大阪市で生まれた。3歳の頃まで発語がなく、歩き始めるのも遅かったという。

1978年(昭和53年)、地元の小学校に入学。しかし、授業についていけず、3年生の終わり頃には特別支援学級にも籍を置いた。

山田さんはふり返る。

「音楽と体育だけ普通学級で学び、それ以外は特別支援学級にいました。普通学級では友だちがあまりできなかったし、特別支援学級なら絵を描くとか好きなことできるかな?と思ってたけど、それほど好きなことはできなかった。それより、音楽の先生が厳しくてかなわんかった。いつも僕ばっかり叱るから、音楽が嫌いになりましたわ」

小学校では剣道クラブに所属した。しかし、普通学級の部員から虐めに遭い、１ヶ月程度で退部した。

１９８４年（昭和59年）、八尾市の特別支援中学校に入学。当初は通学バスを利用して学校に通っていたが、途中から電車と公共バスを乗り継いで通学するようになった。

「通学バスのなかで、僕のことを蹴ったりする仲間がおったんです。いくら『やめてくれ』言うてもやめてくれんでね。もうダメや、限界やって思った。それで、通学バスをやめて、電車通学に切り替えたんです。それでも、中学生時代は運動会とか楽しかったし、生きづらさというのは特に感じませんでした」

高校も特別支援学校で学んだ。ここでも通学バスを回避し、電車での自主通学を続けた。高校時代は体育の授業が楽しみで、「マラソン以外なら」どんなスポーツもうまくこなしたという。

「ただ、国語が苦手でね。いまでも字、読めないです」

順風満帆とは言えないものの、ここまでの山田さんの人生には、特に「壁」らしきものは立ちはだかっていない。苦境に立たされたのは、高校卒業後のこと。知的障害者の多くが同じ経験をしているように、彼もまた、就職活動で大きく躓《つまず》いた。

「クリーニング店に実習に行ったんです。ところが、『早くせい！』『モタモタするな！』などと怒られてばかり。手は荒れるわ、急かされるわで、イヤでイヤでしかたがなかった。僕、気が弱かったんですよ。何か言われても言い返せないで、いつもフニャってなっていたから」

山田さんは3ヶ月ほどでクリーニング店を逃げ出すと、自宅に引き籠もった。息子の行く末を案じた両親が、府下の入所施設に体験入所させたことで、彼の不安はさらに増幅する。

「たしか3人部屋に入れられました。朝掃除して、飯食べて、軽作業に出かけ、午後の4時ぐらいには風呂に入る。そして、夜9時になったら、職員が電気を消してしまうんです。職員も厳しかった。叩かれたりはしなかったけど、『早くしろ！』などと命令口調なので、ビクビクしてましたわ。風呂入っていたときなんか、『長すぎる！』って怒られましたもん。のんびり入浴することもできなかった。外にも出られませんでした。中庭みたいなところに作業場があって、外出と言っても、そこに行けるぐらいでした。

いま考えると、入所施設には自由がありませんでした。決められたスケジュール通りに動かされるし、まるでベルトコンベアーに乗せられているような気分やった。入所施設に一生いるなんて、絶対イヤやと思いました。数日後、両親が迎えに来たとき、『大丈夫か?』と聞くから、『大丈夫じゃない!』。そのまま泣き出してしまって（笑）」

自宅に戻った山田さんは、再び引き籠もり生活に身を埋《うず》めた。何もやる気が起きず、一歩も外に出ない日が続いた。両親は「しょうがないな」と言いつつも、山田さんを急き立てることはしなかったという。

就職への挫折感と、入所施設で身に染みた閉塞感と孤独感。山田さんの活動範囲は、自宅の狭い一室に限定された。創思苑理事長の林淑美さんによると、就職の失敗を契機にこうした引き籠もり状態に陥るのが、知的障害者たちの顕著な傾向だという。

「彼らは年金だけで暮らし、そのお金も親が管理するというパターンが多いから、行動も制限されがちなんです。しかも、周囲からは『仕事もしないで』と、白い目で見られる。かといって、社会に出たら出たで厳しい人間関係が待っています。ようするに情報がないので、何をしていいかわからず、ずるずると引き籠もり生活を続けていくんですね」

山田さんの引き籠もり生活は、10年近くにも及んだ。その間、就労継続支援B型作業所に通い、デパートの手提げ袋やお歳暮用の紙箱などを作ったが、「同僚の虐めに堪えきれなくなって」、まもなく逃げ出した。

「辛い時期やった」

山田さんはしみじみと言う。

「自宅では自分の部屋で寝てばかりいましたし、外に出るのが億劫で外食もしませんでした。親ともあまり一緒に食事をしなかったから、深夜こっそり冷蔵庫を開けて、食べてもいました。お金はないし、気を紛らわすものもない。酒も飲みませんでした。やることといったら布団かぶって寝ることぐらい。ホンマ、しんどかった」

＊

29歳だった2001年5月、パンジーから2人の利用者が山田さんを訪ねてきた。2人が2階の和室に顔を出すと、山田さんが頭から布団をかぶって寝ていた。一向に顔を出そうとしない山田さんに、パンジーの2人が声をかけた。

「うちのデイサービスに来て、みんなと交流しませんか?」

山田さんが掛け布団を少しめくり上げ、2人に眠たげな目を向けた。

「もう少ししたらパンジー祭りもあります。それにも参加しませんか？」

いかにも思いやり深い声かけに、山田さんはどこか安心するものを感じたという。

「どんなところかな？って、少しだけ興味が湧きました。行ったら仲間も増えるかな？とも思って、お祭りに参加し、デイサービスにも通うことにしたんです。デイサービスはどこにも行くところがない人たちが交流する場所で、みんなが僕を歓迎してくれましたわ。ここならやっていけるかもしれない。そう思いました」

その1年後、山田さんはパンジーの作業所で働き始めた。そこで無添加のパンやケーキを作った。利用者個々のノルマは設けられていない。マイペースを最優先させたその方針が、「プレッシャーに弱い」山田さんにとって何よりの救いになった。

林さんは言う。

「最初の頃、山田さんはあまり話をしませんでした。気が弱く、引っ込み思案で、話もオウム返し。自己主張が不得意でしてね。でも、いろんなことに取り組んでいくうちに、自分の殻を少しずつ破っていったんです」

２００４年、32歳の山田さんは親元を離れ、パンジーのグループホームに入居した。２０１４年には父親を亡くしたが、その哀しみも乗り越えた。

２０１６年のパンジーメディア（２９１ページ参照）の開局に当たっては、その技術スタッフとして参加し、スタジオのスイッチャーの役目を自ら買って出た。２０１８年にはヒマラヤのアンナプルナトレッキング（２９５ページ参照）にも参加している。

「あのトレッキング体験で、僕、変わったんと違うかな。もう一つのグループと離れて、辺りが真っ暗になったときは、何かにぶつかってしまって。それ、馬だったんですよ（笑）。ホンマ、あのときは最後まで登れるか、不安で不安でしょうがなかった。でも、それを達成したことで、自分でもやれるんだということを実感できたんです」

その後、創思苑の法人理事に就任。パンジーメディアが制作するドキュメント作品では、インタビュアーやナレーションを務めるようにもなった。そして、２０２３年10月のピープルファースト大阪大会の開催に先立って、大会実行委員長の就任に自ら名乗りを上げる。

山田さんは言った。

「何年も引き籠もっていた僕が、いまでは全国を陳情や取材で飛び回っている。昔と正反対な生活をしていることに、自分でも不思議な感じもしますが、いまは毎日が充実しています。それもこれも一緒に頑張ってくれる仲間がいてくれたおかげです。とにかく、入所施設をなくし、地域生活への移行を促すのが、僕らの仕事や思っています。そのためにも今後は他の障害者団体とも協力し合って、障害者の人権回復をさらに訴えていかなければならない。そう思っています」

4

ヤス君が発熱した。新型コロナウイルスの簡易キット検査では陰性反応を示したものの、一向に熱が下がらないため、急きょＤホームが休みになった。日中の世話人が到着するまで、その待機業務に入ったのは私である。

発熱者がいたので、ホームでは全員が居室待機の措置をとられていた。それでもかっちゃんや智ちゃんが、たびたび私のいる居間に降りてくる。

かっちゃんはいかにも不満げだった。

「休みは暇でしょうがないよ。以前、入所施設にいた頃は、月に1〜2回ぐらいは外で飲み食いしたし、年に1回はみんなで一泊旅行にも行ったんだ。もっと自由にしたい。働きにも出たいよ。でも、保護者の弟が『兄貴、もう少しそこで我慢しろ』って言うんだ」

かっちゃんはそう言うと、私の名前を呼んで、こう付け加えた。

「ねぇ、早く偉くなって僕をここから出してよ」

智ちゃんも「外に出たい」と、さかんに口にした。

「外で何をしたい?」

私の問いに、智ちゃんは「居酒屋で酒飲みたい」。そう言った後、ポツンと口にした。

「家に帰りたいなあ」

それにしても、この智ちゃんの変わりようは、いったいどこからきたのか。かつては一匹狼の雰囲気を存分に漂わせ、誰彼となく激しく噛み付いていた。妄想的なところもあり、訳のわからないことを口走っては、ときにT作業所から姿をくらます。

そういう特性がすっかり消え、智ちゃんは穏やかな別人格に生まれ変わっていた。この日も、1階の居室で寝るヤス君の様子を何度も見に来ては、「大丈夫か?」と声をかけている。

なぜ彼は、こうも人格を変貌させたのか。その大きな理由として考えられることがある。ホームで智ちゃんをさんざん投げ飛ばしてきたGさん。この1年ほど前、彼は智ちゃんとの暴力的な確執関係の継続で、ノイローゼ状態に陥ってしまった。「このままでは、とんでもないことをしでかしそうだ」というGさんの訴えで、T作業所は彼をDホームから外し、女性ホームを含む他のグループホームの夜勤世話人へと配置換えした。

以来、智ちゃんは少しずつ穏やかさを取り戻し、妄想的な観念からも解放されていった。私にはそう思えた。

智ちゃんだけではない。Gさんに登山杖で頭を叩かれていたヤス君も、T作業所で暴れ出す頻度が明らかに減った。

Dホームには「ご馳走様も言えないのか！」と、頭を殴られていた利用者もいた。無気力だった彼もまた、T作業所では鼻歌交じりで歌を歌い、ときに自分からスタッフに話しかけるなど、目を疑うような明るさを取り戻していた。

「明るくなったのは、Gさんがホームからいなくなったからじゃないかな」

かっちゃんは観察眼鋭く口にした。

「だって以前はGさんが近くに寄るだけで、ブルブル震えていたんだよ。それから解放されて、きっと安心したんだ。智ちゃんが穏やかになったのも、GさんがDホームを離れたのが大きいと思うよ」

＊

正午、Dホームの待機者がやってきたので、そのままT作業所に戻った。ショッキングな話が舞い込んできたのは、私がスタッフルームで遅い昼食をとっていたときである。サキエちゃんが退所したという（たしかに、この日はサキエちゃんの姿がなかった）。

立て続けに起きた彼女の無謀な脱出劇。なかでも半日以上にわたる失踪劇と2階からの決死のダイビングが、サキエちゃんの両親の逆鱗に触れた。又聞きによれば、「ここには、もう預けられない」と、両親が娘をAホームから家財道具ごと、強引に連れ出したのだという。

しかし、どうやら真相は逆である。のちに私はサキエちゃんの母親と電話で話す機会があった。母親は私にこう打ち明けている。

「施設長のほうが『もううちでは面倒をみられない』と、退所を迫ってきたんです。主人も相当怒ってました。電話口で施設長に文句言ってましたよ」

その日の夕方、私はサキエちゃんが抜けたAホームの面々を送迎車で送った。その際、夜勤の女性世話人にサキエちゃんの退所を伝えた。すると、彼女は驚く様子も見せず、口早にサキエちゃん批判を始めた。

「あの人（サキエちゃん）は狡い人だよ！　T作業所では30〜40分でご飯を食べるというのに、私がホームに入ったときは、1時間30分もかけるんだよ。Jさんには『甘く見られているから、厳しく接してください』と言われてるし、厳しくしてきたつもりだけど、私のときはぜんぜん言うこと聞かない」

「厳しく接するだけがベストだと思いませんが」

「だって！」と、彼女のトーンが上がった。

「あなたたちが甘やかすから、あんなふうになっちゃったんじゃないの！」

「そういう問題じゃありません！」

私も少しむきになった。

「彼女には安心できる自分の居場所が必要だったんです」

「そうやって甘やかすからダメなの！」

このままでは大喧嘩に発展しかねない。私は早々にその場を離れると、T作業所に舞い戻ってきた。

スタッフルームにはIさんとGさんがいた。私も含めて3人揃って「サキエちゃんシンパ」である。

「サキエさんもさすがに耐えられなくなったんじゃないかな。あのグループホームじゃ」

Iさんが淋しそうに呟いた。

「たしかに、ここ（T作業所）でガミガミ言われて、おまけにグループホームでもガミガミ言われて、本人もイヤになってしまったんでしょう」

Gさんも考え込むように言った。

「サキエちゃんは自分の居場所がなかったんですよ」と、私は言った。

「あのホームが苦痛で苦痛で堪らなかったんです。2階から飛び降りてまで逃げ出そうとした気持ちを考えると、なんだか切なくなってくる」

「おれもそう思います」と、Gさんが同調した。

「居場所を作ってあげなくちゃ。おれがAホームの夜勤に入ったときなんか、サキエさん、ニコニコしてますもん。逃げ出そうなんて仕草は、これっぽっちも見せない。『次いつ来るの？』って、いつも聞いてきたし」

サキエちゃんは退所したその日のうちに精神科病院に入院したという。Ｔ作業所に入るまで留まっていた病院である。

サキエちゃんはその病院から地域生活を目指して、Ｔ作業所にやってきたはずだった。それからわずか１年後に舞い戻った、地域から隔絶された冷たい壁のなか……。

Ｉさんがポツンと言った。

「彼女にとって病院で暮らすほうが、ホントは幸せなのかもしれないな。ここにいるよりは、大切にされるだろうし……」

＊

アスペルガー症候群の育子さんが、朝から「およげ！たいやきくん」の替え歌を口ずさんでいる。

♪まいにち～まいにち～タオル折りばっかり～いつも職員に虐められて～イヤになっちゃうよ～♪

その軽妙な即興歌詞に思わず感心した。しかし、当の育子さんの表情はドロンとして、いかにも暗い。

度重なる買い物禁止という懲罰。好きな洋服さえ自分の好みで購入することができず、彼女は慢性的な「不満症候群」に陥っていた。

前記したように、交番へのＳＯＳ発信の駆け込みは、「未遂」に終わった（２１７ページ参照）。この駆け込み騒動の後には、世話人の目を盗んでＡホームの電話から警察に連絡した。

グループホームの電話は暗証番号を入力しなければ、外部への発信ができない（暗証番号は利用者に知らされていない）。しかし、「１１０番」や「１１９番」といった緊急ダイヤルに関しては、暗証番号を入力する必要がなかった。

「虐待されてます。ここから出してください！」

対応に出た通信指令室の警察官に、育子さんは自分の窮状を訴えた。

１１０番通報は年間で約１８０万件。そのうちの2割程度が悪戯や非緊急性のものだという。うまく自分の気持ちを伝達できない育子さんの要求に、警察官も戸惑ったのかもしれない。「世話人に電話を代わるように」説得され、育子さんはそれに従った。

こうなると、もはや彼女の切実な訴えも簡単に闇へと葬られてしまう。この一件で、育子さんはまたもや買い物禁止の懲罰を食らい、陰鬱な性格をさらに暗くした。


それでも後日、育子さんは担当の相談支援員に付き添われて、別法人が運営する２軒のグループホームを見学してきた。彼女にとっては、転居を見越した見学である。

「どっちがいいと思う？」

彼女は私に２つのグループホームのパンフレットを見せた。その一つには「ペットが寄り添うグループホーム」と書かれている。「ショッピングは一人で自由気まま（付き添い希望の方は同行します）。ご飯も一緒に作れます」とも謳われていた。

「ここいいんじゃないの？　ペットもいるし、自由そうだし」

私は言った。

「ショートステイの体験してみますか？って相談員さんに聞かれたので、体験したいって答えた。でも、家賃少し高そうだったからなあ」

育子さんは考え込むように言った。

「年金の範囲内でやってくれるから、それは大丈夫じゃないかな」

私は気づかなかったが、U子さんがこのやりとりを後ろのほうで聞いていた。

「ちょっと」と、奥のほうに呼ばれた。

「あまり（育子さんの）相手しないでください。何聞かれても、ふ〜ん、そうなんだぐらいで答えてください。どっちにしても移らないんだし、期待させても可哀想だから」

「ここに残るということ？」

「そうです」

U子さんは答えた。

「施設を移りたい、移りたいってしつこいから、他のグループホームを見学させただけです。施設はどこでも、良い面と悪い面がありますからね。彼女の場合、良いと言っても、いつなんどき悪いと言い出すかわからない。そういうタイプですから」

期待をいたずらに煽っているのは、どっちのほうなのか。結局はT作業所と相談支援員が結託して、表面上で取り繕っただけの嘘まみれの「同意」を育子さんに示したにすぎないのではないか。そして、育子さんはそのことをまったく知らない。

「あれからずいぶん経ったのに、何の返事もないよ。体験でショートステイさせてくれるって言ったのに、私、いつまで待たされるのかなあ」

彼女はしばらくこうぼやいていたが、私が退職する頃には、もう何も言わなくなっていた。

日本とまったく異なる、北欧諸国の事例

北欧諸国、特にスウェーデンやデンマークなど福祉先進国は、間接税の割合が高く、所得の半分以上が税金に回される。ただし、国際医療福祉大学大学院教授の大熊由紀子さん（前出）によると、これは「ゴム紐のついた税金」と言われ、いずれ国民一人一人に有意な形で戻ってくるお金だという。

大熊さんが説明する。

「まず大学を含めたあらゆる教育機関で、授業料なしの勉強ができることが挙げられます。日本のようにハクをつけるために、ただ大学に行くのではありません。ある分野の知識を深めたい人が大学で勉強するのであって、銀行マンや看護師、ヘルパー志望の人もその分野の学校に無料で入学できるのです。医学部も授業料が無料です。

しかも、ヘルパー志望の人が１年半学校で学んで、現場の仕事をやり始めたとします。でも、途中でもっと専門知識を学びたいと、学校に戻ることもできる。このときも授業料はも

ちろん無料。つまり、仕事で給料をもらい、学校では学費免除という一貫したシステムがこれらの国にあるんですね。

その上、医療費は無料で、老後もすべて福祉が無料で面倒をみてくれます。日本では老後のための貯金、子供の教育のための貯金、病気になったときに備えての貯金……と、死ぬまでお金の心配をしなければなりませんが、スウェーデンやデンマークでは貯金の必要がなく、貯金はバカンスに費やしたりしています。ですから、収入の半分以上を税金で取られても、ほとんどの人が納得しています。

福祉の現場にいる人も志を持ってその仕事に就いているので、福祉をお金儲けの対象とする発想さえありません。日本のように、障害者に税金を使うのはもったいないという考え自体がないのです。保育所時代から連帯の精神が身についていますので」

介護職には大きな存在価値も置かれている。

大熊さんが北欧諸国の福祉・教育に詳しいデンマーク在住の片岡豊さんに問い合わせたところ、彼らの平均月収は約48万円。勤務医の平均月収は介護職の1・5倍程度に留まり、日本のような医師と看護師の上下関係も希薄だという。

その医師にしても、日本の医師が忙殺の憂き目に遭っているのとは対照的に、子供の保育所の送り迎えをするなど、ごく普通の生活を送っている。

「入所施設はすでになく、重度の介護が必要な障害者やご老人は、いわゆる『自宅でない在宅』で、プライベートが守られた生活をしています。トイレからキッチン、風呂、そしてベッドに至るまですべてが自分用で、それが住まいというものだと、みんな思っているからです。

日本の入所施設のように、決まった時間に起床、食事、入浴、就寝といった縛りは、一切ありません。彼らがヘルパーを個々に雇用して、自分の希望に応じたサービスを受けているのです。そして、専門的な教育を受けたヘルパーは、障害者やお年寄りがいかに地域で生きき生きと暮らせるか。そういうことをつねに考える。だから、『ルールを守れ』『甘えさせない』などとは、誰一人として言わないんですよ（笑）」

＊

障害福祉分野には障害者の地域生活を包括的に支援するためのサービスが、いくつか用意されている。その一つに食事外出や買い物、余暇活動などをサポートする「移動支援」があり、T作業所でも3人ほど、そのサービスを利用していた。

キコちゃんもその一人だった。月に2度ほど「Wサービス」という業者がT作業所にやってきて、3時間程度の外出（移動）支援を受けている。

午前中にその支援を受けて、上機嫌でT作業所に戻ってきたある日のことだった。他の利用者と昼食をとり始めたキコちゃんのもとに、U子さんがツカツカと歩み寄ってきた。

「聞いたわよ。川上さん（キコちゃん）、あなた昨夜、黙ってお風呂に入って、お菓子も全部食べたんだって!? しかも、ハンカチ一枚だけ、勝手に洗濯機で洗ったんだって!?」

この一言が、上機嫌だったキコちゃんを不穏状態へと駆り立てた。

「なんでキコだけ、そんなこと言われるの？　他の人だって、移動支援で買ったお菓子食べてるじゃないか！　それなのに、何も言われない。おかしいよ〜！」

「T作業所にはT作業所のルールがあるの」

U子さんは「ルール」という常套の武器をかざすと、こう付け加えた。

「移動支援、なくなるかもね！」

「イヤだ！　もうここやめたい！」

「じゃ、やめちゃえば？」

U子さんの突き放すような言い方に、キコちゃんが荒れた。

「キコが来たくて、ここに来たんじゃない！」

「どこの施設でもダメだったから、ここに連れてこられたんでしょ？　暴れたり、暴力振ったりして」

「キコ、誰に対してもやってるわけじゃない！　話を聞いてほしいだけ。ここは何も話を聞いてくれないじゃないか！」

「じゃ、話聞いてくれるところに行けば？」

「行きたいよ！」

「あなたには無理だけどね」

「無理じゃない！」

「それなら、ここ出て行けば？」

あっという間に展開された、耳を塞ぎたくなるようなU子さんの言葉の暴力、そして見るに堪えない冷徹なネグレクト……。私はそれを阻止できずにいる自分を恥じ、他の支援者も傍観するだけだった。

キコちゃんが泣きながら外に飛び出した。私は彼女を追った。まもなくして連れ戻したが、気がついたとき、彼女はまたもや姿を消していた。

私は再び、外に出た。後ろのほうから、私の名を呼ぶ声が聞こえた。自動販売機の横でキコちゃんが手を振り、その傍らに一人の女性パート職員が付き添っていた（彼女は利用者想いの心優しい支援員だった）。

「販売機の下からこれ拾ったの」

キコちゃんが右の掌を開いた。長年の風雨に晒されて錆《さ》び付いた100円玉が、そこにあった。

「お金落ちてないかな？って思って探したら、ホントにお金、落ちてたの」

彼女の機嫌はすっかり良くなっていた。

「そのお金はキコちゃんが持っておきなよ。今度の個人の買い物のときアイスでも買って、その場でこっそり食べてしまえばいい」

「そうする」

彼女は100円玉を嬉しそうに自分の胸ポケットに入れた。

3人でT作業所に戻った。キコちゃんはまた、U子さんの叱責を浴びたが、虚《うつ》ろな目を床に向けるだけで、それに何とか堪えていた。偶然にも手に入った、錆びた100円玉が、彼女の興奮に歯止めをかけてくれていたのかもしれない。

しかし、帰りの送迎時だった。車の助手席に乗り込んだキコちゃんが、拾った１００円玉を私に差し出してきた。

「このお金、やっぱり返す」

「どうして？」

「だって、社員に見つかったら叱られるから。Ｕ子さんにまた叱られたら、イヤだもん」

キコちゃんは淋しげだった。

「わかった」と、私はその１００円玉を受け取った。

「じゃ、次一緒に個人の買い物に行くときまで預かってるよ」

「……うん」

彼女は小さく頷くと、車がグループホームに到着するまで、ぼんやりとした視線を窓外に向けたままだった。

第7章　ペナルティ主義への抗議

1

朝礼で「マー子ちゃん」のことが取り上げられている。マー子ちゃんは中度の知的障害者。その小さな体のどこにそんなパワーが潜んでいるのか、機嫌が悪くなると、耳をつんざくような大声を張り上げる。

彼女は誕生日を迎えたばかり。自分へのプレゼントとして念願のゲーム機器を購入していた。それが嬉しくて、夜も眠らずゲームに夢中になってしまう。「夜はしっかり眠ること」と約束させられたが、マー子ちゃんはその言いつけを一向に守らない。とうとうゲーム機を没収されてしまった。

「そのことで、2日前からずっと不穏状態なんです」と、Jさんは言った。

「嫌がらせで失禁までしています。昨日なんて4回も失禁しました。失禁すれば、職員がかまってくれると思って、味を占めてるんですよ。だから今日の移動支援、どうするか考えているところです。罰として中止にするか……。これも本人のためなので」

キコちゃんが利用する移動支援は、マー子ちゃんも定期的に利用している。業者も同じ「Wサービス」で、この日は午前中に彼女の支援が予定されていた。しかし、T作業所では移動支援の利用を、業者が到着するまで当人に教えてはいけない決まりになっている。「移動支援を利用しない他の利用者が僻《ひが》まないようにするため」の配慮だという。

マー子ちゃんはこの福祉サービスをいつも心待ちにしていた。彼女の場合、大好きな電車を眺めてさえいれば、これといって他に要求するものはない。

ワンコさんも、Wサービスの移動支援を利用している。彼女の場合は買い物を済ませたのち、業者の事務所で「テレビを見ながら昼弁当を食べること」が楽しみだという。彼女もまた、それ以外にこれといった要求はない。

このことは、彼女たちがいかに「ノーマルな生活」に飢えているかを逆説的に物語る。電車を眺めたり、テレビを見ながら昼食をとったりすることが、はたして胸を張れるほどノーマルな生活と言えるのか。

10時、Wサービスの職員が、軽自動車でT作業所に到着した。「不穏疲れ」のためか、テーブルに顔を埋めていたマー子ちゃんが、それに気がついて外に出ようとした。

「ちょっと待って」

Jさんがマー子ちゃんを制した。それから外に出て、Wサービスの女性職員と何やら話し始めた。いくら利用日を知らされていないと言っても、移動支援の利用は一定期間ごとにやってくる。マー子ちゃんがそれを察知できないはずがない。バッグを手に、閉められた玄関の前でジッと待っていた。

約20分後、玄関の引き戸が開き、Jさんが「ちょっと来て」と、マー子ちゃんを外に呼び出した。

閉められた引き戸の半透明の窓ガラスに、マー子ちゃんの小さな姿が映った。ややあって、耳をつんざくような泣き声が響き渡った。

「行きたい！　行きたい！　行きた〜い！」

マー子ちゃんが地面にへたり込んで泣き崩れていた。

障害福祉で提供されるサービスは、利用者とサービス提供事業者が対等な立場で契約することになっている。その契約を当事者と事業者以外の第三者が、勝手に破棄することはできない。T作業所もまた、この第三者に属する。そのこともあり、Jさんは「Wサービス」に移動支援中止の同意を取っていたのだろう。

この日のマー子ちゃんの移動支援は、あえなくキャンセルとなった。

＊

それから十数日後……。

朝からキコちゃんが、私にこう聞いてくる。

「今日、私、移動支援あるんでしょ？」

「わからないなぁ」

そう答えたものの、心が少し痛んだ。この日、キコちゃんは午前中に移動支援が予定されていたが、T作業所の決まりでそのことを伝えるわけにはいかない。

「ねぇねぇ、教えてよ」

そこにU子さんが来て、彼女をミーティングルームに連れていった。U子さんの舌鋒鋭い声が、ドア越しに漏れてきた。

「なんで知ってるの⁉」

キコちゃんが弱々しい声で何かを口にした。が、よく聞き取れない。U子さんの問い詰める声だけが明瞭に聞こえてくる。

「だから、なんで知ってるの？って聞いてるの！」

玄関の外では、すでにWサービスの職員が待機している。しばらくすると、U子さんがミーティングルームを出て、業者と話し始めた。キコちゃんはバッグを肩にかけると、靴を履いて、不安げに玄関先に立っていた。

10分が経ち、20分が経過して、キコちゃんのイライラ感が募ってきた。

「行きたい～！　時間なくなっちゃうよ～！　昼までしか時間ないんだから～！」

涙声で訴えるキコちゃんをU子さんが一喝した。

「(移動支援のことは)誰にも聞いちゃいけないって言ったでしょ!?　ここじゃなく、中に入ってなさい！」

事の成り行きはこうである。

朝の送迎時、ドライバーに「今日、私の移動支援ある？」とキコちゃんが聞いた。そのドライバーは正直に、「あるはずだよ」と答えた。他の職員からもその言質《げんち》をとりたかったのだろう。来所すると、キコちゃんは方々に同じことを尋ね回り、やがてその所作が社員に知られるところとなった。

なぜ、移動支援が今日あることを知っているのか。そのことでU子さんが問い詰めると、キコちゃんは「自分からは聞いてない。（ドライバーが）〝勝手〟に教えてくれた」と答えたのだという。

もちろん、U子さんはドライバーからも話を聞いている。

「嘘つくんじゃないの！」

U子さんの執拗な尋問に、キコちゃんは「自分から聞いた」と白状するしかなかった。そして、この「嘘をついた」ことが社員間で問題視されたのである。

50分が経過しても、U子さんとサービス業者は立ち話をやめない。キコちゃんは玄関付近に立ったままだったが、苛立ちのあまり涙さえ浮かべている。

ちょうどその頃、私はAホームの待機業務に向かうことになった。この日、Aホームは休みだったが、日勤の世話人の到着が大幅に遅れることになり、到着までの見守りとして、私が急きょ駆り出されたのである。

Aホームの世話人の到着を待って、私がT作業所に舞い戻ってきたのは、11時20分のことだった。驚いたことに、U子さんと業者がまだ、玄関先で何かを話し合っている。キコちゃんが依然として目に涙を溜めて、少し離れたところからこの２人を見つめていた。

T作業所に入ると、女性利用者の一人が白いタオルで頬被りしていた。

「どうしたの?」

「川上さん(キコちゃん)に消毒液の容器、ぶつけられたの。だから、保冷剤で冷やしてるの」

彼女は得意げに言った。

「似合うよ。農家の人みたいだ」

私の言葉に、彼女は声を上げて笑った。

「他にも叩かれた利用者がいたんです」

パート職員の一人が苦く笑った。

「川上さん、移動支援を待たされて、とうとう大暴れしちゃったんですよ」

結局、この日のキコちゃんの移動支援は、わずか30分に留まった。近所のコンビニに連れていかれ、冷やし中華とサンドウィッチ、それにジュースを胃袋に収めてきただけである。

それでも、キコちゃんはある意味で、気持ちの切り替えが早い。物事に対する強い拘りはあるものの、あることを契機に、その拘り自体が別の形をとることもあった。

午後になると、機嫌取りのためか、さかんにU子さんの名前を呼んでは、まとわり付こうとした。U子さんは距離を取ってそれを無視したが、あまりのしつこさにこう言葉を残して、2階の事務室に姿を消した。

「忙しいって言ってるでしょ！　川上さんのせいで、午前中、全部潰れてしまったんだからね！」

愛着障害

それにしても、パート職員だけでなく利用者からもキコちゃんの〝天敵〟と見なされていたU子さん。彼女の心ない一言で、心に痛手を負ったキコちゃんを見たのは、それこそ数え上げればキリがない。にもかかわらず、なぜキコちゃんはU子さんの機嫌取りをやめようとしないのか。

催眠療法の第一人者で、公認心理師の米倉一哉さん（日本催眠心理研究所所長）が説明する。

「親がいなかったり、また親がいたとしても、その親子の関係性のなかで、幼少期に『自分は無条件に存在してもいいんだ』という感覚をうまく養うことのできなかったりした人は、どうしても愛着的な障害を抱える傾向が強くなります。反対に、わがままを言ったり、悪さをしたりしても、親が自分という存在を受け入れてくれたという感覚が育っていれば、愛着的な依存というものから脱却できるんですね。

そういう土台となる感覚が欠損した状態にあると、しばしば相手が受け入れがたいことをすることで、それを認めさせようという心理が働きます。幼少期に無条件に包み込んでもらったという経験が少ないため、それを自分で体現するような状況を作り出すんですね。

暴力を振るう、相手に〝噛み付く〟といった行為も、その心の訴えが形になったものです。これは『自分と一つになってほしい』という想いの裏返しで、その背後には『自分という存在を認めてほしい』という切なる訴えが潜んでいます。言葉を変えれば、愛着の障害を抱えている人は、それほど見捨てられることに対する不安や恐怖を抱えて生きているんですね」

T作業所の利用者の多くが、強い愛着傾向を持っていた。彼らとの2年強の交流において、私はイヤというほどその断片を見せつけられている。キコちゃんも例外ではない。それどころか、最もダイレクトに愛着傾向を私たちに見せつけた一人だったかもしれない。


あるとき、キコちゃんに聞いた。

「もしかしたらU子さんのこと、好きなの？」

「好きだよ」

キコちゃんは答えた。

「だから話しかけているの」

「かまってほしいの？」

「うん……かまってほしい」

そこには、冷淡な母親に対して、それでも必死に愛情を得ようとする子供の幼気《いたいけ》な姿が、映し出されていたような気がする。

2

虐待の内部告発の難しさ

「障害者虐待防止法（障害者虐待の防止、障害者の養護者に対する支援等に関する法律）」が施行されたのは、２０１２年の10月１日のことである。

これは、障害者の自立や社会参加を妨げるような虐待を禁止・防止することで、障害者の尊厳を守り、なおかつ障害者を養護する者に対しての支援措置などを講じることを目的とした法律である。

虐待の種別は、以下のように分類される。

1、身体的虐待、2、性的虐待、3、心理的虐待、4、放棄・放置（ネグレクト）、5、経済的虐待。

ある福祉施設が作成した「虐待防止マニュアル」によると、1の「身体的虐待」には、次のような説明がなされている。

〈利用者の身体に外傷を与える行為及び本人または保護者の同意なく身体を拘束する行為。心身の正常な健康を妨げるような著しい減食などの行為〉。

2の「性的虐待」には〈利用者にワイセツな行為をすること、または利用者をしてワイセツな行為をさせること〉。

3の「心理的虐待」には〈利用者に対する暴言、脅かし、侮辱、無視、嫌がらせ等により精神的な苦痛を与えること〉。

4の「放棄・放置」には〈利用者に必要とされる世話や介助をしないことや必要なサービスや医療等を受けさせない等により、利用者の生活環境や身体・精神状態を悪い状況にすること〉。

５の「経済的虐待」には〈本人または保護者の同意なしに、本人の保有する金銭を使う、または悪用すること。本人が希望する金銭の使用を理由なく制限すること〉という定義が付与されている。

また、同マニュアルにおける「虐待防止対応規程」第１章総則の第４条には、「虐待の通報及び発見」に関する条項として、たとえばこんな義務事項が記載されている。

〈法人職員は、虐待を受けたと思われる利用者を発見した際には、事実が確認されなくても、遅滞なく発見した内容を虐待防止受付担当者に通報すると共に利用者の支給決定を行なった市区町村に通報しなければならない〉

しかし、この義務がどこまで忠実に果たされているかは、甚だ疑問である。生活の糧《かて》を得るために特定の法人に属する職員が、はたして同じ法人内の虐待の告発を気軽にできるものなのか。

ある意味で、それは法人やその仲間を裏切ることであり、自分の立場を危うくする犠牲的行為にも繋がる。同法では虐待の告発を理由とした職場解雇を禁じているものの、当の告発者自身の複雑な心境を考えると、告発後も継続して同じ法人に留まれるものではない。最近では、虐待を通報した施設職員が、法人から不当な扱いを受けるだけでなく、訴訟まで起こされるという事態も見られるようになった。そのため、多くの職員が通報行為を躊躇する傾向があるという。

*

T作業所の職員にしても、それは同じだった。同作業所で行なわれてきた身体的・心理的な虐待、さらにネグレクトに対する抗議の声を上げる者はほとんどいない。ましてや虐待の内部告発に至る者は皆無で、私もその一人だった。

だが、虐待を見過ごすことへの罪悪感に耐えきれなくなったのかもしれない。私がT作業所を退職する頃には、一部のパート職員から利用者の扱いに対する疑問や不満の声が上がり始めていた。

Iさんは私より1ヶ月早くT作業所を退職したが、離職日が近くなるにつれて、Jさんや

U子さんに直接非難を浴びせるようになった。夏場のエアコン修理を急き立てられたJさんが、「暑くても外では大工が……」(「大工は暑くても外で働いている」という意味)と口にしかけたときは、「あんた、ここは福祉施設だよ!」と声を荒らげた。

キコちゃんとU子さんのバトルに分け入り、こう声を張り上げたこともある。

「川上さん(キコちゃん)、あなたはもう、こんなところ出たほうがいい! ここの利用者に対する扱いはひどすぎる! 相談員さんに頼んで、あなたをもっと大切にしてくれる施設に移してもらいなさい」

U子さんはと言えば、「それはIさんの考えにすぎないですよね」と口にした以外、険しい表情をIさんに向けたまま、ほとんど何も言い返さなかった。

ある女性パート職員は、朝礼でこんな疑問を呈した。

「ここには作業しないのに、買い物に行っている利用者もいる。川上さんや本宮さん(育子さん)たちは作業をしているのに、なぜ買い物が禁止なのか?」

「それはいいんです」

U子さんの曖昧な返事に、女性パート職員は不信感を露わにした。

「でも、その線引きがわからない」

こうした疑問を抱いていたのは、なにも生活支援員だけではない。グループホームの世話人のなかにも、少数ながら存在した。あるとき福祉キャリアの豊富な女性世話人が、こんなT作業所批判を私に始めた。

「ここは営利ばかり求めて、利用者のことを何も考えていません。罰を与えたり、物を取り上げたり、自由を奪ったり……と、それが支援だと勘違いしてるんです。川上さんなんて、ここではとても良い子なんですよ。洗い物とか炊事の手伝いまでしてくれるんです。なのに、彼女に対するT作業所の仕打ちはひどすぎます。

障害のことを何も勉強せず、闇雲に押さえつけるだけですからね。虐待の内部告発でもされたらすぐに目をつけられますよ。私は他の施設でも働いていましたが、こんなところ初めてです。看護師の甥っ子にも相談しました。甥っ子、『問題だらけの施設だね』と、はっきり言ってましたよ」

＊

統合失調症の蔵重さん。前記したように、彼が週に一度のペースで他法人が運営する就労継続支援B型施設（作業場）に通うようになったのは、減薬によって「最悪の状態」を抜け出してからである。B型施設の利用日の朝は、同施設の職員が送迎車でT作業所まで蔵重さんを迎えに来る。帰りは午後3時頃で、このときも蔵重さんはB型施設の送迎車でT作業所に送り届けられた。

しかし、最悪の状態は脱したものの、症状は日によって浮き沈みがある。蔵重さんは「今日一日、楽しく作業できました」と笑顔で戻るときもあったが、「調子が悪い」と半日で戻ってくることもたびたびあった。

U子さんには「そんなことじゃ、B型なんて無理だよ」と突き放され、Jさんからは「B型の人に迷惑かけるでしょ?」とやんわり注意を受けた。

あるとき蔵重さんは、幻聴との対話に朝まで付き合って、一睡もできずに来所してきた。

「眠いです。今日はB型行くのは無理です」

結局、蔵重さんはB型施設での作業をキャンセルして、T作業所に留まることになったが、病が背景にある蔵重さんのこうした訴えにも、社員は疑心的な判断を崩すことがない。

Jさんはこんな言い方をした。

「蔵重さんは楽なほうに行きたがっている。B型に行かないための計算をしてるんですよ」

蔵重さんは集団散歩の常連である。引率担当の私に、他の誰よりも散歩の同伴を要求してきた。B型施設から半日で帰ってきても、「散歩に行きませんか?」と私を誘う。そのことで、私がJさんからこう釘を刺されたこともあった。

「蔵重さん、散歩に行きたいと言ってくると思いますけど、連れていかないでください。疲れたからと半日で戻ってきて、それでも自分のわがままが通るのなら、甘えを助長させることになります。本人のためになりません。甘えることを覚えてほしくないんですよ」

ある日の正午すぎ、蔵重さんがひどく険しい顔つきで、T作業所に戻ってきた。B型施設で調子を崩し、頓服薬を服用しようとしたところ、それがファイルケースに入っていなかったという(B型施設に送り出す際、スタッフが頓服薬等をファイルケースに入れることになっていた)。このときも、蔵重さんはスタッフルームにいた私に「気分転換したいから」と、散歩の同行を求めてきた。そのとき、U子さんの声が蔵重さんに飛んだ。

「散歩はダメです。自分が勝手に戻ってきたんでしょ!?」

蔵重さんの表情が一瞬にして怒気を含んだ。

「頓服が入ってなかったんだよ!」

そのままドアを拳で強く殴り、跳ね返ったドアが別の職員の体にぶつかった。

「謝りなさい!」

U子さんの怒声を背に、蔵重さんはプイッと部屋を出て行った。

＊

蔵重さんが被害妄想的な観念に囚われるようになったのは、この頃からである。T作業所内から蔵重さん本人を陥れるような声が聞こえてくるようになったという。「あいつを見張っておけ」「警察に突き出してやる」「あんな奴放っておけよ」……。

「幻聴？」

蔵重さんは真顔で言った。

「いいえ、幻聴なんかじゃありません。幻聴は耳の内側から聞こえてきますから、すぐわかります。でも、今度は耳の外から聞こえてきてるんです。誰が言ってるのか、声でわかりますし」

「声」の多くは社員とパート職員のものだという。私の声は聞いたことがないらしい。その代わり、私を誹謗中傷する声もたびたび聞こえてくると、蔵重さんは付け加えた。

「『うざい！』って言われてますよ」

「おれが？」

「そうです。幻聴じゃなくて、本当にそう言われてます。ここにいて、大丈夫ですか？」

しかし、これが荒唐無稽な「幻聴」にすぎないなどと、言うつもりはない。たしかに私やIさんは、会社側に「うざい」と思われても不思議ではなかった。

Iさんほど激情的に苦言を呈してはいないものの、私もT作業所のやり方にチクチクと嫌みを重ねてきた。利用者にこっそり菓子を食べさせたり、電子タバコを吸わせたり……と、利用者に対する接し方にしても、「自立を促すために厳しく接する」ことを旨とするT作業所のそれと、あえて正反対なことをやってきた。そして、これらの私の「あるまじき」行為の数々が、社員の耳に入っていたのは、おそらく間違いない。

「可哀想だからと、利用者さんに物をあげたりするスタッフがいるようです。それは、絶対にやめてください。本人のためになりません」

Jさんは朝礼でたびたびこう苦言を呈した。このことは、私を含む一部の支援者の「利用者に物をあげる」という所業が、社員の知るところとなっていた証左でもある。蔵重さんの言葉を待つまでもなく、私が「うざい」と思われてきたのは、当の私自身が自覚していたことだった。

「たしかに、それは幻聴じゃないかもしれないね」

私は苦く笑った。

「蔵重さんは感受性が強すぎるんだよ。もしかしたら作業所に漂う無数の情念をキャッチしているのかもね。そのなかから、おれに対する否定的な情念を拾い上げたんじゃないかな。それが『うざい』という言葉に変換された。どう？　この解釈」

「わかるような、わからないような」

蔵重さんの顔に少しだけ柔らかさが戻った。

「でも、面白いですね」

＊

作業中にもかかわらず、アベッチが社員の待つミーティングルームに呼び出された。しばらくして戻ってきたアベッチが言った。

「今日の夜勤者のこと、誰から聞いた？って言われた。聞いちゃいけないって叱られた」

T作業所は利用者に対する秘密主義を貫いている。前記したように、その一つが移動支援利用日を職員間の機密事項にすることであり、グループホームの夜勤者名を彼らに隠匿しておくことだった。

「もう一つ叱られた」と、アベッチは続けた。

「スタッフに昼食弁当の中身、聞いちゃいけないって」

「どうして？」

「スタッフさんに失礼だって」

そのアベッチと入れ替わるように、次に蔵重さんがミーティングルームに呼ばれた。戻ってくると、彼はこう私に報告した。

「川上さん（キコちゃん）との仲のことで注意を受けました。近寄りすぎないようにしなさい。ここは恋愛禁止だからって」


なぜ蔵重さんとキコちゃんの関係が、恋愛に発展したのか。そもそものきっかけは、数日前、キコちゃんを叱責するU子さんに対して、蔵重さんが牙を剥いたことに始まる。

「買い物ぐらい行かせてやればいいじゃないか！」

「あなたが言うことじゃないでしょ⁉」

反撃に転じたU子さんに、

「可哀想なんだよ！」

蔵重さんはそう怒鳴ると、近くの椅子を蹴飛ばし、その場にうずくまって号泣した。キコちゃんは目に涙を溜めながら、自分を庇《かば》ってくれたその背中を見つめていたが、どうやらこのとき恋心が芽生えたらしい。

「蔵重さんのこと好きになった。私と付き合ってほしい」

キコちゃんはその日のうちに、蔵重さんにラブコールを送った。蔵重さんはこう答えたという。

「おれも川上さんのこと好きですよ。もう少し仲良くなったら付き合いましょう」

おそらくキコちゃんが方々に言いふらしたからだろう。この2人の恋仲が社員に知られるまで時間はかからなかった。

だが、T作業所では利用者同士の恋愛は御法度である。恋愛どころか、男女の距離が近すぎても、社員の注意が飛ぶ。アベッチと蔵重さんが社員の注意を受けた日も、女性利用者の一人と親しげに話す男性利用者が、U子さんに雷を落とされた。

「近すぎるよ！　言われたよね！」

そんなわけで、蔵重さんとの恋愛に釘を刺されていないか、一応キコちゃんにも確認してみた。

「うん。社員に呼ばれて、蔵重さんと付き合っちゃダメって言われたよ」

キコちゃんはあっけらかんとして答えた。「庇ってくれたこと」で一旦は恋心を抱いたものの、それほど蔵重さんに執着していたわけではなかったのかもしれない。それは蔵重さんにしても同じだったのだろう。2人の関係はいつのまにか、単なる男性利用者と女性利用者のそれに戻った。

恋愛を含む関係性に強い拘りを持っていたのは、むしろ育子さんのほうである。ある日、どこから仕入れてきたのか、彼女がある雑誌を持ってきて、そのなかの恋人斡旋《あっせん》の広告を私に示した。

「ここで男の人紹介してもらったら、私でも結婚できるのかな？　結婚したら、ここ出られるのかな？」

「ここを出なくても、お互い好き同士なら一緒に暮らしていいと思うんだけどねぇ」

そう曖昧に答えたものの、恋愛御法度のT作業所では、それも不可能な話である。それに関連して、育子さんが私の知らないT作業所のルールの一端を教えてくれた。

「ホームに『利用者はスタッフと私的な関係をもたないこと』って書かれた貼り紙があった

けど、私的ってどういう意味？」

「利用者と支援者という立場の違う関係じゃなくて、友だちのような親密な間柄という意味だよ」

「どうして、そういう間柄になっちゃダメなの？」

「おれはダメだと思ってないけどね」と、私は答えた。

「友だちにだってなれるよ。知り合いの生活支援員に女性利用者と結婚した人だっていたし」

「じゃ、どうしてここでは禁止されるの？」

「ここの考え方が古くさいからだよ」

私は投げやり気味に答えた。

「恋愛したら面倒なことになると思い込んでいるんだ。利用者を管理し、安全さえ守れば、それでいいと考えている。リスクを負いたくないんだよ。だから、みんな行動を制限され、自分のことを自分で決める自由もない。社員の言いなりだ。ここは利用者の幸せを、本当には考えていないんだと思うよ」

3

「ノーマライゼーションの育ての親」

スウェーデンのベンクト・ニィリエは、「ノーマライゼーションの育ての親」と呼ばれている。国際医療福祉大学大学院教授で、ニィリエとも親交のあった大熊由紀子さん（前出）によると、1960年代にバンク－ミケルセンの「ノーマライゼーション」の理念に強い影響を受けたニィリエは、母国スウェーデンでその普及に努めたものの、結局は受け入れられなかったという。

「当時としてはあまりにも進みすぎた理念だったからです」と、大熊さんは言う。

「何か革新的なことをやろうとすると、いつの世もそれに反対する声が上がります。ニィリエさんも同じ目に遭い、夢を果たすためにカナダに渡りました。そのカナダでノーマライゼーションを実現したのです。カナダでは施設がなくなりましたし、理念は世界に広く発信され、母国のスウェーデンにも届きました」

このニィリエが唱えた「ノーマライゼーションの８原則」と呼ばれるものがある。その８原則を以下、列挙すると――。

〈１、１日の普通のリズムを味わう権利を保障される
２、１週間の普通のリズムを味わう権利を保障される
３、１年の普通のリズムを味わう権利を保障される
４、一生の普通の経験を味わう権利を保障される
５、男女両性の世界で暮らす権利を保障される
６、普通の居住水準で暮らす権利を保障される
７、普通の経済水準を保障される
８、自己決定と尊厳を尊重される〉

また、同８原則をもとにしたニィリエ自身による以下の８つの詩は、ノーマライゼーションのあり方を、より具体的にわかりやすく提示しており、いかにも興味深い。

〈1、ノーマライゼーションとは、1日の普通のリズム　朝、これからの1日を思い、夕方、自分のやり遂げたことをふりかえる。1日は、終わりなく続く単調な24時間ではない。

2、ノーマライゼーションとは、1週間の普通のリズム　君は自分の住まいから仕事場に働きに行く。そして、別の所に遊びに行く。週末には、楽しい集いがある。

3、ノーマライゼーションとは、1年間の普通のリズム　季節によって、様々な食べ物、仕事、行事、スポーツ、余暇の活動が楽しめる。

4、ノーマライゼーションとは、当たり前の成長の過程をたどること　青年期には、おしゃれ、髪型、音楽、異性の友達に興味を持つ。大人になると、人生は仕事や責任でいっぱい。老年期は、懐かしい思い出と、経験から生まれた知恵にあふれる。

5、ノーマライゼーションとは、自由と希望を持ち、周りの人もそれを認め、尊重してくれること　大人は、好きな所に住み、自分にあった仕事を自分で決める。

6、ノーマライゼーションとは、男性、女性どちらもいる世界に住むこと　そして大人になると、恋に落ち、結婚しようと思う。

7、ノーマライゼーションとは、平均的経済水準を保障されること　自分で自由に使える「お金」があって、必要な物や好きな物が買える。

8、ノーマライゼーションとは、普通の地域の普通の家に住むこと　普通の場所で、普通の大きさの家に住めば、地域の人たちの中に、うまくとけ込める。〉（以上、大熊由紀子さんの訳による）

では、北欧を中心とした諸外国の多くが、脱施設化と地域移行を達成したいま、日本はどこまでこのノーマライゼーションの理念を福祉に浸透させてきたのか。入所施設から地域への移行が、遅滞しているという現状一つとっても、それが徹底されていないことだけは確かだろう。

地域移行に消極的な日本の現状

２０１７年１月10日、神奈川県は戦後最悪の殺傷事件の舞台となった「津久井やまゆり園」の全面建て替え構想についての公聴会を行なった。この再建方針は施設入所者の家族会や同職員等の要望によって決まったものだが、有識者や障害者団体に対する県側の説明には、ノーマライゼーションへの着想があまりにも希薄だったという。

大熊さんの説明――。

「県は地域移行を含めて、将来的な自立を見据えた園にすると説明していましたが、130人が入所予定の建て替え施設に80億円の建設費を予算計上していたのです。これには、否定的な声が上がっていました。同じ80億円でグループホームを作れば、80カ所、少なくとも4000人がそこで生活することができる。そうなれば、人里離れた山のなかから地域に出られるじゃないかという声です。

県は防犯ガラスやセンサー付きの防犯カメラ、ロボット技術などを活用し、防犯を徹底するとの方針も打ち出しています。でも、あの事件は内部にいた人間の犯行ですからね。いくら外部からの防犯を強化しても、なかの人の教育をしっかりしない限り、意味はないという声も上がっていました。

県は建て替えによって、理不尽な事件に屈しないという強いメッセージになるとも説明していますが、その理屈自体が全国の笑いものという声も上がっていました。お役人自身がノーマライゼーションに対して、ほとんど無頓着なんですね」

それでも、国際的なノーマライゼーションの潮流を受けて、最近では様々な取り組みが日本の福祉現場でも見られるようになったと、大熊さんは付け加える。その代表格が、ピープルファースト運動で「当事者主権」を全面に押し出す前出の「パンジー」(第5章参照)だが、それ以外にも当事者の地域生活を積極的に推進する福祉施設の存在が目立ってきたという。

「津久井やまゆり園と同じ神奈川県にある『訪問の家・朋《とも》』という生活介護事業所では、利用者が『みのりバンド』という本格的なバンドを結成し、横浜市の区民小音楽会などで演奏しています。観客席から手拍子が沸き起こるなど、ものすごく盛り上がって、バンドメンバーも満面に笑みを湛えていたそうです。

また、神奈川県の『ミノワホーム』という特別養護老人ホームでは、『老人ホームに塀はいらない』と、職員がハンマーを手に壁をすっかり取り壊してしまいました。こうして外界との境をなくした上で、そこに長さ9メートルのパーゴラ付きの縁側を作り、ベンチやかまどを置いたりして、地域の人たちの庭として開放しているんです。災害時の炊き出しも、ここでやるそうです。

こうした地域との交流が、どれほど当事者の心を明るくするか。津久井やまゆり園でも事件後に地域のグループホームに移った人が何人かいましたが、ある女性利用者などは津久井やまゆり園で『突発的な行動があり、見守りが難しい』と車イスに縛られて生活をしていたんです。それが、地域に出てショッピングや外食、美容室に行くなど当たり前の生活を続けていくうちに、弾けるような笑顔を見せるようになりました。

また、津久井やまゆり園を出て別法人のリサイクル施設で働くようになった男性は、仕事を通して職員が驚くほど表情が豊かになったそうです。この法人は利用者の人生の質を高めるような仕事作りを方針としていますが、パニックになったときなどは、その人がどこに生きづらさを抱えているのか、その原因を徹底的に探ったりもしています」

津久井やまゆり園事件を始めとして、障害者に対する虐待的な扱いの背後には、古くからの優生学や優生思想が関与しているのではないかと、たびたび指摘されてきた。しかし、大熊さんは「それは単なる理屈にすぎないのではないか」と言う。

「ナチスの思想がノコノコやってきて、日本に浸透したわけじゃないんです。そもそも地域から遠く離れた僻地に施設を作ること自体が問題だったんじゃないでしょうか。彼らは地域との交流がなく、第三者の目も入りにくい環境に置かれてきたんです。地域の人も接する機会がないから、彼らの素顔を知ることができない。それが、日本の障害者福祉を貧困なものにしてしまったのだと、私は思っています。地域の人たちとの触れ合いのなかで、ごくごく普通に暮らす。それが障害者福祉に何よりも必要なことだったのです」

4

「あんたが悪いんでしょ！　ルール、守らないんだから！」

昼食後の喫煙タイム。電子タバコを手にした智ちゃんが、玄関先でぼんやりと座り込んでいる。

「家に帰りたいなあ……」

智ちゃんがポツンと呟いた。かつての荒々しさから一転、穏やかさを取り戻してからというもの、同じことばかりを口にしている。

「やっぱり家のほうがいいかい？」

私は聞いた。

「うん、家がいい」

「家に住めるようになったら、何やりたい？」

「掃除の仕事かな。そういうところで働きたいなあ」

かつて支離滅裂だったコミュニケーションが、すっかり統一性を取り戻している。この日、智ちゃんはそれまで目もくれなかったラジオ体操に参加した。ハイテンションのキコちゃんに追いかけられ、ニヤけながら逃げ惑う智ちゃんの姿もあった。

一方で、この日はキコちゃんの個人の買い物が、6週間ぶりに解禁になっていた。ワンコさんも含めて2人の買い物に付き添ったのは、この私である。

「特別に」と、2人にジュースをご馳走した。

2人は貪るようにそれを飲み干した。久しぶりの買い物でキコちゃんは特に機嫌がいい。どこで覚えたのか、昭和中期の古い歌謡曲まで歌い始めた。が、T作業所に戻ると、またもやU子さんの小言が待っていた。個包装されていない菓子を購入してきたことで注意を受けたのである。

「だって、買ってもいいって言われたから〜」

キコちゃんが私を指さし、弁明した。私は買っていいともダメだとも言っていない。T作業所が利用者に課す細かい制約の数々。そのことにうんざりしていただけである。

買い物は利用者それぞれが自分の小遣い内で購入するもの。すぐに腐るような、あるいは健康上の理由でドクターストップがかかっている菓子でない限り、個包装されていようが、されていまいが、好きなものを買わせればいいではないか。

U子さんは私に何も言わなかった。しかし、キコちゃんはその場で次週からの買い物禁止を言い渡された。

同じ頃、マー子ちゃんや育子さんのいるAホームでも、利用者全員が買い物禁止の憂き目に遭っていた。彼女たちは多くの場合、その不満を社員ではなく、私たちパート職員に向けてくる。買い物禁止の解除をパート職員から社員に働きかけてほしいという思惑があったことは間違いない。

「どうして、私たちだけ買い物行かせてくれないの？」

あるとき、育子さんが女性パート職員の一人に苦情を訴えた。

「どうして？って聞かれても、私たちにはわからないのよ」

スタッフは困ったように答えると、こう続けた。

「そういうことは、社員に直接訴えてね。余計なことは言わないで、要点だけをきっちり言うのよ」

その助言に従って、育子さんがU子さんのもとに向かった。戻ってきたとき、育子さんはポツンと言った。

「不満があるんなら、ここやめれば?って言われた」


「買い物行きたいよ〜!」

キコちゃんが朝から鬱憤《うっぷん》をぶちまけては、スタッフの一人一人に片っ端からこう訴えている。

「もう4週間も買い物に行かせてもらってないんだよ。U子さんにそのこと話してぇ!」

そこに、育子さんが近寄ってきた。

「私なんか、4週間どころか、4ヶ月も買い物に行かせてもらえなかったよ」

この日、キコちゃんは午後から移動支援の利用が予定されていた。だが、私たち支援員は事前に、U子さんからこう釘を刺されている。

「今日、川上さん(キコちゃん)、移動支援がなくなるかもしれないので、移動支援のことは本人に言わないようにしてください。あとで施設長がＷサービスの人と話をするので」

キコちゃんはこの日が利用日だと知らされていない。それよりも、しばらく買い物禁止の措置をとられていたため、そちらのほうの理由で鬱憤が溜まっていたのである。


昼食後、Ｗサービスの女性職員が、Ｔ作業所に顔を見せた。いつもは車でやってくるが、この日は徒歩での来所である。彼女はそのまま外で施設長やＪさんを交えて立ち話を始めた。

「何の話し合い？」

女性社員の一人に聞いたが、

「知らないですよ」

彼女は話題を避けようとする。

「私に聞かないでください」

30分ほどすると、ＷサービスのＷ女性職員がＴ作業所を後にし、キコちゃんがミーティングルームに呼ばれた。開けっぱなしのドアから様子をうかがうと、Ｊさんが何かを話し、その向かいに座るキコちゃんはと言えば、うち沈んだように俯いている。

まもなくしてわかったことだが、マー子ちゃんに続いて、キコちゃんの移動支援利用の禁止も、この日正式に決まった。それも、無期限の禁止である。理由はキコちゃんの度重なるルール違反、それとWサービスの女性担当者がキコちゃんの振る舞いを苦々しく思っていたことにあるのだという。

キコちゃんには、ねだり癖がある。私が個人の買い物や散歩に連れていくときは、「ジュース買ってぇ」「ケーキ食べた〜い」などと、よくねだってきたが、移動支援中にも同じような要求をしていたらしい。そのことがWサービスの女性担当者の苛立ちを募らせていたのだという（キコちゃんを迎えに来るときの彼女は、たしかに不機嫌そうだった）。

「そんなことで目くじら立てることないのに」と、ある女性スタッフは言った。

「私なら、自分の食べ物、少し分けてやるよ。それで、大人しくなるんだし」

移動支援の禁止を言い渡され、よほどのショックを受けたのか、キコちゃんはT作業所の隅のほうでしょんぼり座っていた。

私は彼女に近づいた。

「移動支援の業者はなにもWサービスだけじゃないよ。他の業者を利用すればいい」

「だって……」

キコちゃんの声に覇気がなかった。

「移動支援そのものを禁止されたんだもん」

「ホント？」

私は耳を疑った。

「それはひどいね。今度、後見人さんに会うとき、そのこと訴えてみたら？」

「訴えるって言ったって、いつもU子さんとかが横についているから……」

キコちゃんは放心したように床の一点を見つめたままだった。彼女には躁と鬱の双極傾向がある。このときは興奮する気配も見せず、鬱々とした世界に閉じこもっていた。

だが、キコちゃんの場合、こうした状態がしばしば「大爆発」への序章となる。


同日、午後3時40分頃、私が他法人からの通所利用者を自宅に送り届け、T作業所に戻ってきたときだった。T作業所内からキコちゃんの絶叫が聞こえてきた。

「なんで私だけ買い物も移動支援もダメなんだよ～！」

続いてU子さんの叱責も耳に入ってきた。

「あんたが悪いんでしょ！　ルール、守らないんだから！」

T作業所内に入ると、左奥の作業スペースの床で、誰かが誰かと激しく揉み合っていた。施設長が、うつ伏せ状態のキコちゃんに馬乗りになって、その腕をねじり上げている。動きを封じられたキコちゃんは、呻《うめ》くような泣き声を上げていた。

「大荒れでした」

Jさんが私に事態を説明した。

「静養室の窓から逃げ出そうとして、それを止めたら暴れ出したんです」

「Wサービスの車もボコボコに殴ったんですよ」

馬乗り状態の施設長も、私を見上げて言った。

ただし、彼女が業者の車を殴りつけたのは、この日のことではない。この数日前、移動支援の利用をさんざん待たされたとき（349ページ参照）、苛立ちの沸点に達して業者の車を数発殴ってしまったのだという（私はそのことを知らなかった）。

Jさんが続けた。

「Wサービスの利用がダメというわけじゃないんです。ただ、ルールというものをしっかり守ってほしいんです。今後、別の業者のサービスを受けるにしても、ルールを守れないとなれば、本人のためになりませんので」

私には、とうてい納得できない弁明だった。

「転移」「逆転移」

それにしても……と思う。なぜ人は人に対して、こうも抑圧的になれるのか。何よりも、虐待などというものが、なぜ性懲りもなく、この世でくり返し行なわれてきたのか。

中世・近世ヨーロッパの「魔女狩り」やナチスの「安楽死計画」のような陰惨極まる殺戮《さつりく》劇から、日常の小さな虐めや動物虐待に至るまで、人間の歴史は何千年にもわたる虐待の連鎖で築かれてきたと言っても過言ではない。

心理学に「転移」「逆転移」という用語がある。心理療法において、クライエントは重要な他者（肉親や教師など）に対して抑圧してきた感情を、治療者に向けて投影することが多い。これが「転移」と呼ばれるもので、愛情や信頼、尊敬などの好感情を向けることを「陽性転移」、敵愾心《てきがいしん》や恨み、憎悪といった悪感情を向けることを「陰性転移」という。

一方、「逆転移」とは、治療者が他者に抱いてきた個人的な感情を、クライエントに投影することを意味する。クライエントの転移感情に対して、治療者が逆転移感情を向けることが一般的で、そうなると、もはや心理療法としての機能を喪失するだけでなく、ともすればクライエント本人に悪影響を与えてしまうこともある。そのため、治療者には中立的な感情がつねに求められるが、この逆転移は障害者施設の支援者と利用者との関係においても、たびたび見られる投影現象だという。

公認心理師の米倉一哉さん（前出）が、一般論として説明してくれた。

「自分のなかにどうしても認めたくないコンプレックスがあるとします。そうした場合、この抑圧された負の感情を第三者に投影して、その相手を苦々しく思ったり、恨んだりするわけですね。いうなれば、自分で自分を攻撃していることになりますが、無意識下の感情なので、本人がそれに気づくことはほとんどありません。

虐待が問題視されているように、福祉分野においても、それは見られると思いますよ。ある利用者に対して、訳もなく辛く当たる支援者がいるとします。その背後に潜むのが、支援者の自分自身に対する怒りであったり、哀しみであったりするわけです。これは一種の愛着障害で、自分自身が親から愛されなかった、あるいはわが子を愛せなかったという想いなどを抑圧してしまったときに、こういう傾向が現れやすくなります。

ですから、自分のなかにそういう感情があるということに気づき、認めることが、何よりも大切になってくるんです。気づいて認めるからこそ、自分の感情をコントロールできるわけで、それを認めようとしないから、つい衝動的になってしまう。『こうあるべき』という考え方に囚われ、自分のなかの情動を抑え込もうとすればするほど、自己コントロールが難しくなるからです。

抑圧された感情というのは、大きなエネルギーなんですよ。それが内部でどんどん肥大化していくと、人は暴言や暴力といった攻撃性を外に向けたり、自分を攻撃したりするようになるんです」


米倉さんと私は、20年来の親交を持つ。米倉さんとの会話では、以上のような話をたびたび教授されてきたが、それ自体が私にとって認知療法的なセラピー効果を生んできたのは間違いない。

それでも、T作業所において、私に負の逆転移がなかったと言えば、やはり嘘になるだろう。実は入職後しばらく、私は智ちゃんに対して、ある種の敵愾心を抱いていた。他を寄せ付けない一匹狼的な雰囲気をつねに漂わせ、私たちの支援にもことごとく反発。他の利用者に拳を振り上げようとした智ちゃんに、「おれが相手になってやる！」と、支援者らしからぬ罵声を投げつけたこともあった。

おそらく私の心の底にも、威圧的な態度に対するトラウマとしての憤怒、あるいは威圧的に振る舞いたい自分に対する怒りのような情感が隠れていたのだろう。私が智ちゃんをあえて愛称で呼び、フレンドリーな関係を構築しようとしてきたのも、自分のなかにあるその抑圧的な感情に、どこかで気づいていたからである。

ただし、私の場合、智ちゃんへの逆転移が、いつしか他の人間へと飛び火した。そのターゲットにされたのが、社員の面々。とりわけ、利用者に対して強権的に振る舞うJさんやU子さんだったのかもしれない。

そういう意味で、私はときどき「自分は利用者のことを本当に考えているのか」と自省的に思いをめぐらすことがあった。「もしかしたら社員に対する不信の楯《たて》として、障害者を利用しているだけではないか」……と。

「結局のところ」

米倉さんは言った。

「私たち心理職と同じく、福祉に携わる人たちも個々が抱えるコンプレックスを自覚し、手放していくプロセスが必要なんだと思います。支援のあり方として『利用者様に寄り添う』『傾聴して、その悩みに共感する』などといったことが言われていますが、それを守るべき理念として大きく謳ってしまうがゆえに、支援者自身が自分の正直な感情を認めようとしなくなることがあります。本音が抑圧されてしまうんですね。そうなると、どこかで歪みが生まれるのは避けられません。

感情には良いも悪いもないんです。それは、ただそこにあるだけ。そういう自分のなかの正直な感情を認め、自分のものとして受け入れることで、虐待を回避できることもあるんですよ」

5

〈ペナルティを科すことに、どんな意味があるのか〉

離職日が近づくある日、私は所用で郷里の北海道に向かった。蔵重さんから私の携帯電話に連絡があったのは、羽田空港に到着した午前11時頃のことである。

「いま外にいます。おれ、やっぱりT作業所にいるの、無理です。ここは何かおかしい。すぐにやめます」

「やめるって、もう少しの辛抱じゃないか」

蔵重さんはこの月末でT作業所を退所し、実家に戻ることになっていた。その後は通所先を就労継続支援B型施設一本に限定するという計画も立てている。

「何かあったの？」

「いろいろ感じるところがあって……。うまく説明できないけど、とにかくいろいろ感じるんです」

「北海道から戻ったら、ゆっくり話そう」

それから30分もしないうちに、今度はパート職員の一人からショートメールが入った。

〈蔵重さんが、もうT作業所にもグループホームにも戻らないと捨て台詞《ぜりふ》を残して、一人で作業所を出て行きました。連絡があれば、こちらに報《しら》せてください〉

私に電話をしてきたとき、蔵重さんはすでに無断外出を敢行していたのだろう。すぐに電話を入れた。

彼の携帯電話は、電源が切られていた。

その翌日、生まれ故郷の室蘭《むろらん》市から函館市に移動していた私のもとに、再び蔵重さんから電話が入った。午後４時すぎのことである。

「昨夜はグループホームには帰ってません。野宿しました」

Ｔ作業所には、この日の朝10時頃に戻ってきたという。

「みんな心配したんじゃないの？」

私は聞いた。

「Ｊさんからは電話来ました。別に怒ってませんでしたよ。『大丈夫？　気をつけて帰ってきて』って言われました」

だが、Ｔ作業所に帰ってくると、Ｕ子さんにこっぴどく叱られた。

「いままで何してたの!?　こんなことでＢ型なんか勤まると思うの!?」

「幻聴もあったかもしれません」

蔵重さんは答えた。

「それは言い訳でしょ!?　迷惑かけた人にちゃんと謝りなさい！」

Ｕ子さんの突き放したような言い方に、口をつぐむしかなかったという。

蔵重さんが電話口で言った。

「以前のように幻聴に耐えきれず、飛び出したわけじゃないんです。ただ、Ｔ作業所がイヤでイヤでしかたがなくなって……。おれへの悪口が方々から聞こえてくるんです。幻聴じゃありません。本当に言われてるんです。もう耐えきれなくなって、飛び出してしまいました。でも、社員にそれを訴えても、どうせ聞いてくれないし、わかってもくれません。だから、作業所を飛び出した本当の理由は言ってない。自分の正直な気持ちも伝えていません」

＊

郷里の北海道から舞い戻って、私は久しぶりにT作業所に顔を出した。スタッフルームに入ると、その前日に行なわれたスタッフ会議の記録用紙がホワイトボードに貼られている。用紙の一角にこんな一文があった。

〈ペナルティを科すことに、どんな意味があるのか〉

女性パート職員の一人による提言だという。

彼女は私に説明した。

「Cホームの世話人が中心になって、ペナルティ主義に対する抗議の声を上げたのよ。私も前々からここのやり方に疑問を持っていたから、それに賛同したの。

しかも、グループホームでは休日まで外出禁止でしょ？　それに対しても、異論を唱えたわ。一人で外出できる子もいるんだし、みんな外に出たがっている。せっかくの休日に引き籠もっていたんじゃ、そりゃ、ストレスも溜まるわよ。

でも、常勤が何て答えたと思う？『基本的にみんなに外出してほしいが、やっていいことといけないことをわかってほしいから』だって」

結局、このスタッフ会議では「ペナルティの撤廃」だけが、スタッフ間の合意のもとで決定された。ただし、正式な決定ではない。ある一定期間の様子を見た、あくまでも試験的なものだという。

同スタッフ会議では、かっちゃんや智ちゃんなどの喫煙組の今後についても言及されたらしい。電子タバコの一部の機種が、まもなく使えなくなる。かっちゃんを含めた2名がその機種を使用しており、U子さんが「これを機に、全員タバコをやめさせたい」と口にしたのだという。少なくとも決定事項ではなかったが、ここにもT作業所が一貫して敷いてきたパターナリズム（父権主義）の断片が垣間《かいま》見られ、私はまたもやうんざりした気持ちに襲われた。

それでも、こうしたパート職員の疑問の声が集約されたことで、T作業所の社員の態度にある種の変化が起きていたのは、確かだったのかもしれない。同スタッフ会議の数日前には、こうした疑問の声を確認する目的で、職員による臨時会議が開かれ、私もそれに出席していた。

その席上で、私はこれまで朝礼等で何度か口にしてきた、次のような提言を再びくり返した。ルール違反と買い物禁止は、そもそも次元が異なる話。ルール違反の有無にかかわらず、人間の当然の権利として買い物は行かせるべきだし、買い物内容も支援者が決めるのではなく、利用者本人が決めるのが筋。そして、購入した1週間分の菓子類は、T作業所の預かりではなく、基本的に利用者本人の自己管理とする……云々。

この私の提言にパート職員の何人かが賛同し、買い物内容を利用者本人が決めることに関しては、施設長を始めとする社員も承諾した。

女性パート職員の一人は言った。

「これで、ようやく一歩前進したんじゃないかな」

古参の男性パート職員もこう口にした。

「以前は利用者が不穏に駆られることも少なかったし、スタッフが声を荒らげるなんて、ほとんどなかったですよ。いま思えば、制約でがんじがらめにされていなかったことが、良かったのかもしれないね」

＊

離職まで残り5日。T作業所では毎日のように〃騒動〃が勃発する。何事もなく平穏に1日が終わることは滅多にない。この日も私が、ある〃騒動〃に関わっている間に、新たな事態が勃発していた。

蔵重さんがまたもや姿をくらましたという。パート職員のなかで、蔵重さんと携帯電話番号を交換しているのは、私だけである。

蔵重さんに電話を入れた。

「いつもの散歩コースにいます。あの貯水槽のコンクリートの塀に座っています」

感情を押し殺したような低い声が返ってきた。

小走りでそこに向かうと、蔵重さんが険しい顔でコンクリート塀に腰掛けていた。

「タバコ、一本いいですか？」

彼は両親からの強いお達しで、禁煙を余儀なくされている。だが、喫煙欲求がある者にとっては、タバコも一服の清涼剤になりうる。私は胸ポケットから電子タバコを取り出し、それを彼に渡した。

「もう耐えられません」

蔵重さんは紫煙を吐き出しながら言った。

「『試してやる』『うざったい』『様子を見てやろう』などという声が、今日も聞こえてきたんです。おれにだけじゃない。他の利用者に対しても、同じようなことを言ってました。精神的に追いつめようとしてるんです。このところずっとそうだし、もう疲れました」

彼はそう言うと、こう付け加えた。

「T作業所にもグループホームにも、もう戻りません」

「あと数日で退所じゃないか。辛抱できないかい?」

「無理です」

「今日だけでもグループホームに戻ろうよ」

「絶対、イヤです。戻りません」

「親には連絡した?」

「母に電話しました」

「そしたら?」

「もう少し我慢しろって叱られました。だから、退所日の朝まで外で過ごします。おれ、ホームレスやったことがあるから大丈夫です」

退所日までのわずか数日さえ耐えられないその心理状態に触れて、彼を説得しようとする私の意気込みは、あっけなく削がれた。

「それじゃ、本日をもって退所にしよう」

そう言って、蔵重さんの母親に電話を入れた。私は「T作業所にもグループホームにも戻らない」とする彼の意思が固いこと、彼が被害妄想的な症状に陥っていること、ただし、その被害妄想は理由なく生じたものではなく、T作業所の環境を始めとする、何らかの外的な因子によってもたらされた可能性もあることなどを、母親に説明した。

「わかりました」と、母親は言った。

「家に連れて帰らなければ、ホームレスに逆戻りですものね。これから施設長に電話して、T作業所に息子を引き取りに行きます」

午後1時すぎ、蔵重さんの母親が菓子折を手にT作業所にやってきた。彼女は外でしばらく施設長と話し込み、当の蔵重さんはと言えば、T作業所の隅の椅子に硬い表情で座っていた。

母親との話を終え、施設長が玄関越しに蔵重さんを呼んだ。蔵重さんは他の利用者やスタッフに目もくれず、ふてたようにそのまま玄関を出ると、母親の後に続いた。

あっという間の出来事だった。この日、サキエちゃんに続いて蔵重さんもまた、唐突にT作業所での生活にピリオドを打った。

＊

私の勤務も残り2日となった。月の5週目に関しては、休日は日曜日だけというT作業所の決まりがある。そのため本来は休日であるホームの面々も、この日はT作業所に顔を出していた。つまり、各ホーム全員が揃ったことになる。

私はその利用者一人一人に離職することを伝えた。

アスペルガー症候群の育子さんは、「あれ言ったこと、嘘だったの？」と、不満を口にした。以前、彼女は〈利用者はスタッフと私的な関係をもたないこと〉という貼り紙の意味について、私に聞いてきたことがある（３６８ページ参照）。

私はその文面を否定し、「利用者とも友だちになれる」ことを伝えたが、育子さんはそのことを持ち出したのだ。

「嘘じゃないよ」

私は言った。

「嘘じゃないのなら、どうしてやめるの？」

「やめたとしても、友だち同士ではいられるから」

「じゃ、誰に頼ったらいいの？」

おそらく私を通して、自治体の福祉課などに自分の窮状を伝えてもらいたかったのだろう。1日24時間の監視に晒され、外出もできない身。たとえ育子さんが便せんや封筒、切手を所有したとしても、自分の手紙がスタッフによって投函されるという保証はなかった。

実際、彼女は自治体の福祉担当者宛にＳＯＳの手紙を書いたことがあったが（自治体の住所は私が教えた）、彼女から手紙入りの封筒を受け取った社員が、それに切手を貼って投函したという形跡はない。

私は自宅住所と自分の携帯電話番号を書いたメモ用紙、さらに、あらかじめ用意していた便せんと封筒、数枚の切手を育子さんに渡した。それから、こう付け加えた。

「何か困ったことがあったら、この切手を使って役所の福祉課とかに手紙で訴えるんだよ。投函は社員に頼むんじゃなくて、パートの職員にお願いしたほうがいい」

育子さんは暗い顔で頷いた。

一方、キコちゃんは私の退職を知ると、

「なんでやめちゃうの？」

そう言った後に、こう懇願してきた。

「違う施設で働くんなら、私もそこに連れてって。私の新しいグループホームで世話人やればいいよ」

「男は女性ホームの世話人、基本的にできないんだよ」

「1階が女性で2階が男性とかのグループホームだってあるよ。男性ホームの世話人やりながら、私たちのところにも遊びに来ればいいんじゃないの？」

かっちゃんは、「お互い電話番号知ってるし、いつでも連絡取れるから」と言いながらも、こう付け加えた。

「それより早く偉くなって、僕をここから出してよ」

マー子ちゃんは私の離職を知ると、涎を垂らしながら「やめる」「やめる」と何度もくり返したが、やがて黙りこくってしまった。

智ちゃんは「やめるの？」と、無表情に聞いてきた。

「遊びに行くからね」

「うん。来てよ」

ワンコさんは「なんでやめるの？」と、不満げに言った。

「おっちゃん、やめないでよ。もっと私の話聞いてよ」

かつて精神科病院への懲罰入院を食らいそうになった鳥内さんは、律儀にもこう口にした。

「いつも散歩に連れていってくれたり、いろいろ話し相手になってくれたりして、ありがとうございました」

アベッチは、しかし、どうやら私の退職に薄々気づいていたようである。

「やっぱり、やめる、やめる。だって、お母さんに言ってたでしょ？」

この数日前、アベッチは母親に連れられて、外出を楽しんでいた。T作業所に息子を迎えに来たその母親に、私は「今月末で退職する」ことを伝えていたが、そのときの会話の断片が耳に入ったのだという。

ある女性利用者は、「でも、また来るでしょ？」と聞いてきた。

「明日が最後だからね。明日、来るよ」

「やったぁ！　明日も会えるんだね」

6

「自立」の意味

自立。障害者福祉を語るとき、必ずついて回る言葉である。だが、「自立とは何か」ということを考えたとき、その意味づけは誤解を呼ぶことが多い。私の手元にある『広辞苑第四版』をひもとくと、そこにはこう書かれている。

〈他の援助や支配を受けず自分の力で身を立てること〉〈ひとりだち〉

この言葉を「解釈」というフィルターを通して受け取ると、どうなってしまうか。外部からの援助を断固として拒否し、誰からも支配されない自分の立ち位置を頑《かたく》なに堅持したまま、ひたすら歯を食いしばって自分の力だけに頼る。場合によっては、こうした悲壮感漂う意味が、「自立」に付与されることにもなりかねない。

だが、人間とはつねに自分以外のあらゆるものとの関係性において、自己のあり方、すなわちアイデンティティを形成していく生き物だと言われている。自分の希望を叶えるにしても、直接的か間接的かを問わず、第三者の助けの手を借りずに、それを実現できる者など誰一人としていない。「人は独りでは生きていけない」という意味が、ここにあるのだろう。

では、「自立」とはいったい何なのか。

前出の米倉一哉さんは、こう口にした。

「自立とは、独りで何でもかんでもできるようになることではないと思います。強い愛着を抱えている人にとっては、親以外の他者に心理的に頼れるようになることが自立へと繋がることがあるんです。人を信頼し、人に頼りながら、自分の足で立っていく。これこそが本当の自立じゃないでしょうか」

東大阪市でパンジーを運営する創思苑・理事長の林淑美さん（第5章参照）。当事者主権を徹底する彼女の解釈もまた、米倉さんのそれに相通じるものがある。

林さんは言った。

「一般的に、自分でご飯を炊いたり、洗濯したりすることが自立だと考えられていますが、私はそうだとは思いません。多くの人に手伝ってもらって、自分の望む生活を実現する。そして、いろんな人と繋がることで、その人の人生が豊かになることが、本当の意味での自立なんだと思いますよ。

たとえば、いよいよこの世とおさらばするというときに、近所のおばちゃんや商店街のおっちゃんたちが、枕元に集まってくる。そういう最期の別れができることだって、豊かな人生の証しなんですよ。

私もこういう仕事を長く続けてきて、当事者にはずいぶん助けられてきました。若いときなんか、会議で自分の意見が通らない、ともすれば批判されることもあり、ひどく落ち込んだことが何度かありました。そんなとき当事者が私に寄り添ってくれて、『大丈夫?』『一緒に帰ろう』などと、よく声をかけてくれたんです。そういったときは『助けられたなあ』としみじみ思いましたね。

いまのパンジーにしても同じです。疲れて椅子に腰掛けていると、後ろから私の肩を揉んでくれる当事者もいます。気遣ってくれているんですね。ホッとするものを感じます」

T作業所の利用者たちが、はたしてどこまで自立への道を歩んでいるのか。行動を制限され、懲罰主義に晒され、社員の叱責に怯える日々……。

私にはとても、彼らが豊かな人生を歩んでいるとは思えない。

“働かない権利”があってもいい

勤務最終日。朝の送迎業務で女性利用者のすべてをステップワゴンに乗せた。後部座席は育子さんやマー子ちゃん、中部座席にワンコさんたちが乗り込み、助手席にはキコちゃんが陣取った。寝ぼけ眼《まなこ》で座席に腰掛けた途端、熟睡モードに入った利用者もいる。

「今日で最後だね」

ハンドルを握りながら声をかけた。

「また来てくれるよね」

助手席のキコちゃんが言った。それに呼応するように、中部座席のワンコさんも言った。

「おっちゃん、戻ってこなきゃダメだよ。約束だよ」

2年と1ヶ月の生活支援員生活において、私は利用者個々の生育歴の詳細を把握していたわけではなかった。ある女性利用者の場合、認知症を患う老いた父親がいたことは知っていた。その父親も私が在職中に亡くなったが、彼女は葬儀に行かなかったし、そのことで悲嘆に暮れる彼女の姿も、私は見たことがない。

他の多くの利用者と同じく、彼女もまた、愛着傾向の持ち主である。それだけに、父親を失ったときの彼女の飄々《ひょうひょう》とした様子が、私には意外に思えた。あるいは、父親との長すぎる別居生活が、いつしかその情愛までも希薄にさせてしまったのか。

ある男性利用者は家族のことをほとんど口にしなかった。どうやら父親はいない。だが、母親はいるらしい。その母親も息子との接点を持つことはなかった。彼は年末年始や盆時期にも里帰りすることなく、1年の365日、グループホームに留まっていた。

キコちゃんは自分の生育歴をよく聞かせてくれた。この最後の送迎業務でも、彼女は自分の過去の断片を語り始めた。

「入所施設で暮らしていたときは、ソフトボールやったり卓球の試合やったりしたんだよ。あと、みんなでディズニーランドにも行った」

「自由だったんだね」

「あまり自由じゃなかった。けど、楽しかったよ。あの入所施設にまた戻りたいなあ」

T作業所にはいつもと変わらぬ風景が横たわっていた。テーブルの上に山盛りになったタオルを、利用者が一枚一枚手に取っては、丁寧に折りたたんでいく。

この日は多動的な女性利用者も自分の席でタオル折りに精を出していた。

「買い物行けるよう、頑張る」

彼女はU子さんに言った。

「そうだね」

U子さんが目を細めた。

「頑張って」

「私も買い物行けるよう、頑張る」

マー子ちゃんも言った。

「口じゃなくて、手を動かして」

逆にU子さんにハッパをかけられてしまった。

一方、虚弱体質のヤス君は、この日も高熱を発していた。来所時の体温は37度台だったが、その後急激に上昇し、正午前には40度を超えた。自力で歩くことさえままならず、彼は男性職員２人がかりで静養室の簡易ベッドに寝かされた。

そのヤス君に声をかけた。

「今日で最後になるけど、元気でね。また遊びに来るよ」

ヤス君は苦しげに喘ぎながらも、こう応答してくれた。

「は〜い。遊びに来るよ〜」

この日は正午すぎに、T作業所に来客があった。車での来所だったため、T作業所前の駐車スペースに停めてあった送迎車一台を、少し離れた正規の駐車場へと私が移した。

駐車場から徒歩でT作業所に戻るとき、その日非番だった女性パート職員とバッタリ会った。彼女は私がこの日を最後に離職することを知っている。挨拶代わりに、私はこう言った。

「何日かしたら、また顔を出します。そのときに、本宮さん（育子さん）に何冊か小説でも持ってこようと思っているんですよ」

「本読むの、本宮さんだけだからね」と、彼女は言った。

「でも、本はT作業所にいるときしか読めない決まりになってるでしょ？　あんなうるさいところで、本なんか読めないよね。ホームで読ませてあげればいいのに」

「物集めにしてもそうですよね。チラシとか持ち込んでも、世話人が一緒に片付ければいいだけの話なんだし」

「そうよ。あれもダメ、これもダメで、可哀想に思うわ」

T作業所に戻ると、ワンコさんの苦情が待っていた。

「おっちゃん、どこ行ってたの？」

「車を移動していただけだよ」

「もう戻ってこないかと思って、心配してたんだよ～」

「ごめん、ごめん」

「出るときは、ちゃんと私に報せなきゃダメだよ」

＊

Ｔ作業所の利用者は、その年齢構成からいって、すべてが私の子供か、歳《とし》の離れた弟か妹のような存在である。

私はそのほとんどと良好な関係を構築することができた。「利用者に甘く見られない」を合言葉とする社員への反発的な感情が、かえって利用者との心の結びつきを強固なものにしたのかもしれない。

さすがに自分から話題を向けることはなかったが、猥談好きの男性利用者とは、よくその手のヒソヒソ話で笑い転げた。格闘技好きの男性利用者の何人かには、私が学生時代に打ち込んだボクシングを教え、〝ボクシングごっこ〟で戯《たわむ》れた。

10人程度の利用者を近くの公園に連れていき、そこで塩化ビニール製のボールを使ったドッジボール大会を開いたこともある。「T作業所杯」と銘打ったこの大会ごっこでは、その緩慢な動きが幸いして、ある女性利用者が優勝者となった。私はさっそく「MVP　○○選手」と書いた段ボール製のメダルを作ると、彼女の首にかけた。それが自慢だったのか、彼女はしばらくの間、そのメダルを首にぶら下げて来所してきた。

一方で、懇意にする何人かのパート職員が、私の在職中にT作業所を去った。そのなかに、ある初老の女性パート職員がいた。彼女は思ったことをダイレクトに口にしてしまうタイプで、しばしばその言動を問題視されたが、人間性に裏表がないという理由で私が評価していた支援者でもある。

彼女はグループホームの日中の世話人も兼務していた。仮にP子さんとするが、虐待の温床となりやすいその密室で、P子さんが利用者想いの意外な側面を見せていたことを知ったのは、彼女が離職した後のことである。

蔵重さんはこう口にした。

「P子さんは厳しいって言われてましたけど、利用者がルールに縛られ、休日も外に出られないのを気の毒に思ってくれていたんです。それもあって、ホームの世話人に入ったときなんか、『これで好きなもの買って食べてきなさい』って、1000円くれたこともありました。入居仲間と近所の商店に行って、おれは缶コーヒーを買いましたが、缶ビールを飲んでいた仲間もいましたね。彼は前々からビール飲みたいって言ってたし、その場で実に美味しそうに飲んでいました。おかげで久しぶりに解放感を味わいました。P子さんは怒ると怖いけど、ああ見えて、面倒見が良かったんです」

彼女がU子さんと犬猿の仲にあったことは知っている。それが理由かどうかはわからないが、彼女に対しては、T作業所が職員契約の更新を見送ったらしい。追われるようにT作業所を去ったP子さん。彼女は利用者たちにどんな想いを残し、利用者たちは彼女の離職にどんな想いを抱いていたのか。

前記したように、サキエちゃんはグループホームからの決死の脱出劇をくり返した。施設長が支援を放棄する形で、そのサキエちゃんもT作業所を突然去った。そして、蔵重さんはと言えば、T作業所を嫌悪するあまり、退所予定日を待つことなく、これも唐突に姿を消している。

それでも、支援者も含めた彼らとの出会いや交流——特に知的障害者とのそれ——が、私の心に根源的な問いを投げかけたことは事実だった。彼らマイノリティ（少数派）は、マジョリティ（多数派）と呼ばれる私たちと同じ欲求や感情を持つ、一人の人間以外の何者でもなかった。多少なりとも違いがあるとすれば、彼らが自己主張を苦手としていること、言葉を変えれば、狡猾さに欠けていることぐらいだろう。

そのわずかな違いゆえに、彼らは長く社会から排除・隔離され、いまも多くの知的障害者が「福祉」の美名のもとで軟禁生活を強いられている。

その背後に隠されてきた思惑とは、いったい何だったのか。それは、けっして健常とは言えない、この作為的な「健常者社会」に、狡猾さに欠けた知的障害者を何とか組み込み、無理にでも同化させようとするマジョリティサイドの偽善的な胸算用なのではないか。

2年強に及ぶT作業所の利用者との交流において、私はつねにそのことを無言のうちに彼らに問いかけられ、ときにある人物の問いかけを思い出していた。統合失調症の当事者で、全国精神障害者団体連合会の理事長を務めていた山口弘美さん（故人）が、かつて私に投げかけた問いである。

「自立、自立と言いますが、はたして働くことだけが自立でしょうか。彼らが地域のなかで生き生きとした人生を歩む。それだけじゃ、いけないのでしょうか。私は〝働かない権利〟があってもいいのではないかと思っています。地域で安心して暮らしていく。それこそが、彼らが望む本当の自立なのですから」

Ｔ作業所の利用者たち。はたして彼らはどこまで、地域で安心して暮らしてきたのか。

＊

私の勤務もいよいよ1時間を残すのみとなった。帰りの送迎担当者がＤホームの送迎業務の準備に入っていた。

「電話するからね」

かっちゃんが丸太のような腕で私の体を背後から締め付けてきた。それから、半ば口癖になっていた言葉をまた口にした。

「早く偉くなって、僕をここから出してよ」

寡黙《かもく》なある利用者には、別れの挨拶代わりにハイタッチを求めた。

「元気でね」

彼は無表情に頷くと、ハイタッチを返してきた。

智ちゃんには握手を求めた。

「いいよ」

智ちゃんは恥ずかしがって、逃げるような素振りを見せた。

「実家に戻れるよう頑張るんだよ」

「うん」

「いつかホームにも遊びに行くね」

「うん。絶対に来てよ」

Dホームの面々に続いて、他のホームの面々も順次、帰途に就いた。その一人一人に声をかけ、別れの握手を交わした。利用者のすべてが帰途に就くと、職員とも別れの挨拶を交わし、しばし雑談に興じた。

「また戻ってきてくださいよ」

若い女性社員にはそう言われた。

「たぶん戻ってこないよ」

「えぇ～?　どうしてですか～?」

現場責任者であるJさんには、老婆心ながらこうアドバイスした。

「利用者の身の安全を守ることは、たしかに大切なことです。ただ、安全を守ることばかりに躍起になってしまったら、彼らの自由を奪いかねない。そうなると、生きる幅が狭くなるし、生き生きとした暮らしもできなくなる。その辺は十分に考慮しなければならないと思うんだけど」

「わかります」と、Jさんは答えた。

「その辺はちゃんと見ていかなければならないと思っています。そこはスタッフとも共有していかないと」

私の最後の勤務日となったこの日、T作業所は珍しいことに、これといった波乱もなく、すべての業務を終えていた。

「今日も買い物行けなかったらどうしよう〜」

マー子ちゃんはそう泣きわめいたが、予定通り個人の買い物が行なわれたため、まもなく機嫌を取り戻した。

キコちゃんも不穏に駆られることなく、わりと落ち着いた1日を過ごした。これまた珍しいことに、彼女に対するU子さんの小言や叱責も、この日は耳にしていない。

退勤の時間が過ぎ、帰途に就こうとすると、そのU子さんが近寄ってきた。

「今日で終わりですよね。お疲れ様でした」

いつもと違う穏やかなU子さんが、そこにいた。

「名残惜しいですね」

「そうですよねぇ」

「利用者とも良い関係を築くことができたし」

「うん。そうですよ。やっぱり名残惜しいですよねぇ」

「いろいろあったけど、お世話になりました」

U子さんに頭を下げ、夕暮れ迫る涼秋のT作業所を後にした。

私の生活支援員としての仕事が、こうして終わった。

＊

それから数日後、私は源泉徴収票と在籍証明書を受け取るため、再びT作業所を車で訪れた。スタッフルームでJさんからその2通を受け取り、そのままT作業所に足を踏み入れた。

「あっ！」という声とともに、8名ほどの利用者に瞬く間に囲まれた。

「いらっしゃい〜ませ〜」

冗談好きの女性利用者が、ひょうきんぶりを発揮した。

智ちゃんはこう小さく言った。

「もう来ないかと思ったよ」

ボクシングを教えたかっちちゃんは、私に向かってファイティングポーズをとった。

「ねぇ、またボクシングやろうよ」

育子さんは一言、ポツンと口にした。

「『甘い』って言ってたよ」

「甘いって、おれのこと?」

「うん。独り暮らしなんて絶対に無理だって」

「誰に言われたの?」

「夜勤の世話人さん」

離職に当たって、私は利用者の何人かに短い手紙を渡していた。育子さんもその一人で、
私はこんな簡潔な文面を彼女に寄せた。

〈ゴミ集めを少し自制さえすれば、独り暮らしだって立派にできるはずです〉

育子さんはその私の手紙を女性の夜勤世話人に見せた。そのときの世話人の第一声が、私に対する「甘い」と育子さんに対する「無理」の一言だったという。

私は育子さんにこう言葉を返した。

「無理だなんて、そんなこと誰にも決められないよ」

アベッチは私の手をただ握りしめていた。そのアベッチに小声で言った。

「今度、どこか遊びに連れていくからね」

「うん。あっ、はい」

アベッチを外に連れ出すことに関しては、すでに彼の母親の了解を得ている。だが、利用者とこうした約束を交わすことができるのは、私自身が保護者である彼らの肉親と繋がっているときだけに限定された。鳥内さんや育子さん、キコちゃんなど、肉親がいない利用者、あるいは肉親と没交渉の利用者を、部外者となった私が外に連れ出すのは、T作業所の管理下において、もはや不可能に近い。ノーマライゼーションの理念とは相容《あいい》れない、哀しい現実の一端が依然としてそこに立ちはだかっていた。

10分ほどT作業所内にいて、私は外に出た。数人の利用者も一緒に外に出てきた。自家用車に乗り込むと、窓を開け、声をかけた。

「みんな元気でね」

「おっちゃん……」

ワンコさんが引き留めるように、弱々しく両腕を伸ばしてきた。

「行かないでよ〜」

車が静かに動き出した。ゾロゾロとＴ作業所内に戻る利用者の姿が、ミラー越しに見えた。アベッチとワンコさんの２人だけが、歩道に出たままジッとこちらを見ていた。


「知的障害者の父」と呼ばれた糸賀一雄の言葉が、ふいに脳裏をよぎった。

〈この子らを世の光に〉

「この子らに世の光を」ではない。「この子らを世の光に」――である。

糸賀は戦後、「近江学園」や「びわこ学園」を創設し、戦災孤児や知的障害児、生活困窮児などの福祉・教育に生涯を捧げた。そして、ノーマライゼーションの理念を先取りしたようなこの糸賀の想いが、それから80年近く経ったいま、いったいどこまで障害福祉の現場に浸透してきたのか。

バックミラーに揺らめく２人の知的障害者の姿が、私の目に哀しげに映った。上体を後ろに捩《ひね》って、遠ざかる2人の存在を肉体の眼に焼き付けた。それから上体を戻し、もう一度バックミラーに目をやった。

2人はまだ、こちらを見ていた。その姿は小さな2つの点となり、やがて私の視界から消えていった。

おわりに

〝必要悪〟という考え方

雨気を含んだ黒い雲が上空を覆っていた。辺りに磯の香りがわずかに漂っている。人通りは数えるほどしかない。周囲に目を配ると、区画整備の曖昧な街並みに、簡素とした住宅がひっそりと軒を連ねていた。

つい先日までの猛暑が嘘のように影を潜め、妙な肌寒さが薄着の身に染みる。それが、私の目に映る風景を色褪《いろあ》せたものにしていたのかもしれない。

その日の午後、私は沿岸近くの小さな街を一人の小柄な中年女性と歩いていた。女性との途切れ途切れの会話が、表現することのできない言葉の重みを、かえって鮮明に浮き立たせている。

「だから、〝必要悪〟なんです」

女性は言った。

「世間では悪いと言われていても、それがなければ困る人だっているんです。T作業所にしても同じだと思いますよ。締め付けが厳しいし、良い施設とは言えませんでしたが、いま思えば、あれも必要悪だったんです」

「ええ」と、私は短く答えた。

「そうかもしれませんが……」

女性が私の顔を見て、わずかに笑った。あたかも「うちの子を見れば、わかるはずでしょ?」とでも言いたげな自嘲的な笑みだった。

「でも」と、女性が続けた。

「私は精一杯あの子と向き合ってきたつもりだし、思い残すことは何もありません。たしかに、あの子だけを残して、家族が引っ越すという選択肢もありました。ただ、それだと後悔していたはずです。いまはあの子を連れてきて良かったと思っています」

しばらくすると、住宅街の一角に灰白色の古ぼけた精神科病院が見えてきた。私たちはその病院の正面玄関を入った。外来診察がすべて終了したのか、ロビーは閑散として、患者らしき人影はどこにもない。

女性が受付で面会の手続きをした。ややあって、病院スタッフが姿を現し、私たちを閉鎖病棟のある3階に案内した。

エレベーターを降りると、正面ガラスの向こうに病棟のホールが見えた。2〜3人の入院者が、ホールの椅子にぼんやりと座っている。その様子を眺めていると、右手の看護師詰め所から一人の男性看護師が出てきた。

「こちらです。どうぞ」

看護師が詰め所の手前にある面会室を目で示した。6畳ほどのその狭い空間の中央に、茶色のソファと脚の短いテーブルが置かれている。グレーのジャージを身にまとった青年が、ソファに背を丸めて腰掛けていた。

女性が面会室に足を踏み入れた。

「あっ、お母さん」

青年が顔を上げ、小さく口にした。続いて私も面会室に入った。青年が驚いたように私の名前を呼び、少しだけ腰を浮かせた。

「えっ？　なぜ来た？　なぜ来たの？」

「会いたかったからだよ」

「3時間以上もかけて来てくれたのよ」

母親が言った。

「元気そうだね」

私は挨拶代わりに、頭髪の伸びかけた青年の坊主頭に右手を乗せた。

「うん……あっ、はい」

「少しは落ち着いた？」

「……うん」

青年の表情がわずかに綻んだ。

「落ち着いた。落ち着いた」

「そりゃ、良かった」

アベッチとの5ヶ月ぶりの再会だった。

＊

アベッチがT作業所を退所したのは、この再会の8ヶ月前のことである。いくつかの理由が絡み合った突然の退所だった。

理由の一つは、T作業所におけるアベッチが、薬漬けの憂き目に遭っていたことにある。彼には過去の不快な出来事をふいに思い出すことで、突発的な行動に走る傾向があった。T作業所ではいきなり施設長に突進し、その腕を殴りつけたこともある。「B型（就労継続支援B型施設）に行かせてほしいって言ったのに無視された」などの怨恨の記憶が、突如蘇ったことが理由だった。

そうした突発的な行動が問題視され、1日1錠の服用で済んでいた向精神薬が、6錠にまで増やされたのだという。その結果、どうなってしまったか。

「実家で一泊したときのことです」

母親は私に打ち明けている。

「息子の異様な様子に愕然としてしまいました。涎は垂れ流し状態で、目も虚ろ。息が苦しそうだし、手もブルブル震え、話そうとしても言葉が出てこない。まるで死んだようになっているんです。この子は、息子じゃないと思いました。このままじゃ、廃人になってしまう、と」

母親は施設長に連絡を入れると、息子の処方の見直しを主治医に検討してもらうよう働きかけてほしい旨を伝えた。だが、母親の切実な訴えも無視される形で、アベッチの薬漬けはその後も続いた（私もアベッチとの電話でのやりとりで、会話さえまともに成立しない、その副作用のひどさの一端に触れている）。

「それに」と、母親は言葉を繋いだ。

「息子はT作業所をやめてB型に移りたいって、ずっと訴えていました。B型でやっていけるだけの能力はあると私も思ってましたから、施設長さんにもそのことを伝えたんです。施設長さんは『生活相談員さんも交えて、3人で話し合ってみます』と言ってくれましたが、結局はその気がなかったのでしょうね。いくら待っても、何の連絡もないんです。その頃からT作業所をやめさせたほうがいいかなと思い始めて……。特に薬漬けが心配でしたし」

地獄

そこに、思わぬ話が舞い込んできた。とある海沿いの街にある企業が、アベッチを障害者枠で雇用すると持ちかけてきたのである。その企業と仕事上の取引のある親戚筋からもたらされた朗報で、アベッチの弟の一般就労まで確約された。

母親の行動は早かった。家庭的な諸々の事情もあり、就労は少し先のことだったが、この朗報に彼女はすぐに息子をT作業所から退所させ、自宅に引き取った。

こうしてアベッチは、母と弟、そして認知症の祖父のいる「念願の」わが家に戻ることができた。

だが、家族の「地獄」はここから始まっていた。

日中は母、弟ともパートの仕事に出ている。認知症の祖父との2人だけの生活は刺激に乏しく、アベッチは一人外に出て暇を潰しては、公衆電話から私にもよく連絡してきた。「少しでもストレスの発散になるのなら」と、そのアベッチを長いドライブや山登りに連れ出したこともある。

しかし、それも一時しのぎにすぎなかった。若いエネルギーは吐き出し口を塞がれ、溜まる一方だった。仕事や家事だけでなく、祖父の介護にも忙殺される母親に、それを全面的に受け止める余裕などあるはずもなく、欲求が満たされないことへの苛立ちが、アベッチのなかで日々募っていった。

待っていたのは、家庭内暴力だった。母親だけでなく、認知症の祖父にまでその暴挙が及んだ。家庭は修羅場の様相を見せ、アベッチは警察に保護された挙げ句、精神科病院に放り込まれた。

希望の灯火《ともしび》と言えば、間近に迫る就労だけだった。アベッチの障害者雇用と弟の一般就労に伴って、企業に近い街へと、家族ごと移住することも決まっていた。「働き場所があれば、落ち着くだろう」。そんな淡い期待を抱き、アベッチが1ヶ月間の医療保護入院を終えると、まもなくして一家は住み慣れた街を離れた。

新天地は長閑《のどか》な海沿いにあった。家族は心機も一転して新たな環境での再出発を果たし、その地でアベッチの日中の活動の場も確保されるはずだった。

だが、いざ住まいを移してみると、話が違った。障害者雇用と言っても、それは書類上だけの雇用にすぎず、アベッチには月々の給料が振り込まれるだけで、働き口は何も用意されていなかった。

障害者雇用に関しては、2024年現在、民間企業の法定雇用率は2・5パーセントである。40人以上の従業員を雇用している事業主は、1人以上の障害者を雇用する義務があり、その義務を怠った場合は、月額数万円の納付金を障害者雇用の財源として、厚労省系の独立行政法人に支払わなければならない。これは「障害者雇用納付金制度」と呼ばれ、罰金的な意味も持ち合わせている。

一方、法定雇用率を遵守している事業主に対しては、労働局管轄の「高齢・障害・求職者雇用支援機構」から「特定求職者雇用開発助成金（特開金）」が支払われる。なかでも、障害者手帳を有している障害者を雇用した場合は、数年間にわたって相当額の助成金が支給されるという。

しかし、最近ではこれらの制度を逆手に取った事例が登場するようになった。事業主は雇用による人件費を特開金によって、ある程度相殺することができる。そのため、法定雇用率を達成するためだけの、実態なき「架空雇用」も水面下で見られるようになったという。

たしかに、障害者とその家族にとっては、働かずに定期収入が得られるという旨味はある。だが、アベッチに必要なのは、収入というより、むしろ日中の活動の場、何よりも地域との交わりだった。

見知った人のいない、見知らぬ土地での心荒《すさ》む孤独な日々。アベッチの家庭内暴力が再燃するまでに時間はかからなかった。無力な母親や祖父を相手に大立ち回りを演じ、深夜にも就寝中の家族を襲った。

〝子殺し〟が頭をよぎる

母親は私との電話でこう吐息をついている。
「このままでは家庭が崩壊してしまう。息子を引き取ってくれる施設を探そうと、私も方々に掛け合いました。でも、役場に行ってみると、支援センターに問い合わせてほしいと言われる。その支援センターにしても、こちらが必死に窮状を訴えているのに、ただ『はぁ、そうですか』と言うだけで、いかにも乗り気じゃない。具体的に動いてもくれないんです。しかたがないので、役場からもらったグループホームの一覧を見て、こちらから連絡したりもしました。

ところが、グループホームに電話すると、今度は責任者と連絡が一向に取れない。折り返しの電話さえかかってこないんです。作業所のほうにも直接連絡しました。これにしても、反応らしきものが何もなく、なしのつぶて状態でした。田舎なので、障害者施設そのものが少ないのはわかります。でも、それ以上に行政のやる気のなさに呆れてしまいました。療育手帳にしても、手元に届いたのは、申請から3ヶ月も経ってからです」

その過程で、アベッチの暴力はエスカレートするばかりだった。そのたびに毎回反省して殊勝な態度を見せるものの、一旦頭に血が上ると、攻撃欲求は箍《たが》が外れたように暴走してしまう。

「冗談じゃなく、このままでは殺されかねない」

母親は心底怯えた。複数の精神科病院に連絡を入れ、医療保護入院の措置を願い出た。しかし、「紹介状がほしい」「知的障害は入院の対象ではない」などと、ことごとく受け入れを拒否された。家族はいつ始まるかわからないアベッチの暴力に戦々恐々とし、夜も満足に寝ることができなくなった。

行き着く先は、またもや警察だった。それも2度にわたる保護措置を受け、アベッチは計30日以上の拘留生活を強いられた。

「〝子殺し〟というのがありますが、私もそのことを頭のなかでシミュレートしたことがありました。それほど精神的に追いつめられ、疲れ切っていたんです。もちろん、息子のことは愛しています。けど、もう一緒には暮らせない。そう強く思いました。家に戻されても、引き取りを拒否するつもりでした。

だから、警察には綺麗事を一切言わず、自分たちの置かれている状況と心情を正直に伝えました。警察も息子を自宅に戻すと、家族が危険だと判断してくれたのでしょう。さっそく検事さんやケアマネさんなどとチームを組んで、息子の今後をどうするかを親身になって話し合ってくれたんです。

やっぱり頼りになるのは、国家権力だとつくづく思いました。まもなくすると、息子を引き受ける病院を見つけてくれ、その入院中にグループホームと作業所を探してもらえることになったんです。息子は入院を嫌がってましたが」

精神医療における医療保護入院制度。「人権侵害に当たる」として、同制度の廃絶を訴える声がある一方(少し前までの私も同じ立場だった)、地域ケアの専門性や環境整備が不十分ないまの日本において、この現行の医療保護入院制度も、心から助けを求める人たちにとっては、やはり「必要悪」の一つなのかもしれない。

＊

「家の留守番頼まれて、それで頭にきて殴ってしまった。殴ってしまった」

アベッチがさかんに私に訴えている。

「それはいつ? この病院に入る前のこと?」

「それ、何年も前の話なんです」

アベッチに代わって、母親が私に説明した。

「そのことを、いまもよく言うんですよ。この子は昔のことをふと思い出して、それに拘るところがあるんです」

「お爺ちゃん、どうしてる？　目、治ったでしょ？」

アベッチが言った。

「黒いアザが残ったままよ」

母親が答えた。

「えっ？　どうして？」

「あなたが殴ったからじゃないの。もうアザ消えないかも」

アベッチが困ったように視線を自分の足元に落とした。それから顔を上げて、私を見た。

「どうして殴っちゃダメ？　ねぇ、なんで？　どうして？」

「わからないかい？」

「なんで？」

「じゃ、これからアベッチを殴ってやるよ」

私は軽く握りしめた拳を、アベッチの顔の前でゆらゆらと遊ばせた。

「そうすれば、殴っちゃいけない理由がわかるから」

「イヤだ。イヤだ。痛い」

「自分がイヤだと思うことは、相手だってイヤなんだよ。自分も相手も同じなんだ。わかるかい?」

「わかる、わかる」

「それなら、もう殴ったりしないね」

「うん」

「じゃ、約束だ」

小指を差し出し、アベッチと指切りを交わした。

しかし、これまで私とアベッチは、何度も同じような約束を交わしてきている。電話では「殴りたくなったらすぐに外に出て深呼吸してくること」と、よく言い聞かせた。アベッチは「わかった」と言いながら、また同じことをくり返す。「ならば」と、紙に書いたその文言を目立つところに貼り、「カッときた瞬間、それを見るよう」伝えた。

アベッチはさっそくその言葉を書いて部屋の壁に貼ると、私に約束した。彼が警察による2度目の保護措置を受けたのは、よりによってその2日後のことである。

「グループホーム、見学してきた」

アベッチが唐突に言った。

「どうだった？」

「綺麗だった」

「気に入ったかい？」

「気に入った。気に入った」

「今度、そのグループホームに1週間の体験入居をするんです」

母親が私に言った。

「それを何度かやってみて、入居できるかどうか決まります」

「大丈夫だと思いますよ」と、私は答えた。

「T作業所にいたときも、グループホームで暴力沙汰は起こしてませんから」

「そうですね」

母親の表情が穏やかだった。

「生活介護かB型か、どちらになるかわかりませんが、作業所のほうも早く決まってくれればいいんですが」

そのとき、看護師が私たちの会話の場に分け入ってきた。面会には時間的な制約がある。母親が息子の着替えの入った紙袋をテーブルの上に置いた。看護師が中身を調べ、「紐類などは入ってませんね？」と聞いた。私も差し入れのクッキーの入った紙袋をテーブルに置いた。看護師はこの中身も調べ、「これなら大丈夫です」と口にした。

「グループホームで生活するようになったら、今度こそしっかりしなきゃね」

私はソファから身を起こすと、アベッチに握手を求めた。

「そして、たくさん作業して、たくさん遊んで、人生を楽しむんだ」

「うん……はい」

私の手を握ったまま、アベッチが小さく頷いた。愛着衝動を押し殺すようなその淋しげな姿が、私の目に哀れに映った。

「また会おうね」

「……うん」

アベッチとのわずか15分の面会が、こうして終わった。

＊

精神科病院を出ると、閑散として色褪せた街を2人で駅に向かって歩き始めた。上空は相変わらず暗雲で覆われ、妙な肌寒さがまたもや体にまとわり付いてくる。

「必要悪」の3文字が、私のなかで浮かんでは消えていた。その思考のくり返しが、ある問いかけを私に向けてしきりに発している。入所施設が必要悪なら精神科病院も必要悪、そして本人の意向を黙殺した医療保護入院制度も、ときには必要……。

〈では……〉と、私はさらに自分に問いかける。それが虐待であると認識せず、虐待に手を染め続ける施設。それも、必要悪と言えるのか……。

退職後も、私のもとにはT作業所の様子の断片が耳に入ってきていた。懲罰による統制主義は依然として継続され、利用者の何人かは一部職員の聞くに堪えない言葉の暴力に、相も変わらず晒されているという。

「思えば……」

母親がポツンと言った。

「つくづく濃密な8ヶ月を過ごしてきました。これ以上ない濃密な日々だったと思います。その反動なのでしょう。いまはホッとして、力が抜けたような感じになっています。どんなところでもいい。息子を引き取ってくれる施設があれば、それだけで私には十分です。あのT作業所にしても、大変なときに息子を引き取ってくれました。そういう意味で、感謝はしてるんです」

駅に着くと、母親がバッグから一枚のDVDを取り出した。

「これ、よかったら観てください。必要なら差し上げます」

虐めに苦しむ人や不登校児、さらに障害のある人とその家族の苦闘を追ったドキュメンタリー映像だった。

これまでの自分の歩みが、走馬灯のように脳裏を駆け抜けた。T作業所で働いた2年強の歳月において、私は障害当事者のことばかりに心を向け、その肉親の労苦や葛藤をほとんど顧みることなく過ごしてきたのではないか。

差し出されたDVDには、そんな私に対する忠告の意味が込められているような気がした。私はそのDVDを受け取った。

改札口を通り、私は上りホーム、母親は下りホームへと向かった。「息子のグループホームのメドがついたら、またお報せします」。母親が別れ際に向けた言葉だった。

だが、私の思考はまだ拘りのなかにあった。人の足の少ない上りホームに佇んだまま、私の意識はなおも同じことをくり返し考えていた。

〈それが虐待であると認識せず、虐待に手を染める施設も、はたして必要悪と言えるのだろうか。そもそも必要悪など、本当に〝必要〟なのか……〉

その答えは、私たち一人一人の心のなかにしか見出すことができない。

追記

退所予定日を待つことなく、唐突にT作業所を去った蔵重さん（第7章参照）は、その後、精神科病院への3ヶ月の入院を経て、就労継続支援B型施設の現場に復帰した。しばらく実家に住み、些細《ささい》なことから家出もくり返してきたが、その後は症状もほぼ安定した。いま（2024年11月末日現在＝以下同）は、ある福祉法人が運営するグループホームで、本人曰《いわ》く「規則の少ない自由な」生活を送っている。一般就労。これが、次の目標だという。

一方、T作業所からの度重なる逃走を試みたサキエちゃん（第6章参照）。蔵重さんと同じく、突如としてT作業所を去った彼女は、いまも精神科病院に入院中である。

肉親によると、2階自室からのダイビングで丸太のように腫れ上がった両下肢は、細菌感染による深刻な炎症をきたし、精神科に入院したときには、すでに危険な状態にあったという。彼女は即刻、外科専門病院に移されると、そこで集中的な入院治療を施され、精神科病院に戻ってからも車イス生活を余儀なくされた。

両下肢の異様な腫れも、2ヶ月後にはようやく引き始めた。そのまま彼女は長いリハビリ生活に入り、やがて病棟内を何とか自力で歩けるまでに回復した。

何よりも、T作業所で頑なに見せていた緘黙的な態度。入院後しばらくして、それが目に見えて氷解し始めたとも聞いた。主治医や担当看護師だけでなく、他の職員にも可愛がられ、「ありがとう」と口にするようにもなった。食事も促されることなく、マイペースながら自ら進んで食べるようになったという。

両足の完全快癒と開かれる心を待って、サキエちゃんには地域生活への移行が再び検討されることになっている。

なお、アベッチは当地の生活介護事業所が運営するグループホームへの入所が決まった。いまではすっかり落ち着きを取り戻し、まもなく精神科病院を出て、自立への第一歩を踏み出す予定でいる。

読者の皆様へ

私の拙《つたな》いルポルタージュに最後までお付き合いいただき、ありがとうございます。本書のタイトルには「潜入記」の3文字が付与されていますが、「はじめに」でも書いたように、最初から潜入記など書くつもりはありませんでした。乞われるまま、あまり気乗りもせず、ある知的障害者施設で働いたところ、「ひどい内実を知ってしまった」というのが、本書を執筆するきっかけになっています。

一方、「おわりに」は別として、本書では障害児・者などを抱える肉親の苦悩や訴えに、それほど紙幅を許していません。光文社編集局長の三宅貴久氏にそのことを指摘されて、一元的な見方しかしていなかったことにハタと気づかされました。たしかにそれは、障害福祉の未来を占う上で、避けて通ることのできない重要なテーマです。今後は肉親の声にもじっくり耳を傾けてみたいと思います。本書に対するご意見やご感想も含め、それらに関する情報等ございましたら、以下の個人メールにお寄せください。よろしくお願いいたします。

織田淳太郎　拝

メールアドレス：odajun47@gmail.com

参考文献

『「ノーマリゼーションの父」N・E・バンク‐ミケルセン　その生涯と思想』花村春樹訳著　ミネルヴァ書房
『障害者はどう生きてきたか　戦前・戦後障害者運動史』杉本章著　現代書館
『「生きるに値しない命」とは誰のことか』森下直貴・佐野誠編著　中央公論新社
『世界を変える知的障害者　ロバート・マーティンの軌跡』ジョン・マクレー著、長瀬修監訳、古畑正孝訳　現代書館
『誇り・味方・居場所　私の社会保障論』大熊由紀子著　ライフサポート社
『精神病院・認知症の闇に九人のジャーナリストが迫る』大熊由紀子編著　ぶどう社
『あいむはっぴぃ！と叫びたい　知的障害者の自立をめざす「パンジー」の挑戦』林淑美＋クリエイティブハウス「パンジー」のみんな著　合同出版
『「きぼうのつばさ」放送　私の歴史スペシャル』パンジーメディア　社会福祉法人 創思苑
『やまゆり園事件』神奈川新聞取材班編　幻冬舎文庫
『精神医療に葬られた人びと　潜入ルポ 社会的入院』織田淳太郎著　光文社新書
『「現代優生学」の脅威』池田清彦著　インターナショナル新書
「朝日新聞」２０１４年2月3日付朝刊
「毎日新聞」２０１７年7月19日付朝刊
『発達障害の人には世界がどう見えるのか』井手正和著　ＳＢ新書

「国連障害者権利条約　総括所見」（２０２２年10月）
「週刊金曜日」２００５年９月９日号
「マスコミ市民」１９９８年５月号
「創」２０２２年10月号
「朝日ジャーナル」１９６９年５月25日号
「朝日新聞デジタル」２０２３年５月13日付
「ルポ　死亡退院　精神医療・闇の実態」ＮＨＫ・ＥＴＶ特集　２０２３年２月25日放映

織田淳太郎（おだじゅんたろう）
1957年北海道室蘭市生まれ。早稲田大学卒業後、週刊誌記者を経てノンフィクション作家に。スポーツ分野を主戦場としてきたが、最近は「死」や「孤独」、「深層心理」など人間存在の根幹に触れる普遍的なテーマに目を向けるようになった。主な著書に『「首都高に散った世界チャンプ」大場政夫』（小学館文庫）、『巨人軍に葬られた男たち』（新潮文庫）、『捕手論』『コーチ論』『精神医療に葬られた人びと』『「孤独」という生き方』（以上、光文社新書）、『ある精神科医の試み』（中央公論新社）、『ルポ　現代のスピリチュアリズム』（宝島社新書）など。

知的障害者施設 潜入記

2025年1月30日初版1刷発行

著　者 ── 織田淳太郎
発行者 ── 三宅貴久
装　幀 ── アラン・チャン
印刷所 ── 萩原印刷
製本所 ── ナショナル製本
発行所 ── 株式会社光文社
東京都文京区音羽1-16-6(〒112-8011)
https://www.kobunsha.com/
電　話 ── 編集部03(5395)8289 書籍販売部03(5395)8116
制作部03(5395)8125
メール ── sinsyo@kobunsha.com

 ISBN 978-4-334-10544-0

1331
現代人のための読書入門
本を読むとはどういうことか
印南敦史

「本が売れない」「読書人口の減少」といった文言が飛び交う現代社会。だが、いま目を向けるべきは別のところにあるのかもしれない――。人気の書評家が問いなおす「読書の原点」。

978-4-334-10444-3

1332
長寿期リスク
「元気高齢者」の未来
春日キスヨ

人生百年時代というが、長寿期在宅高齢者の生活は実は困難に満ちている。なぜ助けを求めないのか？ 今後増える超高齢夫婦二人暮らしの深刻な問題とは？ 長年の聞き取りを元に報告。

978-4-334-10445-0

1333
日本の指揮者とオーケストラ
小澤征爾とクラシック音楽地図
本間ひろむ

「指揮者のマジック」はどこから生まれるのか――。明治時代以降の黎明期から新世代の指揮者まで、それぞれの個性が炸裂する、指揮者とオーケストラの歩みと魅力に迫った一冊。

978-4-334-10446-7

1334
世界夜景紀行
丸田あつし
丸々もとお

夜景をめぐる果てしなき世界の旅へ――。世界114都市、602点収録。ヨーロッパから中東、南北アメリカ、アジア、アフリカまで。夜景写真&評論の第一人者が挑んだ珠玉の情景。

978-4-334-10447-4

1336
つくられる子どもの性差
「女脳」「男脳」は存在しない
森口佑介

男児は生まれつき落ち着きがない、女児は発達が早い――子どもの特徴の要因を性別に求めがちな大人の態度をデータで一刀両断。心理学・神経科学で「性差」の思い込みを解く。

978-4-334-10474-0

1337
ゴッホは星空に何を見たか
谷口義明

《ひまわり》や《自画像》などで知られるポスト印象派の画家・ゴッホ。彼は星空に何を見たのか？　どんな星空が好きだったのか？　天文学者がゴッホの絵に隠された謎を多角的に検証。

978-4-334-10475-7

1338
全天オーロラ日誌
田中雅美

カナダでの20年以上の撮影の記録を収め、同じ場所からの撮影や一度きりの場所まで、思い立った場所での撮影日誌。第一人者が追い求めた、季節ごとに表情を変えるオーロラの神秘。

978-4-334-10476-4

1339
哲学古典授業
ミル『自由論』の歩き方
児玉聡

なぜ個人の自由を守ることが社会にとって大切なのか？　この問いに答えた『自由論』は現代にこそ読むべき名著。京大哲学講義をベースに同書をわかりやすく解く「古典の歩き方」新書。

978-4-334-10508-2

1340
グローバルサウスの時代
多重化する国際政治
脇祐三

米中のどちらにも与《くみ》せず、機を見て自国の利益最大化を図る。インドや中東、アフリカ諸国の振る舞いからグローバルサウスの思考体系と行動原理を知り、これからの国際情勢を考える。

978-4-334-10509-9

1341
映画で読み解く
イギリスの名門校《パブリック・スクール》
エリートを育てる思想・教育・マナー
秦由美子

世界中から入学希望者が殺到する「ザ・ナイン」とは何なのか。エリートを輩出し続けるパブリック・スクールの実像を、「ハリー・ポッター」シリーズをはじめ7つの映画から探る。

978-4-334-10510-5

1342
海の変な生き物が教えてくれたこと
清水浩史

外見なんて気にするな、内面さえも気にするな！　水中観察30年の海と島の達人が、「地味で一癖ある」「厄介者」なのになぜか惹《ひ》かれる10の生き物を厳選、カラー写真とともに紹介する。

978-4-334-10511-2

1343
イスラエルの自滅
剣によって立つ者、必ず剣によって倒される
宮田律

民間人に多大な犠牲者を出し続けているハマスとイスラエルによる「ガザ戦争」。イスラエルはなぜ対話へと舵《かじ》をきらずに平和が遠のいているのか。その根源と破滅的な展望を示す。

978-4-334-10543-3

1344
知的障害者施設　潜入記
織田淳太郎

知人に頼まれ、「知的障害者施設」で働きはじめた著者が見たものとは？　入所者に対する厳罰主義、虐待、職員による「水増し請求」――驚きの実態を描いた迫真のルポルタージュ。

978-4-334-10544-0

1345
だから、お酒をやめました。
「死に至る病」5つの家族の物語
根岸康雄

わかっちゃいるけど、やめられない……そんなアルコール依存症の「底なし沼」から生還するためには、何が必要なのか。五者五様の物語と専門家による解説で、その道のりを探る。

978-4-334-10545-7

1346
恐竜はすごい、鳥はもっとすごい！
低酸素が実現させた驚異の運動能力
佐藤拓己

中生代の覇者となった獣脚類、その後継者である鳥は、低酸素への適応を通じなぜ驚異の能力を獲得できたのか。地球の歴史と共に、身体構造や進化の歴史、能力の秘密に、新説を交え迫る。

978-4-334-10546-4